The Shining high school time in the USA

青春闪耀美利坚

——我在美国上高中

主编：小雨姐姐

生活·讀書·新知 三联书店

CONTENTS

推荐序

Departure, my youth

第一章 出发，我的青春

My life in the USA

第二章 我的美国生活

Xiaoyu' Radio

第三章 爱优生电台

Ready to go to the United States?

第四章 准备好去美国了吗?

Class of 2010

SENIORS of 1999

EAST CLINTON
ASTROS

come Intrax AYUSA Staffs to Radio Beijing
欢迎美国全球文教机构“爱优生”工作人员莅临

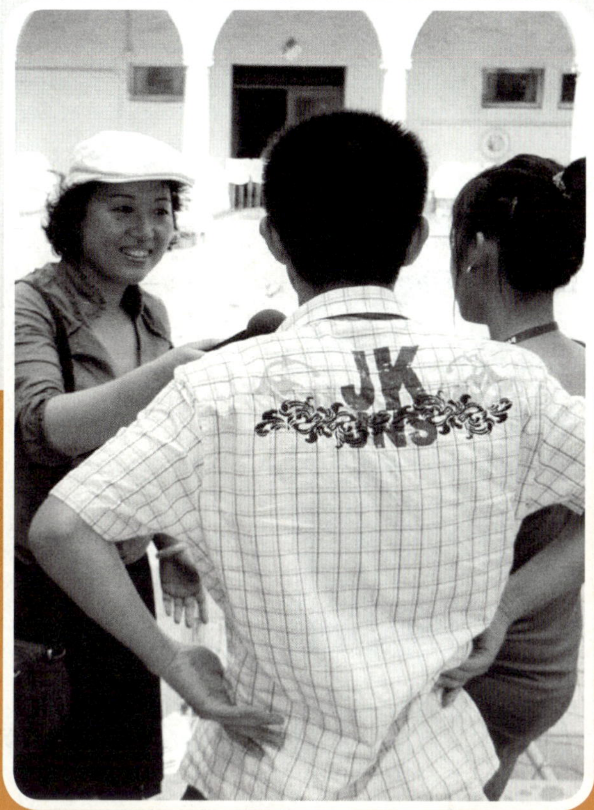
JK

推荐序 1

一首青春的诗篇 一部留学的指南

在2009年哥本哈根联合国气候变化大会的世界青年会议上，北京潞河中学高中学生傅瀛涛用流利的英语作了以“环境保护创新”为主题的滔滔不绝的专题发言，受到广泛的好评。他是参加过爱优生项目的同学之一，经过一学年深入美国家庭的生活，参与学校丰富而有多变的选修课程和社区的公益活动，不仅提高了综合素质、学习能力、英语水平，更拓宽了国际视野，增强了社会责任感。他在会上的优异表现足以验证爱优生项目的成功和对年轻人的引领作用。

对外开放是我国教育事业改革和发展的重要动力，而学生的交流是推进教育国际化的重要途径。《国家中长期教育改革和发展规划纲要》已将“提高教育国际化水平”作为我国到2020年教育事业改革和发展的重要目标。爱优生项目是较早进行的国际学生交流的有益探索，它通过较长时间的国外生活，使学生对世界的多元文化有更深刻和全面的了解和体验，从而为培养具有世界眼光和交往能力的国际化人才奠定坚实的基础。

在进一步迈开我国国际教育交流步伐的今天，认真总结爱优生项目的经验，提供学生交流过程中的感受，帮助更多的家长和同学了解相关资讯，是一件非常必要而且具有现实意义的事情。所以，我非常高兴看到这本书的出版。

小雨是一位资深的教育专家，也是青少年的知心朋友。2007 年与 2009 年她曾两度随北京市教委负责该项目官员和北京联合国教科文官员专程赴美考察并了解爱优生项目的执行和开展情况，多次专访爱优生旧金山总部、美国学校校长、美国老师、接待家庭和中国参与项目的学生与家长。在北京，她也没有中断对相关人员的访问，从而积累了丰富的素材。同时，她又以独特的视角、深邃的观察力和理解力记述了不同学生和相关人员参与这项活动的过程与经历，而且充分展示了他们在国外生活中内心的矛盾冲突与变化，苦恼与欢乐，启示与感悟。

书中描绘了一幅幅中国学生在美国学习、生活、拼搏、立志的画面，真实、生动、感人，读来饶有趣味。而更多的出国学习的相关信息，翔实、具体、清晰，读来颇有参考价值。所以，这本书既是一首青春的诗篇，也是一部留学的指南。

世界是一个圆，圆周是无限的。每个人都是一个圆心，半径越长，人心中的世界就越大。教育的功能就是拉长每个人的半径，而经历过国外教育生活的人，他们的半径就会被拉得更长、更丰富。深愿有更多的有志青少年通过这种途径，迈开人生旅途的步伐，心中装满更广阔的世界，早日实现自己的梦想。

著名教育家，中国国家教育咨询委员会委员，国家总督学顾问，

联合国教科文组织协会世界联合会副主席

2011 年 3 月 27 日

推荐序 2

做文化交流的使者

作为荣获中国播音主持最高荣誉“金话筒”奖的节目主持人小雨，难得对中美交换生如此关注，并跟踪采访、报道了五年，几次去美国考察采访中美交换生的学习和生活，获得了丰富的第一手资料和生动的案例，主编了这本《青春闪耀美利坚——我在美国上高中》可读性很强的书。

《国家中长期教育改革和发展规划纲要》提出“加强国际理解教育，推动跨文化交流，增进学生对不同国家、不同文化的认识和理解”，我们从中学时期就创造条件让学生到美国的普通中学随班就读一学年，这对学生的成长无疑是很有意义的事。既开阔了学生们的国际视野，同时又加深了对当今联合国主张“尊重文化的多样性、差异性”的理解，也体味了异国的教育。我们最大的输出不是商品，而是文化价值观，我们最大的贸易逆差是文化贸易的逆差。参加交换的学生不仅吸纳了异国的文化，也传播了中华的传统文化。每年我都可以听到他们说准备和外国的爸爸妈妈、兄弟姐妹一起过中国的节日，这就是在传承中国的文化。所以，应该说他们是文化交流的使者。

目前联合国教科文组织特别强调 “可持续发展教育、国际理解教育”，而他们接触的不仅仅是美国的同学，还有其他国家的同学。交换同学在一年的交换过程中，不仅有很多感受，而且有了一个不平凡的经历。这经历是可贵的，对他们一生来说都是财富。同学们一定会在这财富的基础上更快乐地成长，这就是这个交换项目给同学们带来的益处。当然，很多同学带着喜悦和收获回到了国内，他们带着这番经历去成长，也有一批同学同样带着喜悦和信心走出国门。我相信他们在未来的一年会有更深的体会。祝愿回来的同学们带着喜悦，走出去的仍然带着喜悦!

中国联合国教科文组织协会全国联合会副主席，

北京市联合国教科文组织协会主席

2011 年 4 月 21 日

推荐序 3

爱优生走过十年

此书的读者应该包含学生、家长、老师或对多元文化的高中生活有兴趣的人。

对于学生，此书陈述了七十多位 15 ~ 18 岁青年们火花般的故事，每个火花中都带有深炯的观察力，思考与比较、新奇与不同、震撼与力量……还有更多的余波将荡漾其后的人生，留下震动心弦的回响！学生读者也将会开启另一片天空与思维，与其随风起舞！

对于父母亲及长辈们，将体会到中国古训中的含义——孟母三迁、因材施教、五育均衡、知行合一……培养出“知识分子”与“读圣贤书”的中国下一代，也是家庭传统中期望“扬名声，显父母”的新的一代！

对于老师与以教育为己任者，这本书就是跨国文化教育下的高中生成长历程。这是中国第一本如此详尽地记述一群美国交换生心路历程的书。

在我带领中国的“爱优生”十年生涯中，不仅与家长们建立起深厚的友谊，更与这群四百多位的“爱优生同学”经历了生命中的成长片段，不禁想到幼时读孔子有七十二贤弟子的故事，然而在爱优生同学行列中，杰出者上百人。这批青少年将成为有理想、有奉献的各行业领先者。我希望爱优生的校友们，都加入到这个行列中，牵动东方的文化振兴，光照世界的大舞台！

2012 年将是我来到中国的第十年，并将在一线工作画上一个句号，感谢历届爱优生学子们！伴随着这一群有爱心、有抱负、有坚持的青少年们，我度过了充实的四十年海外漂泊生活，以及十年多姿多彩而丰富忙碌的中国生活！而这群学子的不断进取精神，也将给我的退休生活带来回味无穷的快乐。

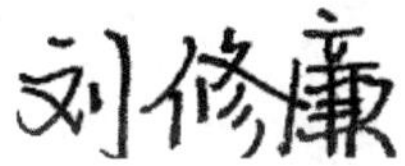

爱优生育幼师文化交流中国首席代表

2011 年 4 月

推荐序 4

体验美国人的生活和精神

成为一名高中交换生是一个年轻学生生命中最有启发和励志的经历。这是一个在美国生活并用非母语语言学习高中课程的一年。一般来讲，你会和一个美国志愿家庭一起生活，这为学生提供了机会，有时也会遇到必须克服的困难。一个在美国成功交换的经历，能够使学生体验到美国人的生活和他们的精神，并且也使学生自信地走向成功之路。

这个特殊的经历很难用影像或是语言来形容。这是一个非常私人并且情绪化的经历，每一个交换生的经历都有所不同。所以，看到小雨姐姐能够将中国爱优生在美国的经历捕捉下来，是让人非常惊喜的事情。

爱优生项目落地中国已经有将近十年的时间。自 2003 年以来刘修廉先生作为爱优生中国代表，亲自面试、挑选学生及一系列培训到参加美国爱优生项目。刘先生为中国学生提供交换机会的贡献和热情是无人能及的。他受到来自学生、家长、爱优生工作人员和美国家庭很高的尊重，这其中也包括美国的领事。

在这本书中，通过多次对爱优生旧金山总部的拜访，对中国学生、美国寄宿家庭、美国老师、爱优生社服人员的采访，小雨展现出了她对爱优生项目充分的了解。

我相信这本书会影响以后无数的学生，来完成他们自己的高中交换生活体验。

AYUSA International

John F. Wilhelm
Chairman & Founder

约翰·F. 威尔姆

国际爱优生项目主席、创始人

（注：本段文字由爱优生刘楠翻译。）

第一章

出发，我的青春

Departure, my youth

AYUSA

高中永远不会结束

刘楠 | 档案

原北京十一学校学生，参加 2005—2006 届爱优生高中交换生项目，赴美国宾州交换学习一年，毕业于当地高中。2010 年 9 月毕业于美国加州大学戴维斯分校（UC Davis），获得经济学与德语双学士学位。2009—2010 年参加加州大学交换项目，在柏林自由大学学习。自 2010 年 8 月起于爱优生北京办公室工作。热爱摄影、旅游、语言、文化、电影与阅读。

【出发之前】

在接触到爱优生之前，我对交换生的概念并不陌生。我对交换生非常了解，但不是作为交换生，而是作为交换生的接待家庭成员。在我上初中的时候，我们家被选中作为接待家庭，两年中，我们接待了来自美国的两位高中交换学生。

我们接待的第一个女孩是来自伊利诺伊州的莎拉（Sarah）。第二个交换学生是来自宾夕法尼亚州的凯瑟琳（Catherine）。凯瑟琳的到来，是改变我一生的一个起点。凯瑟琳是一个对所有人都非常友善，并且有着甜美微笑的漂亮女孩。我们很快就成为了朋友，并且一起拥有很多美好的回忆。

她在中国的经历并不是那么一帆风顺。我记得曾经看到她因为想家而掉眼泪。那时我才开始明白，作为交换生，选择离开自己熟悉的生活环境，这对于任何人都不是容易的事情。凯瑟琳度过了重重的难关并且真心地拥抱了她在北京的生活。一旦在年龄小的时候和另一种文化建立情缘，便不是那么容易被摧毁的。凯瑟琳甚至在回到美国上大学期间，还经常到中国来度假和实习。

我并不完全确定在中国的那一年对于凯瑟琳来说有什么样的意义，但是我知道那一年改变了我和我家庭的生活。在接待过凯瑟琳之后，我开始考虑去海外留学。我非常想知道在我熟悉的环境之外的世界是怎样的，并且也想把我所珍惜的文化带给世界。

我从我的母校，北京十一学校，了解到了交换学生项目。除了爱优生以外，当初还有一个项目叫做 AFS（一个国际交换生项目）。AFS 有更多的国家可以选择，所以最早的时候我是希望加入 AFS 去泰国或者巴西的。这个想法存在了很长时间。但凯瑟琳的美国家庭盛情地邀请我能作为交换学生，加入她在宾夕法尼亚的家，所以，在那时，只有接受这个再自然不过的邀请，来完成这两个家庭之间完整的交换经历。

在决定去美国做交换学生之后，申请加入爱优生对于我并不是那么困难。感谢之前的莎拉和凯瑟琳，当时我的英文程度已经足够用，再加上我对文化的热情和渴望，我非常荣幸地被选为 2005 年三十八位爱优生文化交流小大使之一。在此之后，在这三十八位学生里，有我现在最要好的朋友，但是这些都在我们从美国回来以后才发生的。

神奇的是，青春期的小孩叛逆得可以和全世界作对，但是当你在他的头脑里种植了一种信念和思想以后，便一辈子都很难改变。对于我，这个一直伴随着我的信念便是：我是一个文化交流小大使，我要对我在国外所有的行为负责，因为对于我身边的人，我就是我的国家和文化，我有责任将大洋两岸的两种文化联系在一起。这在现在听起来简直太幼稚和可爱了。现在的小孩可能已经不接受这样的思想了，这在当时听起来也挺傻的。但是出于某种原因，我当时像着了魔一样地相信这个信念。我觉得自己被赋予了一个重要的任务和使命，要作为一个交换生来完成。当然，在这五年之间，我也长大了，也有所改变，我在三个大洲上生活过，曾把我的文化分享给了上百人，我依然有时感觉到我还是那个有着坚定的理想的小女孩。

填表、签证等准备工作都很简单。凯瑟琳的家庭已经决定接待我，所以我并没有其他学生担心的接待家庭的问题。剩下的都是项目解决的。所有的一切都很顺利和自然地发生了，接着就到了离开的时间。

【奥利山谷高中】

第一次听到“高中永远不会结束”这句话是在电影《简·奥斯丁读书会》中，那时我已经在上大学了。但是听到这句话后，我认真地回想了我在宾州奥利山谷（Oley Valley）小镇上那一年的高中生活。

我当初并不知道那一年的高中生活会对我的一生有什么样的影响。我在国内度过的那一年高中生活对于我而言已经是模糊不清的了。但是每当我想起在美国交换时的高中生活，总是那么的清晰。

美国的高中文化是一种特别的现象，一点也不比世界上其他任何复杂的文化现象简单。事实上，美国的高中文化通过媒体对世界上很多其他的主流文化都产生了非凡的影响。“高中永远不会结束”的意义在于，在美国高中里，你所经历的事件、习惯、价值观、与他人的关系等等，都深深地种植在每个人的生活里，也同时影响了社会的发展。

当时我所就读的高中叫做奥利山谷高中（Oley Valley High School），是一座非常小的公立学校。学校里的所有人都互相认识，不仅如此，所有人的父母也都彼此认识，所有人的祖父母也互相认识，所有人的曾祖母的侄女还认识曾姑母的媳妇，总而言之，奥利山谷这个小镇上的所有人都非常了解彼此，是典型的美国小镇。因此，发生在小镇上的新鲜事物，比如我，很快就能出名。所有人都认识我，一个来自中国的交换学生。后来，他们重新认识了我，当其他 11 年级学生都在纷纷不及格的时候，一个非常天才的中国交换学生可以在英语语法课上拿满分。我很明显的不是拉拉队的材料，但是在语法课上，拉拉队长对我比她“更好”的英文程度而赞叹，以至于老师都要安慰她说，“只有最优秀的学生才能够来美国交换”。

在中国时，我的成绩也不差，但是到了奥利山谷高中以后我的成绩可以说优异极了。我的学生顾问评估了我的中国成绩单，然后便决定让我成为 Senior（12 年级学生，我本来应该上 11 年级）。除此以外，我只需要修完健康和驾驶课便可以毕业，因为我已经完成了大部分奥利山谷高中毕业所需要完成的课程。现在想来，我当初简直是太幸运了！因此，我拥有了所有的自由，可以选择我喜欢和想要选修的课程。现在我已经记不得我上过的所有课程，但是给我印象最深的课程有：莎士比亚文学、动物行为学、AP（美国高中大学程度课程）美国历史、AP 英文（文学）和媒体艺术（设计）。

虽然当时我幸运地不用被强迫选修很难的课程，但是这并不代表我选修的课程都很容易。在最初，AP 美国历史让我痛不欲生。这门历史课每天都有极大量的阅读作业，对于当时的我而言是一个很大的挑战。我记得每天我都要盯着那个又大又厚的历史书里我所见过的世界上排版最小的字，每天都要学好几个小时，但是第二天上课的时候我依然一头雾水。幸运的是，我的老师施耐德先生（Mr. Snyder）是我在交换那一年遇到的最善良的几个人之一。他不但理解我的难处，还经常给我打气，帮助我。即使这样，我还是非常讨厌他课上的随堂测试，没有提前通知的那种。终于，我的英语阅读能力有了很大的提高，问题都迎刃而解了。

所有人都会认为，莎士比亚可能是高中课程里最难的阅读内容了，至少要比美国历史难。当时对于我而言，正好相反。在历史课上，我在阅读上有很多的问题，因为我的英文没有其他美国学生好；但是在莎士比亚文学课上，阅读变得容易了，因为其他即使英语是母语的学生也不能比我更好地理解莎士比亚所写出的古英语，因此这次我们都站在同样的起跑线上。此外，我借助了网上的中文翻译来理解故事情节。最后，我的成绩甚至比美国学生的都要好。莎士比亚文学是那一年我最喜欢的一门课。他的文学作品的美是高于文化和国界的，是世界共通的，无论是波蒂亚在《威尼斯商人》中显现的智慧，还是罗密欧与朱丽叶之间的爱情，或者是哈姆雷特失去生命意义之痛，都是世界上无论任何文化的人都能够理解的。除了阅读以外，在课上我们还看了大量的电影、纪录片，甚至还去现场看了《哈姆雷特》的演出。这些都是我一辈子都能记得的关于高中的美好回忆。

如果阅读让我痛不欲生，那写作就几乎将我击毙了。我的学生顾问意识到无论把我放在任何课程里，我都能早晚克服困难取得好成绩，无论是语法、历史还是莎士比亚，于是他便决定把我放进 AP 英文课中，最终变成了我的噩梦。

AP 英文和 AP 微积分是我的高中当时所教授的最难的课程。只有成绩最好的 12 年级学生才能“有幸”上这两门课。对我而言，AP 微积分会比 AP 英文容易得多，但是因为当时我不需要更多的数学课程，我的学生顾问就让我选修了 AP 英文。后来我才发现，我不是唯一在 AP 英文课上痛不欲生的人——每周要完成一本在当时我看来完全没有任何可能读懂的文学作品。我其实当时也在课上读到了让我很喜欢的作品，像萧伯纳的戏剧、卡明斯（E. E. Cummings）的诗歌和一些美国经典的短篇小说，但是阅读后的作业是我整个学生生涯里最痛苦的经历。

我从未受过任何正儿八经英文写作的训练，甚至连信件都不会写。在美国的学术界里，写作是成功最重要的元素，因此他们对于学术写作的要求非常高，比如写文学评论、论文和作文等。这些都是我在后来上大学受到系统训练以后才知道的。当初我非常荣幸地被安置在 AP 英文课中，我的学生顾问和 AP 英文老师都相信我能够做好，但是我在英文写作上实在是太没有经验了，因此能在 AP 英文课上取得好成绩几乎是不可能的。因此我向学生顾问申请要求换一门课，但是这个要求被拒绝了，因为我的老师想要把我留在班里，这样其他的学生就没有理由退出了。因此，我与其他所有人一起艰难地忍受着度过了那个学期，获得了我全学年唯一一个 B，但是我不能说我没有学到任何东西。

我学到了很多的东西，并且写了我人生中的第一篇论文，是有关全球变暖的。如果还有什么关于这门课程的好处，那就是我最后毕业舞会的舞伴就是我的 AP 英文课同学，所以这样想来，上了这门课也还是很值得的。

其实不是所有的课程都是痛苦和艰难的。我在动物行为学课上学到了很多有趣的知识，在媒体艺术课上认识了很多好朋友。这两门课都很容易、轻松和有趣，都有很多的实验和动手机会。我也在这两门课上因为团队作业交到了好朋友。团队合作是美国文化中非常被推崇的一部分，在其中，个人的价值也依然被肯定和体现。

说了这么多关于历史和莎士比亚，我可能听起来像是一个乏味的书呆子（nerd），但是我永远也不会是一个书呆子。我不是最受欢迎的拉拉队员，也不会和一个橄榄球队员约会；我没有参加乐队，也没有参加音乐剧；我不朋克、不哥特、不特别艺术、不特别信仰宗教，也没有参加学生会。但是，我曾是校报的摄影师并且参加了田径队；我和其他两位来自德国和波兰的学生一样，是交换学生；有时因为文化差异，我可能会说出一些令人尴尬的话，但是大部分的时间我只是个普通正常的女孩。在午餐时间，我会和其他像我一样普通正常的女孩子坐在同一桌，因为她们是我的好朋友。可能有时，有人会恭维我说我是多么的聪明，因为我不仅能在其他人不及格的时候考满分，还在16岁时就高中毕业。正当所有人以为高中生活结束了的时候，而我知道它永远也不会结束。

我一直以来就是我自己，一个普通正常的女孩，在高中的周末时和好朋友一起逛街；在更衣室讨论关于男孩子的话题；去朋友家参加睡衣聚会讨论女孩子之间的事情；悄悄地暗恋过一个男孩而只和他讲过一次话，还是关于毫不相干的内容。高中的生活和高中的我一直都在延续，永远没有结束，但是这没有什么不好，我们都只需要做好自己，完成自身的价值。

【跨越国际的友谊】

对我而言，友谊可能是我作为交换生所获得的最大收获。这其中的友谊包括与其他国家交换学生的友谊，与美国学生的友谊，与其他中国爱优生的友谊，也包括与来自任何文化、任何背景人的友谊。

当作为爱优生在美国学习时，我认识的第一群和我年龄相仿的人，便是来自其他国家的爱优生。我们当时都被聚集到了社区主任的家里。我记得那次是和我的住家哥哥，克里斯（Chris）一起去的，他也是爱优生，来自波兰。我们的文化背景完全不同，但是大家都融洽得像家人一样坐在一起。我们很快就熟悉起来了，无论是来自斯洛伐克、德国、哈萨克斯坦、中国或是澳大利亚。我从那时起就被震撼了，从此再也不怕接触其他国家的人了。我们当时不仅仅学习如何在美国文化中生存，也学会了如何尊重来自任何地方的任何人。

我和克里斯住在同一个美国接待家庭，并且上同一所美国高中，所以我们每天 24 小时都能见到彼此。事实上，我们大部分的时间都不能忍受对方。克里斯来自波兰，一个前社会主义国家，现在发展得很快，完全摒弃了社会主义传统。大部分的波兰人都是天主教徒并且非常虔诚。这些都是我从克里斯那里学到的，他也从我这里了解到了很多关于中国的事情。我们曾有无数关于政治、宗教和一切的争论。

现在想来，我们当时都很年轻、天真和闭塞。但是感谢我们作为交换学生，并且和彼此相处了一整年的经验，我们都学会了如何接受和尊重别人做他们自己。我记得当我打了耳洞时，是挺大一件事，因为我从没想过我会打耳洞。事后，克里斯带着他大大的微笑，像是对我进行了肯定，他说，现在你已经完成了你生命里要完成的两件事之一，再完成另外一件你的人生就完整了。我便问，另一件事情是什么？他说，现在你只需要受洗（天主教传统）啦！现在想起这件事情觉得一点也不好笑，但他当时说的时候是半开玩笑半认真的。不过哪天我真的受洗了，他也还是会很开心的！

在交换生活结束后，我和克里斯并没有保持联系。我们都在忙自己的事情。我在美国念书，他在英国念书。直到去年夏天的时候，我在柏林学习，克里斯和我又取得了联系。他给我写了邮件，告诉我他在从波兰去布鲁塞尔的路上会经过柏林。所以我们很自然地见面了。过了这些年又见到他是很激动的！我们当时都在完成本科的学业，感谢苍天，我们都不再是青少年（teenager）了。他长成了一个自信、聪明和体面的小伙子。我和他在柏林见面的时候，正逢波兰总统飞机失事，这对所有波兰人都是很艰难的一个时期。但是当他讲到这件事情的时候却很镇定、理智和充满希望。我当时很惊讶，当初那个和我争论政治问题到眼泪在眼眶里打转的波兰男孩，现在可以在他的肩膀上承担起责任了。即使我们这些年来都没有通信，但是我们之前共同成长的经历让我们交流起来依然非常容易。我们坐在柏林宁静的春天里，像是老朋友一样地交谈。那时我懂得了一件事情，像这样的友谊并不需要花太多的精力和时间去维持也能保持得非常好。从柏林那次之后我们又没有联系了，但是我非常肯定，无论我们以后在哪里再相遇，我们都会依然像老朋友和家人一样地交谈和分享。

另外一个非常难得的经历是，我与其他中国爱优生的友谊。我们在出发去美国之前有很长的时间认识和相互了解，我们接受了相同的培训，我们拥有共同的珍贵的记忆，之后我们被分散在美国的各地，即使很少能见面，但是依然保持着联系。然后我们从美国回来，又坐在一起分享着相似却又不一样的多彩多姿的交换生活。我们比任何人都更能理解彼此。即使是在进入大学之后的这些年也是一样，甚至更能准确地体会彼此所经历的心路历程。

【结缘德国】

在书写这些经历的过程里，有那么一刻，我完全忘记了我的德语课，即使在我写作的这一刻，我正要和一个朋友去一家德国餐厅共进晚餐来庆祝德国的啤酒节。到目前为止，德语和德国文化已经成为我生命中的一部分，而我也不再特意地多想这些了。我与德语、德国的不解之缘都是在美国高中这一年，选修了我的第二门外语——德语，而开始的。在我需要开始学习第二门外语时，我选择了德语，并且有幸拥有了一个非常好的老师，大家都称呼她为Frau（意为“夫人、小姐”）。像美国高中里的其他语言课一样，我并没有在那一年从“夫人”那里学到太多的德语。不过我学到了很多德国的文化、习俗，而“夫人”为我带来了在以后无限的学习德语的兴趣。现在，已经过去了四年，我甚至已经获得了一个德语的学士学位，在柏林度过了我大学的最后一年并且非常热爱那座城市和那里的生活。如果当初我选择了法语，而不是德语，那现在有可能我在和你谈论巴黎，梦想着法国南部，而不是发誓每个夏天都要回到柏林，只为听一场柏林爱乐的森林音乐会。我不能说哪个更好，但是从高中到现在的每一秒，我都非常享受当初学习德语、由“夫人”当我的第一位德语老师的决定。

值得一提的是，在一年的爱优生结束后，我的交换生生涯并没有结束。在美国大学的最后一年，我又参加了学校的交换项目，和其他三十多个加州大学的学生一起来到德国柏林，在柏林自由大学进行了为期一年的交换。

大学的交换和高中的交换有很多不同的地方。通过大学的这一年交换，也让我反思到了很多高中交换时难得的机会和好处。首先，大学的交换就自由得多了，没有高中时那么多的束缚和管理。没有了美国接待家庭，自己找公寓，和任何人一起住在这个城里的任何地方。我选择了一个人住在离学校不远，也离市中心不远的一个安静的社区。现在想来虽然我享受了自己独立的空间，但是却没有了高中交换时在寄宿家庭得天独厚的语言环境。

再来看看我的学校，因为有毕业的压力，所以选课的时候我并没有全部选择德语课，而是适当地穿插了几节英文课以便减少负担。这个选择又让我的语言发展受到了限制，不像在美国高中交换时，无论多难我都只能上英文课。

在柏林这个文化、艺术、音乐极其发达的城市里，我遇到了各种各样来自世界各地的有意思的朋友，这依然是对我语言提高无利，但是也不能全算是缺点。我极其享受和他们畅谈的经历，只是每次谈得太激动时都会放弃说德文，换成讲英文。

我在柏林交换的经历，如果从学习语言上讲，是比较失败的，不然我的德文应该和我的英文一样好。但是从文化、成长、教育、见识等等其他方面，大学的交换经历也是非常成功和充满激情的，也正是因为在柏林的经验，我和德国的不解之缘更进一步地加深了。

柏林的交换经验对我而言，最特殊的是自我定位的认识。对于很多从小在外留学、交换的学生而言，有时会存在自我定位、身份上的混乱，不是非常容易定位。在刚去美国时，我是从身心到精神、到习惯、到想法都是非常中国的中国人，几乎可以定义为狂热的爱国主义分子。后来随着年龄的增长，在美国上大学期间我的这一面开始慢慢地退化，能和美国人、中国人或是任何国家的人都能融入得很好。后来在加州上学的经历对我有了很大的改变和影响，加州人的热情、自由、开放、不评断别人的特点等等深深地影响了我，让我不但爱上了加州，也让我摆脱了更多的束缚，自由地做自己。在到了柏林交换的时候，我的身份不再是中国的留学生，而是加州大学的交换学生，和其他任何来自加州的学生没有区别。这是我第一次不再首先以中国学生的身份与人相处，我的中国根变成了我的文化背景，如同我的美国教育是我的文化背景之一，我的摄影爱好是我的文化背景之一，我对古典音乐的爱好和我对学习语言的热情，还有我对经济学的研究都是我的文化背景之一，它只是组成我的一部分，没有了权威性、没有了优先权、不再掌控我的生活，而是第一次由我掌控了它。也许这绝大部分受到了柏林这个城市本身非常开放自由的影响，住在柏林的人就是柏林人，本身的国籍都不再重要，很多人也都像我一样有不同的文化背景，因此我们都是以自己最原本的面目与人相处的。说实话，这个感觉好极了，我从未像在柏林生活时那么自由和快乐地与人相处。我也因此终于懂得了文化交流的真谛，文化不能被附加，文化的交流和传播是透过个人和细节上进行潜移默化的影响。我在全心全意地做自己，了解自己，发现和发展自己的同时，也用我的文化感染了身边的人，如同别人的文化感染了我一样，无论这些文化是什么，是否有定义。

【父母与我共同成长】

从我 12 岁时起，家里接待美国交换学生开始，到我 15 岁去美国交换，17 岁开始上美国大学，20 岁在德国交换，21 岁回北京工作，再到现在即将 22 岁返回美国读硕士的十年间，不但是我的成长、磨炼和考验，我的父母也经历了相对的成长、磨炼和考验。

我的父母对我从小就是进行“放羊”式的管理和教育。他们从未对我特别严厉，只是要求我不能犯原则性的错误，养成一些好的习惯。所以我的父母一直是比较开明的。尤其是后来接待了美国的学生，不但要应付我本来就有的青春期问题，还要再解决一些青少年的文化问题，对于我和我的父母都是难得的成长经历。

后来我从 15 岁到 21 岁期间很少有机会和他们相处。很多人问我的父母，怎么这么小就舍得和放心让我去闯世界？我一直认为这对于我们而言都不是很难的事情。爱优生时期我和父母的联系尤其少，因为规定不允许。但是有一次经历我一生也不会忘记，是那时我和美国接待家庭产生了误会，发生了矛盾，特别委屈的一个晚上。11 月的宾州特别冷，我哭得喘不上气来，拨通了妈妈的电话，一个字都说不出来，只是放声大哭。听到妈妈在电话另一头焦急地问我到底怎么了？有什么事情都可以说！我还是一句话都说不出来，最终听见电话那头妈妈也着急得哭了起来。那时候我觉得其实无助、孤独的不只是我，我的爸爸妈妈也是一样的。想想看，把唯一的 16 岁的女儿送到地球的另一端，也是需要很大勇气的。那次电话的结果是非常严重的，让我也从那时就决定，无论遇到什么事情都要自己解决和处理，绝对不能再打这样的电话。所以后来这些年，每次爸爸妈妈给我打电话，问我怎么样时，我都一律只说还不错，挺好的。因为我在外面遇到再大、再多、再困难的问题，他们在世界的另一端都帮不了我，所以还得要我自己来解决，就尽量让他们少操心吧。

上了大学以后有一段时间，我和父母面对了很大的文化冲突，主要体现在我选择专业上。从开始做交换生踏入美国第一天开始，我就被灌输了“你一定要做自己喜欢做的事！”这个思想。虽然听了很多遍大多数都变成耳旁风了，但是长此以往的灌耳音也还是有它的效果。所以在我申请大学选专业的时候自然选择了我比较喜欢的专业——国际学，侧重研究文学、艺术和文化。我的父母当时并不十分赞同我的选择，因为他们不了解这个专业学习的重点和以后事业的发展，我也没有做好向他们解释的工作，最后就引起了换专业的拉锯战。他们希望我学商或者学政，我依然是想要学和文化、艺术相关的学科。最后妥协的结果是学了经济学。其中有很多不愉快的电话、假期、争吵、冷战。这看起来是年少气盛的人都会经历的问题，但是本质上这是文化的冲突。由于我当时所在的文化环境 100% 支持我的决定，而我父母所在的文化环境又认可他们的选择，因此才有了那么多的冲突。在后来这些年里，我当然懂得了他们希望我学习商政的用心，他们也发现了我在语言和文化上的兴趣和天赋，应该让我自由的发展。最终的结果是，转了一圈到今天，我又要回去进行硕士学习，选择的专业是国际政策研究，是一个目前看起来很令人满意的结果。

【新生活方式的起点】

爱优生的这一年是一种生活方式的开始。这种生活方式让我对未知世界无所畏惧，对不同的文化有无止尽的好奇心，也对与自己不同的人、事、物有了更多的理解和包容。因为有了这一年的经历，我在此后的生活也有了相对的模式。比如我从 15 岁离开家以后，几乎每年都搬去不同的城市居住，并且丝毫没有觉得有任何麻烦。我的好朋友称此为“折腾”。我从费城折腾到了慕尼黑，又折腾去了加州，接着折腾到了柏林，现在折腾回了北京，接下来还要再折腾回加州。并不是所有的爱优生都这么折腾，但是我见过最能折腾的人都在小的时候有过类似的经历。所以我感到很幸运，在中学时期就可以独自一人去闯荡世界，让我的世界没有地域上的限制，经历了很多美好的人和事。

当然这种开放和包容的生活方式也不是完美的。因为早期流动性的影响，使我无法接受地域上的束缚，表现方式就是在一个城市住到一年的时候，就会开始不安和想要逃离，想探索和发现新的城市。这也是非常令人头痛的事情，因为缺少在同一个地区时间上的积累，也让我失去了很多的机会。也许随着年龄的增长，这种不稳定性会慢慢地减少。

从北京四中到美国高中

金洋子|档案

我是一名北京四中的学生，我喜欢一切新鲜的事物，我愿意接受一切的挑战。2005 年作为爱优生来到美国，在华盛顿大学高中生活学习了一年。这段经历为我之后在美国上大学和研究生奠定了坚实的基础。

我所在的学校名叫华盛顿大学高中，有1800多名学生，只有我一个中国人。入学第一天，校监请我写下承诺："如果成绩跟不上或产生心理问题必须转校。"这让我紧张了好一阵子。原来这是当地最好的一所高中，要求最为严格，不同于一般美国学校，从不让学生蒙混过关。听说上一年曾有一位台湾交换学生不堪学习压力出了精神问题。美国高中学校的物质条件和教学设备极好，电子化程度很高。这里每年分为三个学期，纯小班教学，每个班只有二十人，我被分配在 11 年级（相当于中国的高二）。

刚到美国时，为了跟得上老师的英语授课，我每天早晨五点起床，去教会办的免费学校学习两小时英语。美国学校是由学生自己选课，想学习容易的，可以选择容易的，如 11 年级的学生可以选择 10 年级的数学，但是学分不高（不能得 A）；同样，想学难度大的可以选择大学数学，学分高（给予 H），并且学分可带入大学。

第一学期，我以两门主修课 A、一门（数学）H、两门选修课全 A 的成绩，名列全班第一名。美国 11 年级的数理化生等基础课程比中国高二的简单，但也不是想象中的那么容易，虽不要求死记硬背，但是很多题目不是有唯一答案，特别注重学生的个性、创意与独立思考，平庸的答案得不到高分。同时，我感到有些课程对于中国学生来说相当难学，如美国历史课，考题很活、很细、很难归纳。如对某总统习惯养成品格等方面的分析，就需要阅读大量的书籍，还要自己总结，这些一时让我倍感压力，花了很多时间阅读才算闯过这一难关。

从第二学期开始，我更多地参加了学校的活动。美国知名大学录取高中学生，一方面要看成绩，另一方面看活动。为此，一些重点高中非常重视运动、演讲、辩论、音乐、戏剧、绘画、设计、色彩等艺术课，好学生都不敢忽视这些课程，有趣的是这些活动都由学生发起和组织的。因此，活动本身既是进行文化、艺术、体育、美学方面的教育和熏陶，也是培养学生的组织才能和团队意识的手段。

第三学期，我感到没有语言压力了，也没有了学习压力，便开始注意整体提高自身素质，选择了一些在中国的高中学不到的知识和课程：如美国政府、行政监督、市场调查、统计分析、设计与色彩、国际政治与关系等有意思的课程。同时，我深知“三人行必有我师，择其善者而从之”的道理。为此，我通过参加学校的一些活动，如演讲辩论、合唱，体操、田径、网球、游泳、英文书法、长笛、钢琴、绘画等学习型组织，结识了本校美国学生中的精英，对我的学习也有很大帮助。

在学习主业方面，我十分珍惜在美国一年的学习时间，除了学校集体组织活动，我从未自己或与朋友出去玩过，我知道要充分利用时间；在美国的学校里，争取尽可能多地学习美国的课程，特别是那些在中国学校里学不到的课程。我在一年的三个学期内，一共选择了九门必修课，六门选修课，参加了三个专门的研究项目，都取得了 A 以上的成绩，并且有四门课程获得了 H。在全班二十人中，只有三人成绩是全 A，只有我获得四个 H。

【获奖经历】

在美国的学校有很多比赛活动，只要你有自己的特长，并且积极参加活动，获奖的机会也会很多，但如果你既无特长，也不参加活动，那么你就没有获奖机会。有一个很有意思的事情，在美国一些顶尖大学招生的时候，先看这些高中生的特长及在高中各种比赛中的获奖情况，再看学习成绩。这一录取政策给优秀学生以明确的信息指向，因而成绩优秀的学生往往也是获奖大户。

在美国一年的时间里，我累计获得了八项奖励。其中在校外，在“全美中学生州际比赛（母语非英语组）”中，我代表华盛顿的学生，在与俄勒冈州比赛的十八个单项中，取得了演讲、辩论、翻译三个单项第一名和总分第二名的好成绩，获得了三块第一名的奖牌和一个总分第二名的奖杯。校内在年度结业典礼上，我获得了一条印有 U 字奖带（类似于中国的三好学生奖状），一张由校长签发的优秀学生证书，一个长跑队奖牌和一个网球队的奖牌。

2006 年的 2 月是我的幸运月。一切全都因为我报名参加了每年一度的“全美中学生州际比赛（母语非英语组）”，我是经过学校初赛、全市复赛、全州决赛后被选送的代表参加州与州的竞赛。该比赛是俄勒冈和华盛顿两个州高中学生之间的一次盛会，每一个州都选派最优秀的学生参与这场盛大的比赛。共有三百多位选手，比赛从 2006 年 2 月 18 日至 24 日，共进行了六天比赛。尽管竞争极其激烈，但我还是取得了意想不到的成绩。

首先，我获得了演讲公开赛第一名的奖牌。这是一个由高级别选手和新手共同参加的演讲比赛，我作为第一次参加比赛的新手，获得第一名，在该大奖赛历史上还是第一次。接着，我又在辩论比赛中获得了第一名的奖牌。我作为第一次参加的新选手，面对的是多次参加比赛的高级选手，取得了胜利，可以说是创造了奇迹。原因是我临场发挥好，掌握了技巧，并且认真对待、准备充分，具备了竞争优势。之后我获得了古典戏剧演绎（包括朗读、解释和表演）比赛第一名。在这个方面我取胜的秘诀是花更多的时间理解、学习和模仿。凭这项第一，我即被列入该项赛事高级别选手名单。由于我参加了十八个单项中的三个，最后获得了总分第二名奖杯，这个奖杯对于我们学校非常重要，因为获得前三名学生的学校是可以在学校综合评比中加分的，为此我们学校的领队对我这个来自中国的女生格外地高看一眼。

除了参加校外比赛，我在校内也参加了一些比赛和活动，并且获得了一些奖励。第一学期，我获得了学校长跑队“最鼓舞人心奖”的奖牌。这是由五十名队员投票评选出的奖项，奖给人品、毅力和意志、团队精神、影响力最强的队员。第二学期，我勤奋地学习网球，每天练习两个半小时，终于在全校运动会上，获得了女子网球比赛前十名的好成绩，获得了一块奖牌。在第三学期我荣幸地获得了一条印有 U 字的奖带，U 是我在美国的学校字母的形象化缩写，取得这条奖带是相当困难的，在学校年度结业典礼上，校长亲自为我挂上这条奖带，同时给我颁发了一张由校长亲自签发的“优秀学生证书”。

【我的美国家庭】

爱优生总部给我们每一位爱优生安排了一个家庭，我在这个家庭里一年的生活费用完全由这个家庭承担。我的美国家庭有七口人，加上我一共八人，是一个非常完美的家庭：一是家离学校很近，步行只要几分钟，不用坐车；二是家里人多，很热闹，在国内都是独生子女，这个美国家庭除我之外还有五个兄弟姐妹，他们都能与我相处良好，一年来，已被我调教为一帮听话的“弟子”，平时我们在一起玩，一旦我需要安静地学习，他们都会回到自己的房间；三是美国爸爸妈妈对我很好，尤其是美国妈妈，作为全职太太，她每天要照顾包括我在内的六个子女，其中花在我身上的精力最多，对我特别关照，不仅在生活上对我关心，而且在学习上帮助我。

我深切地感受到美国人的博爱精神，这是一种伟大的人类精神！这个美国家庭是一个虔诚的信教家庭，每个周日都去教堂。为了与家庭融合在一起，除特殊情况外，通常我会陪伴他们一起去，让我吃惊地了解到：宗教在美国人的社会生活中，竟然占有如此重要的地位！我也真正体会到了“信教的家庭是最有爱心的正统的美国家庭”这句话的含义。

同样，这个美国家庭对我也很满意，我主动地帮助做些力所能及的家务，尽管他们并没有要求我做。与我的中国家庭不同，他们一年来从未批评过我，每天都称赞和鼓励我，让我感觉好得不得了，使我总是想更加努力地做得更好。

我学习并且欣赏他们一家人，这一家人也很喜欢中国文化，我向他们讲述中华五千年文明史中的一些精彩故事，让他们感觉到我作为一个中国人的骄傲和自豪！同时，我一有时间也教他们中文，教他们一些简单的书法、国画，他们全家人一起学，很有意思。我依据他们的性格、特长以及英文名字的发音，给他们取了中文名。爸爸叫保华；妈妈叫贤佳；14岁的大妹妹叫美兰；12岁的妹妹叫曼雅；10岁的弟弟叫音尚；8岁的弟弟叫达理；3岁的妹妹叫蕾蒂。我感觉这些中国名字都很有中国文化的味道，我给他们讲了中文意思，他们说，将永远用这个中文名字。我在国内学过雕刻印章，给他们每个人各雕刻了一枚中文的名章，让他们高兴了好长时间。

我的美国爸爸妈妈都是受过高等教育的大学毕业生，美国爸爸是一家电影公司的副总裁，每天忙于工作，养活全家人。这是一个并不富裕的美国中产阶级家庭，但是却非常有爱心！我喜欢这个家庭，他们的价值观念属于传统的美国家庭，不仅生活很有规律，有勤俭节约的好传统，而且节假日亲情往来相当密切。美国爷爷是经济学教授，听说我想学经济，就送给我经济学的书，还给我讲经济学；美国奶奶是已经退休的音乐教师，教我声乐方面的知识，还教我唱歌；美国外婆原是一位小学教师，性格非常好，不仅对我关爱有加，而且还提出了很多好的建议，对我很有帮助。

通常我早晨六点钟起床，学习、背诵英语，吃完早饭以后，八点钟步行到学校，中午吃带来的饭，下午两点半下课以后，我参加各种活动（田径、网球、游泳等），然后回家，晚上学习到十一点半睡觉。我有一个独立的房间学习和睡觉，房间有电话、电脑、卫生间，生活方便、舒适、规律，如同在北京自己的家里一样。我能在美国取得如此的成绩，得益于这个家庭的关怀和厚爱。

【我眼中的美国体育文化】

在美国的一年，我切身地感受到了体育在美国人民生活中的重要性，尤其是美国的体育文化和体育精神。与中国的体育文化相比，美国的体育精髓在我看来，其实就是大众性。主要有三个特点：

一是全民参与。美国人对体育的热衷简直达到了疯狂的程度。我所在的美国家庭有五个孩子，加上美国爸爸妈妈和我，一共八口人，外加住在同一城市的爷爷奶奶，全家老小都是运动迷，全家人最普通和共同的运动是跑步，此外每个人都有自己的特长和爱好。我算是一个热爱运动的人，在北京上学的时候参加了田径队，但与美国家庭的成员相比，要逊色很多。在美国家庭的感染下，我每天花在运动上的时间不少于四个小时，美国妈妈还帮我办了健身卡，请了健身教练。这使我在美国的日子里每天都感觉到精力充沛，在美国的一年我竟然没有得过感冒。

二是设施开放。首先是美国社区的体育设施健全，按照居住的人口配备了相应的体育设施，而且长时间开放。其次美国的学校、机关等单位的体育设施都是开放的，任何人都可以在规定的时间内去免费享受这些体育设施带给人们的方便，这些设施都很先进，并且种类齐全，有些单位的体育设施甚至不亚于专业场馆。第三是几乎所有专业的体育训练和比赛场馆，除了日常训练和比赛之外，也都是对民众免费开放的。

三是机制平民化。美国的体育比赛比较多，我所在的美国学校共有1800多名学生，每年大大小小的体育比赛上百种，几乎每周都有比赛。体育组织很多，仅球类就有篮球、羽毛球、足球、棒球、网球、橄榄球、板球、手球、曲棍球、高尔夫球等共二十六个项目之多，每个项目、每个球队都经常组织队与队、校与校、区与区、州与州之间的比赛。每个学生都有很多次当运动员的经历。我在美国的学校里参加了田径队、体操队、女子篮球队、网球队等，每个项目都有教练专业指导，还经常参加比赛。

【我的收获】

一年的亲身体验，我的感悟良多，受益匪浅。我觉得，这次难得的一年美国生活经历，将对我的人生产生重大影响。

开阔了眼界，增长了见识。以前我对美国的情况是陌生的。爱优生交换项目帮助我认识了另外一个与中国完全不同的世界。眼界得到开阔，感受了一个语言、环境、社会、家庭、学校完全不同的学习与生活，增长了我的见识。体会最深刻的是美国高中以培养精英、提高素质为目标，而中国高中多以培养上好大学为目标。这是一个根本的区别。

检验了能力，提高了素质。离开父母关爱的家庭，离开熟悉的北京，一年的交换留学，一年的生活体验，让我慢慢地悟出了很多道理。我感觉提高了我的独立生活能力、独立思考能力、独自承担风险能力和自信心；培养了适应新环境和克服困难、面对挫折的心理承受能力；让我逐渐形成了包容宽厚的博爱之心和乐观开朗的性格；让我拥有了团结互助的精神和善于沟通的技巧以及准确表达的语言能力。

最大的收获是英语成绩的提高。在我参加"州际"比赛时，给我颁奖的嘉宾竟然以为我是 ABC（在美国出生的华人），他们没想到我只学过六年英语，到美国不到一年。其实我为了演讲，准备了很长时间，付出了比美国其他学生更多的努力。不过通过这次演讲，给我增强了信心，让我知道中国人同样可以说一口流利的美国英语，而且不带任何口音，这也许得益于我在初中和高一的扎实基础和坚持收听"空中英语教室"的耐心。我认为，说一口流利的美国英语，也许是我来美国最大的收获！

从参加社区活动中得到乐趣。华盛顿州法律规定中学生必须达到为社区服务规定的时间。我便利用自己的特长到社区服务。我和同学一起到教堂演话剧，在社区表演二胡、长笛、竖笛；展示中国书法、绘画等，宣扬中华文化，尤其是我春节期间，我设立台子现场免费给美国人写的春联，很受欢迎，我也从中得到了很多乐趣。我认为，美国文化中有一个很先进的成分，就是做一个勇于承担责任、乐于为社会服务的人。在美国，一个人某个方面的能力越强，意味着在这个方面责任越大。

尝试了美国的教育考试制度。美国的 SAT（美国大学入学考试之一）考试一年三次，这是一个类似于中国高考制度的考试，虽然并不是所有美国大学录取高中学生时都要 SAT 成绩，但美国名校录取学生时，SAT 成绩是必备的硬条件。如哈佛大学 SAT 最低录取线为 2200 分（三科总满分为 2400 分），我考完自估分数为 2120 分，其中数学我自估满分 800 分。作为 11 年级的学生（12 年级才毕业）第一次参加 SAT 大考，我对这个成绩相当满意。

神奇的一年

许从玉｜档案

我是 2006—2007 届的爱优生，当时就读于美国西弗吉尼亚州菲利普郡（Philip Barbour County）。回国后选择继续在首都师范大学附属中学读高中，经历过“黑色”高考后考上了北京交通大学经管学院信息管理系，现准备大四毕业后出国读研。从小到大，我的性格一步步地从内向变为外向，交换生的这一年更教会我要随时跳出自己的舒适圈去与别人沟通交谈，也让我拥有了比同龄人更开阔的眼界，认识了整个世界，也认清了自己。

16 岁那年，是我正式作为爱优生交换生的开始，在之后的十个月中，我经历了太多新鲜的体验，经历了太多的悲伤与欢乐，在一个陌生的国度，完成一些曾经我想都不敢想的事情，认识了一群开始连话都听不懂的朋友，更圆了自己一个不可能实现的梦！

【在路上】

我的美国接待家庭在西弗吉尼亚，离那里最近的机场是匹兹堡机场。从北京到匹兹堡我一共经历了三次转机：北京到旧金山，旧金山到华盛顿，华盛顿到匹兹堡，从第一班飞机起飞到最后一班飞机降落整整花了二十四个小时。我曾经以为这一趟漫长的旅程会困难重重，会遇见各种不可预知的困难，加之语言的障碍，这一趟未知的旅程在出发前的我的眼中已如登天般困难。

然而，真正开始之后，却没有遇到意想中的阻碍，尽管行李超重被罚钱，尽管在华盛顿只有半个小时转机时间，又跑错了登机口，然而一切的一切却依然能够顺利地运转，我甚至有时间在旧金山学习用投币电话给美国家庭确认航班，有时间刷卡上网给家里发邮件报平安，甚至还有时间和新认识的留学生合影留念。尽管语言交流仍显生疏，却依然能够通过各种方式表达清楚，表达我想要达到的目的。所以，很多时候我们总是盲目地认为我们前方的道路布满障碍，并以此为借口让自己止足不前，转身选择一条安逸的道路，却从未想过，当我们毅然决然地踏上那条意想中的坎坷，一切的困难便都会迎刃而解，因为当你开始着手解决的时候，困难便不再称之为困难。

从华盛顿到匹兹堡的飞机很小，宽度总共只有三排座椅。因为我到得比较早，上去之后只有一两个人在上面，很有一种总统专机的感觉。飞机飞至云层上空，满天繁星，真有一种天圆地方之感，也许是因为还有一个小时就要到达目的地，也许是因为坐上了最后一班飞机没有了紧张，此时的我泪水不禁夺眶而出，我坐在单人一排的座位上，看着满眼不熟悉的人，听着满耳不理解的话语，被一种巨大的孤独感包围着。我曾在日记中这样写道："尽管知道这一年将是不寻常的一年，知道以后自己将会成长、蜕变很多，知道这一年收获会远大于失落，却依然在首都机场走进海关的一瞬间忍不住落泪。毕竟是离开了亲人、朋友，去面对陌生的世界。然而，我又必须学会坚强，未来有太多的事情在等待我去处理，去发现，完全依靠自己！"我想，对于所有交换生来说，这一年最大的收获，便是学会在落泪之后继续微笑上路，远离家乡的我们没有太多时间去悲伤，更没有太多奢望去寻找别人的安慰，因此，自己，便成为了自己的一切。

【住在美利坚】

西弗吉尼亚是一个以山脉著称的州，在歌曲《乡村之路》(*Country Road*)中有一句“西弗吉尼亚，山脉的母亲”(*West Virginia, Mountain Mama*)用来盛赞其著名的蓝岭山脉(Blue Ridge Mountain)。我所在的菲利普(Philip)是一个小城，与其说是个小城倒不如称之为地区，因为那是个很偏僻的乡村，两个住家之间几乎都需要半个小时左右的车程。

我的美国家庭是很典型的美式家庭，崇尚享受，会在周末的时候逛逛商场，在假期的时候去远足、露营。美国家庭一共有五名成员，美国爸爸、妈妈以及两个儿子和一个女儿。这个家庭很喜欢动物，他们一共养了三只狗、两只猫、一条蛇、一只蜥蜴以及一只乌龟。

这个美国家庭对我来说承载了太多的欢乐与泪水。我的美国爸爸特洛伊（Troy）和妈妈凯蒂（Katie）是性格极其善良的父母，年龄不过三十几岁，加之美国文化本身特有的开放与包容，他们与我几乎没有代沟。然而，家里的三个孩子却与我有着不共戴天的“仇恨”。也许是因为我从小就是独生子女，一点与兄弟姐妹相处的经验都没有，到了美国一跃成为大姐大（Person in charge），面对三个由美国文化教育出来的自由到极点的孩子着实有点束手无策。但是无论如何，不管在这个家庭中我们有多少次争吵，依然敌不过吵架后的一次拥抱。这是一个让我在美国能够有容身之所的地方，更是一个给了我家庭温暖的地方。

平凡的一天是这样过的

在美国上课期间，我的校车是家里孩子中最早到的，所以每天早晨我会在六点半起床，洗漱完后叫大女儿考特尼（Courtney）起床，通常会自己做一个三明治早餐或者减肥的时候啃一个苹果，之后抱上所有需要的书走下我美国家门口的山坡等校车。因为西弗吉尼亚的地理特质，学校离我家的车程需要一个多小时，到校后所有人会在一层的餐厅等待第一声铃响，之后才可以进入教室区。

第一节课开始前会有校长广播，告诉大家当天学校会举行的活动以及某些课会需要部分年级集合等信息。上午的课程由两节整课以及一节半课组成，课程与课程之间被安排得非常紧凑，几乎没有休息聊天的时间，因此便衍生出在中国课堂不常见的字条（note），两个朋友会在上下楼梯侧身而过时交换之前写好的字条，交换自己的看法或者说一些平常不方便说的话题。午饭的时间很短，只有半个小时，提供的食物通常为比萨、汉堡、香肠卷（pepperoni roll）或者意大利面，大家会选择自己通常坐的桌子，在短短的半个小时内交换一天的见闻。之后便马上开始了下午的课程，同样是一个半节以及两个整节的课程。下课后，我们需要在十五分钟内找到自己的校车离开学校。但是有社团的同学会留在学校开会，体育队的会跑到不同的地方训练，而高二（Junior）和高三 (Senior) 的学生通常会自己开车回家。

回家后我的第一项任务是收拾早已被两个男孩弄乱的房间，洗一部分衣服然后在客厅里看一会杂志或者上网。因为我的美国爸爸妈妈还没有回来，我便担负起照看三个孩子的任务，这也使得我不能一头扎进自己的房间解决我的作业，而必须要待在客厅中，不能够让大家离开我的视线。

晚饭通常会在意大利面、比萨、鸡肉之间轮换，我的美国家庭属于比较不环保的一类，使用的很多是一次性纸质餐盘，也许是怕家里人口太多而导致清洁餐具工作量太大所致吧。吃完饭后我和大女儿会轮流负责将餐具用洗碗机进行清洗以及清理厨房。之后的时间才算真正属于我的，我可以回到我的房间里完成当天的作业。因为美国家里人口多再加上邻居随时会造访，我们的大厅随时处于热闹而忙碌的状态，有不同的人在聊天，不同的人在看电视，孩子们在跑来跑去，大人们在指手画脚，家里一天的忙碌会在十点左右结束，而我因为要写作业，另外在中国养成了晚睡的习惯，所以我会更晚一些休息。一天的热闹终于归于平静，七八个小时后，又是新的一天。

磕磕绊绊的相处

我们这一代大多数都是独生子女，所以每次听父辈说起自己儿时和兄弟姐妹们的打打闹闹总是会很羡慕，暗自感叹自己童年的孤独。我曾经也为自己没有兄弟姐妹而心生遗憾，谁曾想，到了美国之后却从天上掉下三个弟弟妹妹！虽然去之前曾做好了充分的心理准备，知道美国的小孩会有多么调皮，却没有想到这三个孩子远远超出了我能承受的范围。

4 岁的蔡斯（Chase）是一个极其爱哭闹的小男孩。我刚到的那段时间，每次他哭的时候我都会拿好吃的、好玩的哄他，但我逐渐发现，哭闹只是他为达成自己目的的一种小手段，作为最小的孩子他理所应当地认为所有人都需要让着他。

9 岁的科蒂（Cody）虽然不是最大的，却应该是三个孩子中最懂事的，三个孩子打架时他会跳出来叫停，并支持他认为正义的一方，然而这也是他的矛盾所在。他固执地支持他所认为正确的一面，而忽略所有的事实，争端也因此而生。

考特尼（Courtney）是大女儿，11 岁正是极端叛逆的时期，更是爱美的时期，喜欢跟父母顶撞、吵架，不遵从大人的希望。作为拉拉队员的她喜欢和朋友们一起玩，却不喜欢做作业，喜欢化浓浓的烟熏妆，穿漂亮的衣服，却不喜欢收拾屋子和床铺。

我曾经相信人性本善，却没有想到这三个小家伙心底都深深地隐藏着小恶魔！我的周末通常会在三个孩子一遍又一遍地冲进房间中宣告开始。叫我起床的方式也因人而异，考特尼会用枕头把我砸醒，蔡斯会爬上床来踩我，而科蒂则会直接在我的床上玩蹦床。我与这三个小孩子的过节远不止如此，考特尼会随意进我的房间穿走我的衣服并随手扔在外面的草地上，会和我抢电脑，抢电话，会陷害我让我挨训和做家务。蔡斯会拿走我桌上任何他认为好玩的东西并五马分尸，会在他生气的时候踢我或者打我肚子，会在我和他讲道理而他妈妈又恰好回头看的时候迅速地大哭并告状；科蒂呢，大部分时候会维护他姐姐和弟弟的利益，只在心情极好的时候才会和我站到同一战线。

我们四个在一起的时候总是纠纷不断，有时我和考特尼一伙，有时我看着考特尼和蔡斯打架，有时我们四个一起被罚，然而更多的时候是他们三个团结起来而我成为最倒霉的一个。大家做不完家务吃亏的总是我，他们三个打架而挨训的也是我。那时，16 岁的我还算是个孩子，一下从独生子女的万千宠爱到和兄弟姐妹争宠的生活让我极其不适应，我没有学会去让着他们，更没有学会用姐姐的威严来管制他们。

这样的能力直到我离开也依然没有学会，然而我们却在一点点磕磕绊绊中痛并快乐地走完了整个交换生历程。女孩子还是一样的叛逆，男孩子还是一样的调皮，然而我们却能够在圣诞节的时候一起准备大餐，在母亲节一起准备惊喜。考特尼会在夜里跑进来和我一起照各种搞怪的造型照片，会在跟我抢了N次夹板后送我一个当生日礼物，会在我需要证件照的时候拿着相机把我拉到外面左摆右摆。而蔡斯会在磕着碰着之后跑来找我撒娇，会在我调侃他的小女朋友时害羞地钻到我怀里；科蒂一如既往地走着他大男子汉的路线，却在我回国前送给我他编了很久的绳结串。

我们是没有血缘关系的兄弟姐妹，也许不能像真正的兄弟姐妹那样将心比心，但是我们经历过这样不平凡的一年，在这一年中有眼泪、也有笑容，有生气到发抖、也有开心到腹痛，我们像真正的一家人一样打闹、吵架、和解、拥抱，这将是我们一生的美好回忆。

自己动手丰衣足食

我的美国爸爸是一名建筑工人，和几个朋友一起为我们所在的地区修建房屋。美国的房子不像中国的钢筋混凝土或者砖瓦房，而大多为木质结构，中间加上特质保温棉层以达到保温隔热的效果。因为大部分人家都是一家一户的小别墅，在西弗吉尼亚土地又多，所以自己造房子并不像在北京一样有如登天一般困难。我家的房子就是我的爸爸一手完成的。

也许因为美国是一个崇尚实用主义以及张扬个性的国家，因此美国有许多建材商店能够让大家买到原材料，然后按照自己的想法装饰自己的家。我最特殊的经历莫过于成功地参与建造了一个壁炉。我从小就认为能有一个壁炉是很温馨的事情，没想到我能亲手实践这个梦想。

为了建造这个壁炉，我和考特尼自告奋勇地做起了美国爸爸的助手，先对我美国的家来了一个“乾坤大挪移”，腾出壁炉的地方之后便开始搭设壁炉的结构。等到壁炉的形状确定后，我们便买来巨大的石料开始往板上贴，我甚至还学会了和水泥。贴石料确实是一件很费精力的事情，一方面要保证石头不会因为水泥不够而掉下来，一方面又要按照石头不同的形状进行拼接，简直就是巨大的拼图游戏！那一晚上我们一直忙到十二点，最终以成功地勾完每块石头间的缝隙而圆满告终。在之后的半年里，每当坐在壁炉旁取暖时，我总会仔细地端详这个杰作，以至于后来我已经完全想不起没有它的样子。它的存在已经成为我美国记忆中的一部分。

我刚到的时候，美国家里并没有我的独立房间，我在美国的前几个月都是和最小的美国弟弟蔡斯共用一个房间，我并没有认为这有什么不妥，然而一个月后美国妈妈告诉我一个好消息：我的美国爸爸将要把车库改装成我的卧室。我第一次进到车库的时候，里面还布满了蜘蛛网，堆满了各种杂物，有一个门直通室外，冷飕飕的。以我的想象，这样一个环境是无论如何也变不成我后来温馨自在的小房间的。然而我的美国爸爸却是胸有成竹，他每个周末都腾出一部分时间来进行改造工作，于是，冰冷的杂物间逐渐变得宽敞起来，铺上保温棉也不再冷风彻骨，渐渐地有了地毯，有了自己的床和垫子，有了桌子和台灯，甚至最后有了沙发和书架，还有自己大大的衣橱，从第一天我住进去因为暖气坏了而睡的冰冷睡袋，到最后我走之前墙上贴满了各种装饰以及照片，我一步步地看着我的小家成长，就像看着我自己的美国之行变得羽翼丰满，即使是现在我仍然能够想起我房间的每一个细节。对如此照顾我的美国爸爸妈妈的感激之情更是溢于言表，他们真的是最善良的一家人，这个房间是他们送给我的礼物，更是他们接纳我作为他们家庭中一员的表现，是他们让我在陌生的美国有了归宿，有了真正称之为家的地方！

【学在美利坚】

在我看来，我的美国家庭主张的是极其典型的美国式教育形式，一方面给孩子极大丰富的物质条件，一方面给予孩子较大的发展空间。在整个教育体系当中，他们不会给孩子规定好成长的道路，而更多的是按照兴趣来让孩子自己选择，在孩子的每一项成绩上，被更多给予的是鼓励而非更高的期望，对待每一个孩子，他们更注重的是平等而不是较大的礼让较小的。这也是国内一直倡导的素质教育以及给孩子们自由的空间。然而我却从这样开放的教育模式中看出了一点点弊端。比如在这样优越的环境下长大的三个美国弟弟妹妹都比较任性，对事情没有太多责任感，随性而为；比如因为没有了压力也便缺少了动力；又比如让这样小的孩子规划自己的人生未免有点太过草率，他们没有太多分辨是非的能力，又没有足以借鉴的经验，比如我现在一直埋怨我的父母没有从小逼我学钢琴。其实，我觉得教育本身并没有谁对谁错，更多的在于一个度的掌握。对于美国孩子，放任以及溺爱少一点，多给他们一点点压力让他们学会承担责任、学会努力；对于中国孩子，多一点点鼓励，少一点点压迫，给孩子一些自我选择的权利。只要在中间找到适合孩子发展的平衡点，又会有哪一种教育方式不被称之为最优呢？

美国高中实行的是选课制，每个人可以依据个人兴趣选择自己喜欢的课程，但是每个年级依然会有必修的课程，比如数学类，语言艺术类（language arts）以及历史类。我在第一学期选修了世界史、美国文学、舞蹈、体育、科学（science）；第二学期的课，除延续一直有的科学以外又加上了微积分、美国政府与公民、化学，甚至应该上一学年的舞蹈也被我在和校长谈了又谈之后换成经济学。对这所美国学校的第一印象并不像美国青春校园片中展示的那样热烈和个性化。相反，由于我们学校的颜色（school color）是蓝白，加之美国所有地方的空调温度低得如同冰窖，走在学校走廊中反而有点冷清的感觉。

跑课制

我们学校的课间只有七分钟，而美国又是实行跑课制，因此经常需要在七分钟之内从一层跑到三层的锁柜（locker）换书，之后再跑到二层上课，很多时候连上厕所的时间都没有。美国的课堂多运用不同授课方式相结合来进行课堂活动，包括看纪录片，小组案例学习，课堂讨论甚至很多实践活动，老师进行板书的时候反而比较少见。在课堂中，老师多把自己放在引领者的位置，鼓励学生自己探索及交流，因此整个课堂显得极其放松。

借教科书

我所在的学校的教科书全部是铜版纸彩印的硬皮书，不需要自己购买，而是在上课的第一天在老师那里登记借书。对于习惯了往书上记笔记的中国学生来说这着实有些难以适应，刚开始我一度有一种知识从我眼前滑过的感觉。然而这也逼得我不得不学会从书中提取重点，并根据老师的讲课内容及时归纳总结。美国最常用的一种文具叫3-ring-binder（可以放文件的那种大夹子），类似那种三环的文件夹，每一次的作业都可以用专用的工具打孔并收集起来，在美国，几乎所有人都用铅笔写作业，只有需要签重要信息时才会用圆珠笔。

学习？学习……学习！！！

出国前，不断有人给我灌输美国的课堂教育简单，不断有人用充满羡慕的口吻告诉我到了美国不用学也一定会考得很好，甚至有人帮我畅想了一下我在美国经常放假的悠闲生活。对此，我一直处于矛盾之中。一方面我认为以中国学生的基础教育水平，对于美国理科课程应该是驾轻就熟；另一方面我又害怕因为语言障碍而导致巨大的落差。事实证明，由于后者的因素，前者的优势被极大地牵制了。

由于刚到美国对自己极端的不自信，第一学期的课并没有选择挑战太大的课程，然而必修的世界史、文学（literature）以及科学却已然成为了压在我头上的三座大山。第一天：世界史上，老师侃侃而谈，从古埃及讲到古希腊，甚至放了一部纪录片来帮助我们理解，而我，却只能听懂老师百分之三十的内容，为了确保不做错作业，我甚至硬着头皮下课又去找老师问了一遍授课内容，还好老师十分和蔼地对我表示理解。

文学相当于我们的语文课，然而阅读量及分析的深度却远远超过国内的语文课。我第一天的作业是阅读一篇小说，第二天的作业是写一篇小说。我们的课本是大开本，小说有20页，上面密密麻麻印满了小五号字体的英文。虽然是叙事小说，可是整个行文风格却带有强烈的散文色彩，用大段大段的环境描写来反映人物心理活动让我着实摸不着头脑，美国学生也许半个小时就能读完的文章，我读到夜里两点多才完成，写文章更是抓耳挠腮无从下笔。

科学课上一个一个长长的单词搞得我一头雾水，回到家要来回看很多遍单词表才能辨析每个词义。

开始的一个月我想到每天的压力都很大，上课时要打起十二万分的精神听老师说了什么，稍不留意便会导致后面的课程跟不上。下了课，对着几十页的阅读，虽然愁眉苦脸，但也只能准备好笔记本和词典昂首上阵。有人说在美国的上课时间短，有大量的时间交给学生自己去学习，然而因为离学校远，我每天六点半起床，晚上六点回到家，还要留出时间做家务、照看美国的弟弟妹妹，我的学习时间几乎是从晚上八九点钟才可以开始的。那是一段看不见希望的日子，因为我不知道自己需要多久才会听懂，学熟到掌握，会需要多久才能去真正适应这样一个陌生的生活。

从头到尾，都有一种不服输的信念在支撑着我，因为我知道，作为交换生的我，为的就是锻炼。于是，在这样的高压强度下我维持着每天几百个单词的摄入量，学习速度之快以至于我甚至没有时间将它们总结成单词本。我开始学着不去用字典查词而是从句子中理解词义；开始学会在课堂上跟着小组一起讨论。就这样，我逐渐能够比较轻松地跟上老师的讲课，去领导我们的小组制作出一张庞大的年表；我开始能够以正常的速度完成一本小说的阅读，开始用英文写诗，并学会使用韵脚；我开始慢慢地从开始的不及格到平时小测验拿到九十多分。前三周，我的平均成绩仅仅维持在七十多分，而在第一个九周（9 week）结束之后，我的成绩单上，只有一纵列的A；第二个九周结束，我的科学和历史甚至因为我的课外学分（extra credit）而超出满分，我成了真正的全A生（straight A student）。

于是，我开始不满足于当时的课堂，把所有没有挑战的课程全部换成了微积分、化学、美国公民政府以及经济学。第二个学期的开始又是周而复始的折磨，突然增加的许多专业词汇以及美国政府与经济学两门极其陌生的学科让我的生活似乎又陷入了像开始的一段黑暗期，加上当时参加网球队例行训练以及准备模拟联合国让当时的我每天苦不堪言。看着校车上每个人轻松的上来连本都不拿一个，我却要抱着三本重重的课本回家，有时因为作业多一回家便钻进屋子开始学，却时常在美国妈妈回来后被训没有尽到照看弟弟妹妹的职责。于是我开始学会在校车上看书，在吵闹的厅里写作文，开始学会在闹中取静，不再让环境影响到我。在最后的那个学期，我不仅保持了全 A 的成绩，还在化学课上拿到了 97 分，全班平均成绩是 70 分，而经济学老师更是宣布我是他六年教书生涯中唯一一个在他的期末中拿到满分的学生。

从开始的不及格，到最后的一百分；从自认为的差生，到最后入选 National Honor Society（国家荣誉协会），一路走来，也许当时的我觉得很累很苦，却从来没有产生一点点的抵触情绪，我不会从中总结出坚持就是胜利的经验分享，我只是觉得我所有的努力全部来源于我一开始的期望。从我决定要做交换生开始，就没有想过空手而回，尽管父母从没有给我太多压力，只是希望我能够在美国生活得快乐就好，然而我却知道再多无意义的快乐也比不上辛苦拼来的成绩。我曾经看到过一句话：你只有特别努力，才能看起来毫不费力。我现在特别信奉这句话，因为太多的辛苦来自于自己私底下的努力，作为交换生的我们更是如此，美国学生总是认为中国的学生聪明，认为我们理所当然的学习好，然而并没有生长在美国的我们面前所阻碍的巨大的语言屏障却是他们永远也无法想象的。我不敢说我的交换生经历有多么成功，因为有太多更加成功的人依然在默默努力，只是当我回头看看这一年，有那么一点小小的成就能够让我去回味，我便不会后悔。

【社团活动和体育队】

有人说中国的孩子只会学习，他们整天抱着书本对着电脑，因此才会有那么好的成绩。作为交换生的我们可不能再继续给美国人创造这样错误的借口，我们要告诉他们即使我们参加各种社团和各种体育队，我们的学习一样优秀！

美国有着各种各样的社团，因为我的美国学校大部分学生都需要坐校车上下学，课后没有过多的时间留在学校，因此社团的发展并不蓬勃。每一学年的开学初会有各种各样的学校广播号召大家参加各种不同的社团，我一开学便加入了 Key-club 和 Hi-Y 两个社团。Key-club 是一个以公益类项目为主的社团，在这个社团当中，我参与过为联合国儿童基金会（UNICEF）募集资金，为孤儿院捐献罐头，以及通过洗车的方式为社团筹集资金等等。

在这之前，我从来没有做过任何形式的募捐，从来没有为了完成某一个任务而开口请求过任何一个陌生人。当我刚开始进行募捐时，我甚至因为害怕被拒绝而几次逃避，然而很多事情如果你不去做你便永远也不知道你是否会成功。当我真正横下心之后，我突然发现这件事本身也并没有那么可怕，甚至，因为是做公益事业，很多人还会对我微笑。也许很多人并不知道联合国儿童基金会（UNICEF），然而却因为我的一点点微薄之力让他们也为公益尽了一份力，这种感觉无疑是满足的。

我的另一个社团叫做 Hi-Y，是一个为了提升青年领导力而创建的社团。在这个社团当中我主要参加了模拟联合国的活动，并和一群极其有思想的美国青年们一起度过了难忘的三天。由于报名比较晚，我和另一个女孩被分到的是一个很有争议国家——朝鲜。最艰难的部分是写议案，我们讨论过很多议案的主题，筛选掉了很多，并最终选择了经济方面，为了在开幕式上有一个本土化的亮相，我甚至让北京的妈妈买了跳朝鲜舞穿的服装寄到美国，还和我们学校的韩国人学了一段韩语，囫囵吞枣地背了下来，事实证明，我们的亮相达到了惊艳全场的效果。参会期间，居然巧合地把我和两个中国代表分到了同一个房间，所以我还趁着开会前教了他们两句中文见面用语。

作为模拟联合国，整个用语显得十分正式，让我开始很是不能适应。朝鲜本身是一个不太好把握的国家，对于很多议案的投票都是中立的，然而却遇到了韩国代表的一份议案，提议迫使朝鲜停止发展核武器并加以经济制裁，作为朝鲜代表的我们再也不能坐视不管，继我搭档的慷慨陈词之后我再也按捺不住，站起来表明了自己的立场。加上当时另外几个国家代表的质疑，这篇议案居然到最后被全票否决了。在联合国大会（GA）后我认识了很多人，还认识了一位曾经在联合国工作过的老爷爷，他对我的经历很感兴趣，甚至在我回家后想方设法地要到了我的联系方式，并写信让我去做演讲，尽管后来因为种种原因没有成行，但这次活动让我认识了太多有思想、有能力的人，也看到了自己的目标。

我从小就是一个喜爱运动的女孩，也许是我爸爸没有生出一个能够陪他踢球的儿子来心有不甘，于是充分挖掘我的运动天赋，到了美国也不例外，面对着吃牛肉长大的一个个高大的美国人，我依然义无反顾地加入了体育队。

美国的运动队是按季节划分的，秋季是足球、篮球、橄榄球的赛季，冬季是游泳、摔跤等项目的赛季，而春季则是田径、网球等运动的赛季。每一项运动都会有很正式的校队（school team），任何人都可以申请参加，每个队都有专门的教练，会设计统一的衣服，比赛也都是对阵整个区域的不同学校。我选择了在冬赛季（winter season）加入游泳队，在春赛季（spring season）加入网球队。

体育真是一个很好的团结队伍的活动，我从刚开始加入这两个队伍几乎是谁也不认识，到最后赛季结束时的依依不舍，是对学校强大的荣誉感让我们凝聚在一起，我们经历过训练的痛苦和比赛失败后的无言泪水，更经历过胜利后的欣喜若狂。整个队伍在一起转战各个学校，作为一个整体一起出现，在比赛场上我们会互相鼓励，而在场下，我们则会利用比赛的间隙好好放松。在游泳的州赛当中，我甚至带去了我的电脑给每个人起了中文名字。在一起征战中建立起来的友谊一定是深刻的，因为我们同甘苦，共患难！

【回顾】

比起意义深刻或者充实，我更愿意用神奇来形容爱优生交换生这一年的经历。在这一年中，发生了太多我连想都没有想过的事情，我见到了太多的人和事，经历了太多太多或美好或痛苦的回忆，现在，我更愿意将我当时的痛苦也以一种美好的方式讲出来，经历一年的起起落落，五年后的今天当我再次审视这一段经历，所有的痛苦也都变成了美好的一部分。

很多时候，我都会想这一段经历究竟带给了我什么，是带给了我英语的提高，或是让我考到了一个好的大学，还是对我未来的工作有帮助？我想，对于交换生的一年，提及这三点似乎过于狭隘，抑或是它们本来就没有任何直接的联系。交换生的经历对于我，更像是一个跳板，我之后的发展几乎全部基于它而腾跃。说得实际一点，我在高中得以参加第一届市模拟联合国活动，在大学中加入世界最大的学生组织国际经济学商学学生联合会（AIESEC），参加各种英语比赛无不得益于这一年的交换经历；说得抽象一点，这一年的经历让我学会了用更辩证的视角去审视这个世界，同时也认清了自己。这一年的经历让我学会了用更成熟的眼光去看待问题，学着去接受不同的观点，纵观大局之后再得出自己的结论。对于我来说，尽管这一年的经历没有让我明确地说出我想做什么，却让我认清了我不想做什么。随着时间的推移，我开始逐渐地了解自己，以一种更理性的眼光分析自己的每一项优点与缺点，甚至，我能够通过我对自身的了解得出和我性格分析测试几乎相同的答案，我开始有意识地规划我的人生，学会用更高层的角度看待每一个问题。这一段经历带给我的变化也许不能被数字衡量，但对我的未来必将在无形之中作用于我，给我或积极或消极的影响，塑造我。

爱优生带给我的另一个作用是让我意识到一个人可以引起的巨大影响。我曾在面试国际经济学商学学生联合会(AIESEC)时回应为什么想要成为实习生的组织者时举了一个小例子：在我到美国之前，我的美国高中几乎没有人对中国了解多少，甚至有人在学世界史时询问我现在中国属于哪个朝代，而在我走的时候，第二年会有一个中国老师到我们学校教中文，选课结束之后，校长告诉我一个六十人的课堂全校有近三百人选修。这突然让我意识到，微不足道的一个人究竟能够引起多么可观的影响！在未来的生活当中，我们依然是我们，然而我们却坚信，通过我们自己的努力，我们能够为这个世界创造更大的价值。

改变自己，改变世界，我想这也是爱优生（AYUSA）的宗旨吧！

感谢一直以来支持我的父母和爷爷、奶奶、姥姥、姥爷，感谢在美国接受我的寄宿家庭，感谢爱优生的刘老师和许许多多帮助过我的人！

R.I.P.

Brooklyn Dodgers

大洋彼岸 梦想飞翔

李雨晗 | 档案

2010—2011届爱优生，被爱优生旧金山总部选为11月的每月之星。原就读于北京市十一学校六年一贯制实验班；原北京十一学校团委学生书记，校学生电视台主持人。现在在美国俄克拉荷马州（Oklahoma，Broken Arrow），就读于布罗肯阿罗高中（Broken Arrow High School）。布罗肯阿罗青少年城市协会（Broken Arrow Youth City Council）十名成员之一，学校志愿者俱乐部主席，学生会等社团的成员。野生动物园（Safari）志愿者。有着一个超级完美的接待家庭，励志成为超级完美的交换生！

在高二期中考试后的一天，我在学校板报上发现了一张关于爱优生国际交换生的报名通知，顿时异常激动起来！但是，后来事情的发展并不像我预料的那么好。其实我也知道，这和我的期中考试成绩有关。爸妈说，照现在的势头看，高考的时候考上国内顶尖大学是没有问题的。而出国呢，是一条前途未卜的路，说不好就会把自己耽误了。

我一个人想了很久，到底值不值得去冒这个险？要不要用自己的未来去做尝试？而我也渐渐发现，对我来说，爱优生几乎成为了梦想的代名词。我决定给爸妈写封信，或者更形象地说是调查报告，题目是《论成为爱优生的利与弊》。当爸妈看到那厚厚的报告时，表情很丰富。最后他们同意了。我的脸上是止不住的笑容以及两个大大的黑眼圈。

为什么要当爱优生？这是一时的冲动吗？不是！经历了和爸妈以及老师们的“讨论”，我变得更加坚定了，对于未来也有了更多的把握。至少，我知道我去美国是做什么的。

【初到美国】

到了美国的家我倒头就睡，美国爸妈就给我家发了邮件，告诉我父母说：雨晗一切平安，现在睡得很香，让他们不要担心。我中间醒来的时候发现外面黑黑的，打开灯看见床头有一张小纸条，上面写着：“晚安，如果有事请随时叫醒我们。”睡着睡着，我过敏了，不停地流鼻涕。第二天醒来，我发现床头多了两盒纸巾。他们真是细心呀！

美国爸妈每天都要上班，在我刚到的时候，为了不让我感觉孤单，他们请了一周的假在家里陪我。

美国妈妈知道女孩子一般都是喜欢逛街购物的，所以带着我用了三天的时间把这里所有的商场都逛了一遍。

美国爸爸每天都在调试我的电脑，试图让它能够连上无线（WIFI），那叫一个认真劲儿，让我倍加感动。

空闲的时候，我们也会一起唱歌，没想到他们也会中文歌，再一听，呀，王力宏！！！

美国妈妈发现我对 0.25 美元硬币后面的图案感兴趣，她告诉我每个州都有一个图案，等我再一次看到硬币时，发现美国妈妈已经帮我找全了五十个州图案的硬币。

…………

一周之内，我已经被感动得五体投地了。

我常常想美国接待家庭对我这么好，我能做些什么呢？他们这样无私的付出而不求回报，是一种多么伟大的爱呀。我要心存感激，多为接待家庭做一些事情。我认为他们是最棒的接待家庭，所以我要成为最棒的交换生！

有时候生活中需要充满一些小小的惊喜！记得中秋节后的一周，收到了妈妈从中国寄来的月饼。于是我买了几个礼品袋，趁他们不在家的时候，给每个人写了一封信来表达我的感谢，写着写着我自己都热泪盈眶了。哈哈，真的，因为他们对我太好了。把月饼和信送给我的美国爸妈时，他们满脸的惊诧。看过信之后，他们笑得好开心，给了我一个大大的拥抱。

这些天来，我学会了感恩，学会了用自己小小的行动回报他们给予我的爱。

美国人既简单又特别可爱，美国爸妈一直不舍得吃月饼，他们说太珍贵了。当时我就想，是月饼珍贵呢？还是我这个宝贝女儿珍贵呢？

我们在一起分享每一天的快乐，分享属于彼此的每一个美好瞬间。

【也门的爱优生】

在我来到这个家的两个星期之后，又来了一位也门爱优生。我们住在一起，上同一所高中，命运就这样把两个原本一点关系都没有的两个女孩紧紧地联系在了一起。

之前我对也门一点儿也不了解，只记得在网上看到过也门小姐选美的前八名，她们一个个盖着黑色的面纱，只露出眼睛。当时我还想过，未来就要和这样着装的人一起度过十个月了，好神秘啊！

我刚见到也门女孩的时候，发现她是并没有面纱，也不是满身的黑衣服，而是一脸的笑容。

也门女孩很能说会道，让我自叹不如！不过也好，每个人都有着自己的特点，要不然为什么我叫李雨晗而她不叫呢。而且很奇妙的是，我们两个高度互补，对于事情的态度互补，对于问题的选择也是互补的……更奇妙的是，虽然我们如此的意见不统一，但是每天过得很融洽，很开心。

有时候我们就像是一面镜子。两个人在一起久了，就可以发现自己身上的不足，然后去改变，成为更好的自己。

穆斯林让我想起了遥远的中东，黄沙遍地、黑色的面纱、长睫毛、大眼睛……因为不了解，所以我对于穆斯林十分好奇。也门女孩特别好，对于我各种刁钻古怪的问题都给予最客观全面以及耐心的解答。记得她来到这里没多久就是穆斯林的斋戒月，每天她只在日落之后喝水、吃饭，而白天什么都不沾。

我问她："要是特别渴要渴死了可怎么办呀？"

"要是突然生病了可怎么办呀？"

"要是饿晕了可怎么办呀？"

"要是怀孕了可怎么办呀？"

"要是……"

她笑着看着我，然后开始一个一个地回答。

我真佩服她的意志力，像我这样什么都爱吃的，一整天不吃饭、不喝水，那就得要我命。"阿拉真主的力量真是伟大呀！"

有一天我们在探讨舞会的事情，她说因为宗教的原因她不能和男生跳舞。我很纳闷儿，一个问题突然浮现在我脑海里……

"你怎么找丈夫呀？"

"一般都是家人帮我们订婚，大多数穆斯林是这样的，而且离婚率特别低。"

"要是你喜欢上了一个美国人怎么办？"

"如果他是穆斯林的话就可以呀。"

"如果他不是穆斯林，但是你特别特别喜欢他，觉得非他不嫁了，那你该怎么办呀？"

"啊？……我们穆斯林只喜欢穆斯林的人。"

"如果有个男人一开始骗你，说他是穆斯林，然后等你们真正的相爱了，再向你坦白，那可怎么办啊？……"

我特别喜欢和她讨论伊斯兰教的问题，每次都能有新的发现。

【了解差异，改变观念】

每次和美国人聊天的时候都会提到计划生育、宗教、国际关系这几个词。

让我意想不到的是，“计划生育”在国外会如此出名。因为一些歪曲的宣传，美国人对“计划生育”充满了恐惧。当得知我是独生子女的时候，在场的人会满脸同情地看着我。他们眼里的“计划生育”实际上是“计划谋杀”。

美国同学告诉我，他们了解到的中国的“计划生育”就是拉着小孩儿喝毒药、掐死婴儿、把孕妇关进大牢、生了双胞胎只能留一个……这哪里是中国的计划生育呀?！

我来自中国，我要把最真实的情况告诉大家，于是我突发奇想，要不然在网上搜搜“计划生育”的具体政策吧，光反驳而没有证据是没有说服力的。我百度了一下，发觉自己作为一个中国人对于“计划生育”的了解太少了。让我惊喜的是还发现其中的一条政策是，如果两个独生子女结婚可以有两个孩子……真不错！

从那天开始，对于“计划生育”，我能说的就更多了。听了我这个从“计划生育”国度来的独生子女的讲解，美国人对“计划生育”的态度发生了改变，尤其是他们想到在和他们差不多大的国土面积上却有4倍于他们的人口时，终于理解了“计划生育”。

对于宗教，其实我一直都没什么感觉。直到来到了美国接待家庭之后，两种宗教一下子出现在我的生活中。

在学校认识了一位越南女孩，有一天我好奇地问她：“你信奉宗教吗?”

“当然了！”

在她回答的那一刻，我突然感觉我可能是这里唯一一个没有信仰宗教的人。

什么是宗教？在我看来宗教就是一种信仰，一种心灵的归属，一种灵魂上的依靠。我难道没有信仰吗？我的心难道一直在四处乱飘吗？当然不是！虽然我不信奉宗教，但我依旧每天开开心心地活着。

有时候我会想，我的信仰是什么呢？是什么在激励着我不断的奋斗？是什么在消除我的忧伤？答案有很多，而我也喜欢所有的答案。

或许是“爱”，或许是简单的一句能让你开心的话，“Go Go 必胜”。我相信我自己，我相信着“Go Go 必胜”，这就足够了。

每个人都相信着什么， 不一定是上帝，是阿拉，或许宗教的产生是由给心灵寄托命名而开始的吧。

【老虎电视台】

我在美国高中的生活是从一个点开始的，渐渐连成线，然后变成了一张大大的网，让我全身心地投入到了美利坚的新学校。

这个点的名字，叫做老虎电视台（Tiger TV），是我在美国的第二个家。

老虎电视台是这个城市里电视台的一部分，它展示这里高中的生活，每周五晚上八点在 20 频道播出。因为我以前在十一学校是电视台的成员，所以我想应该去试试看，不知道他们能不能收我？

我和美国爸妈交流过，他们说我可以参加学校里的电视台，但是这个市级的电视台会有难度，主要是怕我有语言障碍。

面试是在一天下午，我带着以前在十一学校制作的“校园快报”走进了电视台。当他们看过我的节目后，先是沉默了，然后笑着对我说：“你想选哪个就选哪个吧！你们的节目真棒！”

老虎电视台在开学前举办了为期一周的夏令营，人数很少，可能是因为老师们“严格把关”吧。这样也好，没多久我就和所有的同学打成一片了。

这里电视台的人最大的特点就是热情。他们不光有着对于电视节目制作的热情，更有着对生活的热情。一下子，我就感受到了家一样的温暖。夏令营第一天结束后，我坐在草坪上等着美国妈妈来接我，大家看我还没走，就一起过来跟我玩。大概过了十分钟，美国妈妈到了，我问他们：“你们的爸妈还没来吗？”大家说：“其实我们都开车，在这里待着是怕你孤单。”我当时又热泪盈眶了。

开学后，老虎电视台的同学们在各个方面都给了我很多帮助。一开始，我不知道该怎么吃饭，他们就领着我去餐厅，然后帮我挑选食品；我想加入学生会，他们说：“这个简单，我们帮你呀，到时候开完会还可以把你带回家”；我第一次做美国历史的作业，各种各样生涩的人名、各种各样不熟悉的历史事件一下子全冒出来，他们围在我的身边，一点点帮我讲解，带我走出迷雾……

每当在路上碰到电视台的同学，他们都会把我介绍给他们身边的人。就这样，我的朋友数量在一天天翻倍地增长。

【数学“三级跳”】

除了电视台的活动，我选的课程有：演讲、动物学、美国文学、微积分和美国历史。

一开始我并没有选微积分，觉得微积分太高深了，所以只选了代数二的提高课程。当我颤颤巍巍地走进代数二课堂，发现里面的内容好像都学过！虽然第一个星期上课的时候还听不太懂，但是一看到那些熟悉的数字和公式，马上就来电了。代数二成为我课程表中最简单的一门功课。可惜好景不长……大概开学一个月后，代数的老师突然走到我身边，慈祥地看着我：“要不然，我给你换个班吧？你在我这个班里面太屈才了。”

我留恋地看了一眼同学们，提着包离开了。同学们向我挥手告别，嘴中默念，“我们会想你的……"

上了一节新的数学课后，新老师说："哎呀，我觉得你不适合在我这个班里。这里有一套卷子，你试试看。"我至今都不知道卷子的结果怎样，但是随后，我被换到了 AP 微积分 BC（课程的名称，是大学级别的微积分课程的第二部分），也就是最难的数学课程里面。我的数学成绩在中国虽然不是很差，但也从没有受过这样的待遇。我的内心很激动，马上给原来的数学老师打了电话"报喜"。

当我走进微积分课堂的那一刻，大家用"异样"的眼光看着我。对于这个班来说，我似乎是第一个转入的，而且是在他们已经学了一个月之后转进来的。我一坐下，旁边一个同学问我："讲讲你的故事吧！"

"我的故事？好吧，我一开始在代数二，老师觉得不太合适，给我换到了预备微积分，又觉得不太合适，现在给我换到这里了。"

"什么？我用了三年时间从代数到这里，你只用了三个星期？"

我不好意思地笑了笑，我觉得真给咱中国人争脸啊！

【当干部】

在美国高中我加入了很多社团组织，包括学生会、志愿者俱乐部，演讲辩论社和动物学社团。

在每学年的开始，所有的社团干部都会改选。在第一次志愿者俱乐部的会议上，老师发下了"干部"申请表。我当时心想，试试吧，所以我在申请表上填写了"主席"。

第二次会议，因为也门女孩生病了，耽误了开会的时间，所以我就站在外面没好意思进去。等会议结束了，我看桌子上有些材料需要领，心想，可不能错过什么重要的通知呀，所以我就偷偷地溜了进去。谁知，老师走过来对我说："你是不是雨晗？"我忐忑的点点头。

老师又接着说："以后你就是志愿者俱乐部的主席了。"

那一刻我真是又"惊"又"喜"。半天说不出话来，大家看着我，都笑了。

既然当上了主席，那我就好好干吧！我要把志愿者俱乐部办成响当当的超级无敌牛社团！

什么是志愿者俱乐部？其实这也是我的第一个问题，不知道的还以为是做钥匙的呢。其实它是类似于中国的志愿者协会，在美国所有高中里都会有志愿者俱乐部，是一群热爱志愿者服务的学生社团。

说实话，虽然我以前在北京十一学校团委当过学生书记，但这一次真是感觉肩上的担子沉甸甸的，因为我发现，社团的负责老师只会辅助你办社团，换句话说，计划需要自己定，每周的会是自己召开的，有什么需求才可以去找老师。

记得第一次我找老师正式谈这个社团，我带了一张写满了点子的 A4 纸，原本以为老师会根据各种情况删删减减，最后俩人再归纳总结出一个最佳方案，谁知老师看了看那张纸，说："这些想法很棒，什么时候开始办？咱们列一个执行时间表吧。"

当时我心里"咯噔"一下，发觉美国和中国办事情的方法还真不大一样。

不过我很幸运，有着一个超级完美的"领导班子"，团队里面的每个人都很厉害，虽然我还并不太了解他们，但是我能从小小的细节发现，他们个个都是牛人。

我认为如果想办好社团，宣传工作是非常重要的，所以我提议来个"快乐摘抄（happy quotes）"吧。于是每次开完会，成员们都会将我们自己制作的小卡片发给自己的好朋友。在小卡片上，会有一些激励的话语，在卡片的背面，有着志愿者俱乐部的简介和加入这个社团的方法。我们还在发卡片的同时发糖果。这样一来，大家在开心一笑的同时，也渐渐记住了这个名字"志愿者俱乐部"。

虽然我经常会为了我亲爱的志愿者俱乐部熬夜加班，但我很开心，也很满足。这是我自己的第一个社团，我一定要把它办好！

每当我看到校园里铺天盖地的志愿者俱乐部海报，看到大家拿到小卡片时的开心一笑，我知道，自己所有的付出都有了回报。

【志愿者让我很累并快乐着】

到了美国之后我才真正体验到了什么是志愿者。

志愿者俱乐部是由一群热衷志愿服务的学生组成的，每个月都会有各种各样的志愿工作。比如到塔尔萨的嘉年华当义工，清理学校周围的垃圾等等。

我很喜欢动物，所以曾经给一个美国挺有名的宠物医院打电话说希望去当义工，人家在电话里是这样回答的：“我们太忙了，没时间照顾你。”当时我觉得很失落，难道免费给他们干活都不行吗？

有一个地方是和志愿者俱乐部没有关系的，可那是让我去了就不想回来的地方——野生动物避难所(Safari's Sanctuary)。

这是一个大型的动物收留中心，但不是阿猫、阿狗的，而是狮子、老虎、鳄鱼等等各种“野兽”的。以前听说过国外有收留大猫的地方，但一直不信。如今从住家开车二十分钟就到了，觉得好激动啊。我认真地填写了注册表之后，就正式成为这里的义工啦！

一般来说，现实都没有想象中的那么光鲜华丽，但我觉得这里比我想象的更加美好和快乐。

我和另外两个同龄女孩一组，先给猴子准备了食物，又清扫了骆驼和马的便便。负责人说，你们去刷一下老鼠的玻璃缸吧。很快我们三个人开开心心地刷完了玻璃缸。

负责人看了看说：你们有时间再去刷一下玻璃缸吧！我心里直犯嘀咕，我们都刷完了呀。后来我才发现我们刚才并没有刷干净，就这样，我们和五个玻璃缸耗了一上午，一共刷了四遍，最后终于通过了。当时我真有一种解脱了的感觉。看来，当动物饲养员还真是辛苦呀。

中午以后野生动物园开始对公众开放，各种各样的人来到这里参观。我的工作就从动物饲养员转变为讲解员，我向大家介绍动物们的故事，看到孩子们一个个听得那么开心，我忽然发现了自我价值。

趁游客少的时候，我会和动物们玩一会儿。第一次在那里工作的时候，我花了大概一个小时的时间和一头梅花鹿建立了很好的关系。我走的时候，它一直跟着我，直到再也无法往前走。

负责人知道我喜欢狼，就经常让我和狼接触。有一天，一头狼还亲了我一下，那感觉真的很奇妙，像是上了天堂。

虽然一天下来又苦又臭又累，可是我却特别开心。

【我的舞台】

偶然在学校的广播里听到才艺表演（Talent Show）这个词觉得很新鲜。

我想不就是唱唱歌、跳跳舞嘛，咱也试试呗！

一路上我向同学们打听领报名表的地方，大家都很好奇，问我说："你有什么特长呀？"其实我自己也不清楚，但就是想参与一下。说来也是挺惭愧的，等填了报名表我就把这事儿给忘了。直到有一天又在广播里听到，说明天选节目，才意识到明天就要上场了。我仔细地想了想自己的特长，我就唱歌吧！虽然我这嗓子已经有四年没用过了，但应该还不会太差吧。唱什么呢？作为一名交换生，我觉得表演应该有中国特色。

我突然想起来在小学合唱团里唱过的一首歌——《唱脸谱》，京剧是国粹，很有名的，再加上以前练过……看起来一切都是老天为我准备好的！可等真正开始练的时候却出了问题，我搜遍了所有的网站都没有找到想要的伴奏，眼看距离选节目的时间就要到了。

没办法，现在只能改歌。对，改成奥运歌曲！

想来想去，我突然想起了一首歌，记得刚听到它的时候，我就天天在家里学唱，内容很励志，还有一点，王力宏也在其中唱了一小部分。对美国人来说，成龙是很有名，成龙也参与了这首歌，歌名叫《站起来》。看着中文歌词，我突然灵光一现。要不然我翻译一半英语吧，这样一来老师和同学们都可以听懂了。于是我开始了人生中第一次正经八百的翻译工作。就这样我蜷缩在一个漆黑的小角落里，一个小时后翻译大功告成！我在房间里小声练了几遍，觉得差不多了，就去睡觉了。唯一没有解决的问题是歌词，因为没背熟，尤其是中文部分不熟。

第二天，突然间有无数的临时事情要做，导致我原本计划好的背词时间没有了。来到了选节目的教室，我心里忐忑不安，不过我马上安慰自己，反正这里谁都不认识我，丢人也不怕。就这样轮到我开始唱了，真是很幸运，所有的英文词儿我都记住了，可中文词儿忘了很多。我在嘴里自顾自地唱着 “今天天气真是好啊，我好呀好开心啊，希望你们听不懂中文啊……”唱的时候我的脸上洋溢着自信的笑容。哈，每次想到这事我都会佩服自己呢。

等我刚一唱完，大家就报以热烈的掌声，还有大大的拥抱。

我一直不敢看结果，生怕在场有懂中文的人笑话我，那不就露馅儿了吗？好不容易鼓足勇气走进那间教室，结果还没贴出来……就这样，怀着忐忑的心情去了三次，都没有贴出来。我已经不抱什么希望了，说不定他们为了保护我们这些没被选上的孩子的自尊心，就不贴出来了，就在私底下通知了。

就在我不抱什么希望的时候，结果出来了。上动物学课的时候老师给我一张纸，我定睛一看，哇！我成功了，纸上写的是彩排和正式演出的时间以及注意事项。

我心想，终于找到机会可以穿上从中国带来的金色旗袍了。演出的前一天，我打算试试旗袍，以防万一。结果，“万一”它就真的出现了。都怪美国的食物……哎，旗袍穿出来已经不好看了，说得更通俗一点，快穿不下了。

那一刻，我真是沮丧啊。没办法，只能穿另外一条裙子了。

舞台上，灯光打在我的脸上，我看不到观众，看不到一切，眼前是一片明亮，就像是在安静的大屋子里面，只有我一个人。我开始唱了，第一次如此自信地唱完了这首歌，而且一点都不紧张，就像是唱给自己听一样。

演出结束了，我看到所有的人都在对我微笑，离开舞台的时候，小孩子们冲着我笑，同学们冲着我笑，还有这个城市里面的居民们，他们看到我都会说：你真棒！

至今我都觉得那是一场梦，因为太美好了。

附：

《论成为爱优生的利与弊》[1]

亲爱的老妈老爸：

今天我没有上学，主要是想把这件事情彻底的解决，我有必要阐明自己的观点，而且我确定我是在很平静的状态写下这些话。

◆参加交流的好处

虽然我们都知道参加交流的好处，但是我觉得还是有必要在此进行阐述。

① 首先，它将对我的英语水平产生深远的影响，比我在国内再学十年都管用得多。无论是在口语还是写作上，都会有很大的提高。

② 世界的眼光，中国角度。再怎么说，中国和美国也是不同的社会，不一样的文化定会带给人不同的收获。中国迟早要面向世界，我也迟早要走向这个社会，早一点又何妨。

③ 这没准是一个促成第二外语的机会。欧洲的许多国家都同时使用英语以及本国语言。我觉得这或许是一个很好的契机。在锻炼英语的同时，学习第二种语言。如果将来想更好的发展，多语言的掌握是非常重要的，我在学校中学德语也正是这个道理。

---

1 李雨晗就是用这封信打动了父母，实现了自己的爱优生梦想，根据原文酌情删减。

④ 参加美国高考，SAT。我觉得这是一个很好的选择。虽然说我现在在班中的成绩还不错，上北大、清华的希望大大存在，但这并不与参加 SAT 矛盾啊。按照我的计划，会在 2011 年的 5 月份参加 SAT 的考试，交流结束后我在国内上高二，在 2011 年 11 月份（高二上学期）便可以知道申请美国大学的结果，如果结果喜人，那么我便可以利用高二的其余时间多做一些社会实践，多读一些名著或者干一些有意义的事情。“结果喜人”所代表的是，被常春藤以奖学金录取，我相信我有这个实力，这样一来，我就和与自己同届的学生一同被大学录取，而且还多出了大半年可以自己利用的时间。如果结果并不喜人，那么我还是会参加高考，此时，高二刚刚开始而已（SAT 在 5 月份结束所以我不再需要投入过多的精力）。有了在国外的积淀，英语肯定不成问题，世界的眼光也将会对于我的史地政学习带来好处，语文学科靠的是平时的积淀，就算这一年内我不接触任何的汉语，但就相当于我将高一所学暂时的封存起来，与其他上高二的同学站在了同一起点，或者比他们的起点还高一些。数学，没错，国外的数学的确比国内简单，我的数学就是再差，也能用高二一整年的时间补回来（其他科目尤其是英语都不用再花费更多的时间），所以，参加交流无论对于国内高考还是 SAT 都是很有帮助的。

⑤ 我相信我的性格还是很外向的，所以在一个新的社会中能够很快地适应并结识新朋友。友谊是人生中很重要的部分，别样的体会更能带给我别样的收获。有着几个在国外的朋友，一则可以在回国后保持联系，沟通彼此的想法，同时，这也是人生的财富。

⑥ 国外的社会活动比国内要丰富得多，而且更加有难度。腼腆的人交流一年之后会变得很大方、很开朗，足以看出交流给他们所带来的变化。而我相信，在那里，我的各方面能力一定会有质的飞跃。同时，离开校园这个避风港可以带给我更多的历练，参与各种各样的活动会带给我更多的经验，为我日后的发展打下基础。

在学校的历史上，出国交流的学哥学姐不在少数，我认识的就有好几个，其中历届团委委员便有三个人交流过。从他们的那里反映出，这个交流真的非常锻炼人，非常有意义，很值得去体验。既然有那么多杰出的先例摆放在眼前，我相信我只会比她们更出色。

◆参加交流的弊端

① 年龄问题。回来之后和下一届的班级走，我会是最老的，虽然说其他班级中也有个别大的同学，但这也的确是一个问题，没准会对将来找工作产生阻碍。

② 学习可能会受到阻碍。毕竟在国外待了一年，国内高速的学习进度可能会让回来的我不能适应，因此导致一时的落后，但我相信，以前的基础摆在那里，时间会唤醒那些记忆，只需要一定的时间，就一定可以跟上。

③ 在高一下半段的学习，因为各种手续以及一些行前准备的影响，可能会导致成绩的不稳定。这是我必须要面对的事情，但我会尽力去完成好我的学业，继续保持现在的成绩，争取得到一定的提高，只要心思在了，事情再多也可以应对。

④ 费用较高。十万元人民币不是一个小数目，而且再加上在国外的零花钱可能就要更多，这是一个值得深思的问题。所以呢，我会学着做一个勤俭的人，并在那里找一些简单的工作，一是充当社会实践，二是可以给自己赚一些零花钱。

⑤ 国外社会比较开放，思想自由，行为自主。但我是一个有自制力的人，并且深受中国儒家思想的熏陶，所以不会有问题的。

⑥ 妈妈会比较孤单。我会经常同家里保持联系，而且会对大班小熊两只狗狗进行思想教育。

◆掌握自己的人生

许多人从一生下来便有父母规划好了一切，比如说，上什么幼儿园，学什么乐器，掌握哪些技能，小学在哪里上，上什么辅导班，中学考哪几所，大学选择什么专业。

他们的人生轨迹很清晰，一切都有父母在幕后操刀。

我很庆幸，自己的人生可以自由地发展，没有那么多束缚，但有时候真的需要考虑很多。我平时所说的要学语言，学跳舞，学画画，并不是空穴来风，我只是想让自己更加的全面，更加的富有内涵，我说了那么多次足以看出我的想法很明确。既然爸爸妈妈不打算控制我的发展，那我就自己去追求，自己去完善。可是当得不到父母的同意时，我什么也干不了，只能眼巴巴地看着黄金时间流去，心中剩下许多的遗憾。

我的生命是你们赋予的，可是我的人生是我自己的，所以我希望你们能够尊重我的选择，让我可以掌握自己的发展，掌握自己的人生。

◆信赖

从小你们就教育我说，做人要守信，要有原则，要说到做到。

很可惜，在这些年中，我有时会对这产生怀疑。这次便是其中之一。[1] 如果知道将来做不到，就不要轻易承诺，有时候一诺千金，它会产生很深远的影响，甚至改变一个人的生活。你们所说出的每一句话，我都很相信，可是却带给了我伤害。已经答应的事情，又为什么要反悔呢？

父母是孩子最好的老师，不遵守诺言，这是打算教给我的内容吗？

嗯，我觉得已经表达出了自己的想法。希望爸妈能够慎重考虑。

李雨晗

2009-11-11

1 李雨晗的父母最初答应她参加交换生项目，中途由于学习的考虑而不赞成。

美利坚日志

赵依依|档案

2008—2009 年爱优生。随着毕业典礼的临近，我在北京师大二附中的高中生活也即将结束。我又将打起背包踏上赴美的求学之路。有了在美国交换生的经历，这次的远行显得不那么无助和迷茫。翻开我在美国 Fossil, OR，Wheeler High School 做交换生的那厚厚的一叠日历，里面记载着一年的点点滴滴。一年的交换生活，每一天就都在不经意间播撒着种子，秋天归来的时候，才发觉行囊已经收获得满满的。

从美国回来后总有人不断地问我：“依依，你在美国一年最大的收获是什么？”

我觉得这是个很难回答的问题，从日常生活起居到看待问题的方法；从英文水平的提高到对中西方不同文化的理解，我认为这短短的一年已经不仅仅是收获，而是对我整个人的改变。

爱优生交换生与留学有极大的不同，它是住在一个完全陌生的美国家庭中，在体验完全不同文化的同时，更要面对和解决所有可能因文化、观念产生的矛盾，任何细小的差异都可能导致你与美国接待家庭之间的矛盾。

【第一个月】

到达美国接待家庭已经一个多月了，听说好几个朋友已经开始想家了。不过我可没顾上想家，在俄勒冈州（Fossil，OR）的第一个月是忙碌的。

一个月前，我从洛杉矶出发，一路上忐忑不安，想着仅凭几封邮件联系过的美国妈妈是什么样子的？我的新家、新校是什么样的？谜底就在两小时飞行后被揭开了。在机场我看到了举着我名字的美国妈妈——安琪（Angi）。还没等我说什么，安琪就把一大束鲜花送到了我的怀里，并给了我一个大大的拥抱。那一瞬间，盘踞在我心头的不安和担忧消失殆尽。

我与其他交换生有着不同的经历，最大的原因是我的美国家庭成员非常简单，安琪的丈夫去世了，继子在大学住校，虽然有许多亲戚，但平时只有我们俩人。所以我并没有遇到之前听说的孩子之间产生的矛盾。两个人住在一所大房子里不会太空荡吗？不会。因为家里还有三个重要成员——煤渣（Cinder）、幸运（Lucky）和桃子（Peaches）（两只狗和一只猫），我便开始了“一家五口”的美国生活。

出了飞机场，安琪先带我去一个超市采购，之后经过两小时的异常崎岖的山路，忍受着胃里的翻江倒海，终于慢慢驶入了福斯尔（Fossil）。

刚到福斯尔的第一天非常疲惫，因为前一晚离开洛杉矶时一夜未睡。安琪让我先收拾房间，她要去做晚饭，就在这段时间我居然睡着了，一觉睡到第二天中午，中间安琪叫了两次我都没醒。之后我很不好意思地向安琪道歉，而她却毫不介意，并且开玩笑地说没见过像我那么能睡的。

第二天美国妈妈请来一个叫莫妮（Moni）的女孩儿带我去参观这个小镇，通过聊天我知道她和我一样都上三年级（Junior）。后来我们又见到了即将成为同学的一个男孩，我们一起坐上了他开的卡车参观小镇。

福斯尔的人口只有四百多人，如果你还是没概念的话，我告诉你，我们整个高中加上初中（Junior High）只有四十多人；如果再精确点，我们三年级整个年级一共 13 人，而四年级（Senior）就是毕业生，只有两人。可见 Fossil 是多么小的一个镇子，我的学校维勒高中（Wheeler High School）是个多么小的学校。

正式开学之前，在安琪的鼓励下，我参加了排球队。紧张的训练就这样开始了，除了周日以外我每天都要参加训练。第一周长时间的跑步和接球练习让我很吃不消。我每天都在两个小时的训练后拖着疲惫的身子回家。最严重的是手臂，连续的接球训练，手臂都淤青了，再接球的时候就会疼得我龇牙咧嘴的。可是教练还是不停地让我发球，我只能咬着牙坚持着。我知道，只有坚强地面对困难，才会有出路。我终于挺过了这一关，胳膊渐渐地适应了。没想到新的问题接踵而至，我的力量不够，上手发球经常过不了网！练习中，经常是因为我发球问题，害得全队同学跟我一起罚跑圈。体育老师珍妮（Jenny）知道这件事后，设计了一系列的训练来锻炼我的肌肉，以至于我在下一节的历史课上拿笔时手都在颤抖。每次看到发球又高了一点，远了一点，我就特别高兴，感觉到努力的成果。

选课是十分重要的环节，一旦确定，一学期就要按照这个课表进行。我选的是英语、体育、美国历史、化学、自习／美国大学入学考试预备课（SAT Prepare）、数学、音乐和家政课。

跑课大概是美国学校的一大特色，不像中国学生只在一个教室上课，美国的学生必须到教师的特定教室去上课，而课间只有两分半钟，这就意味着下课之后我需要迅速收拾东西，在打铃前冲进另一间教室。

刚开始上课时，多少有些不适应。化学课的第一节课就给我留下了很深的印象。课上老师叫我们抄了 28 种化学仪器的名称、定义和用途，并且说第二天的课上要考我们。老师对我们三个交换生说，“你们回去试着记记吧，我可以给你们多一点时间”。晚上我想，参加爱优生的中国人都是尖子生，我可不能给中国人丢脸，于是背了整整一个晚上，也不知道背到几点时趴在桌上睡着了。第二天交卷后，当老师宣布我是全班正确率最高的时候，我突然觉得头一天的努力是值得的。

除了化学的生词，历史课也给了我不小的冲击。麦克默里先生（Mr. McMurray）是个语速极快的人，当他讲美国历史的时候，我很难全部听懂，更别说记笔记啦。我把这个问题告诉美国妈妈，她让我找麦克默里先生谈一谈，寻找解决办法。虽然开始时我还有些胆怯，但当我和麦克默里先生沟通后，他非常热心地说他会尝试着把语速放慢些，他还为没考虑到交换生的问题向我道歉。他说欢迎我随时在课余时间找他，询问任何关于历史的问题。这件事使我明白了，当我遇到问题时，说出来才是解决的关键。

渐渐地我明白了中美学生为什么有那么大的差异，不管是思想上还是身体上，都让我慢慢地脱离了曾经束缚在我身上的中式躯壳。9月的美国生活，为我打开了另一扇门，真正的旅程才刚刚开始。

【第二个月】

精神周（Spirit Week）是个令我印象深刻的活动。周三当我一进学校就看到墙上有这样一张告示：

周一：睡衣日（刚睡醒日）。Monday:Pajamas day（just woke up day）

周二：长袍日。Tuesday:Toga day （打扮成希腊人）

周三：性别转换日。Wednesday:Opposite sex day

周四：蓝黑日（也就是学校的颜色）。Thursday:Black and Blue day

原来精神周是让我们按照要求，每天穿着不同的打扮来学校上课。

在这里我不得不提周三的主题，那是最有趣的一天，因为要打扮成异性。很多男生向家里的妈妈、姐姐借来裙子，有些男生打扮之后完全看不出性别！女生也不例外，用眼影之类的画上了胡子，穿上破旧的外套和牛仔裤。我的历史老师男扮女装被称为是全班之最，他穿上碎花连衣裙，化上了蓝色的眼影和腮红，嘴边还加上了一个十米之外都能看到的美人痣。我说他像极了中国的媒婆，还搜图片给他，他看了之后哈哈大笑。

周四的主题是“学校的颜色”。我早上刚迈进学校的大门就被人用油彩把我身上所有露出的部位都涂上了黑色和蓝色。因为周五这天是我们排球赛和橄榄球的主场，所以大家都穿学校的代表色，为我们晚上的比赛加油！

精神周中还有个特殊的活动，就是全校抽签。每个人都有神秘的圣诞老人（Santa）每天送给自己礼物。周五大家聚在一起猜，谁是自己的圣诞老人。我抽到的是化学老师瓦力先生（Mr.Wally）的圣诞老人。但是我第一天就败露了，因为我送给他一双中国带去的精致的筷子；在最后一天，当着全校的面送她桌旗时，大家都赞叹中国的东西真是太漂亮了。

竞猜结束后，全校分组玩一个叫做更大更好（Bigger & Better）的游戏，就是随便你去全镇的哪里去无偿地要东西，哪个组拿回来的东西最大、最有价值，就算哪个组赢。我们组一开始就要到了一个床垫，最后在修车的地方换到了一个用铁做的卡车顶棚。那个东西真的很沉，八个人一起才抬回学校。有个组从一个女孩的奶奶家要到了个双人床，一个组淘到了个组合柜，里面还有 DVD 播放机和音响。最后的优胜组却是带回来个最小的——一个手推的独轮车。大家都很诧异，校长解释说因为它最有利用价值。他们虽然赢了周一的比萨，但是校长说下周每天都有免费的冰激淋时，大家就都满意地散了。我突然想到，原来在国内的高中，失败的人多少都会提出异议。但是在这里我领略到，美国人很注重过程，反而结果并没有那么重要。

精神周最后一天的晚上是学校返校舞会（Homecoming Dance）。学校会从一年级、二年级、三年级、四年级（Freshman、Sophomore、Junior & Senior）中各选出一女一男，在橄榄球赛中场，由女生的家长开车进入场地，然后由捧着一束花的男生来接女生下车，并且在之前的投票中从八人中选出一个女王（Queen）和国王（King）。到了晚上舞会才正式开始，大家一起狂欢。学校请来了专业主持人来制造气氛，大家从傍晚一直玩到半夜才回家。

最近的排球赛特别多，有时要坐好几个小时的巴士才能开到赛场。有时候甚至凌晨一点多才回到学校，而早上五点半又要集合去比赛了。虽然训练非常累，但我越来越喜欢排球了。上次我们主场的比赛，全镇的人几乎都来看比赛。我的排球技巧学得很快，但是上手发球不过网也是出了名的。到我发球的时候，全场的人都在喊我的名字，为我加油！（因为镇子小，几乎全镇的人都认识我）。我对自己说，在魔鬼体育老师的监督下，训练了这么久肯定没问题。于是我深吸一口气——发球，结果真的过网了！至今我还能清晰地记起当时的欢呼声和那场令我记忆深刻的比赛。

如果有人问我怎么才能在美国结识很多的朋友？我一定会推荐排球、篮球一类的体育活动。排球为我提供了与同学认识并熟悉的机会。不得不说的是，在学校能够和很多同学聊天、周末参加聚会等，很大一部分是因为排球结交的朋友。

万圣节到了，安琪特意买了两个大南瓜，还买了好几大袋糖果，下午我们开始对付这两个大南瓜了。我们先动手把瓜瓤掏出来，然后做出眼睛和嘴的镂空，里面点上蜡烛，放到大门前的台阶上，万圣节的装饰就准备完了。已经是三年级的我超过了去索要糖果的年龄，但还是被几个比我小两岁的同学拉去体验了一把。我扮的朋克其实不够搞怪，那天晚上看到了各种的蜘蛛侠、蝙蝠侠、山怪、魔女……朋友告诉我，只有大门前的灯亮着的才可以去要糖果，不开门表示不希望被打扰。和同学在镇上绕了一大圈，手上的袋子几乎都装满了糖果。我拎着沉甸甸的袋子回到家，和安琪一起坐在沙发上一边看电视一边吃糖。安琪问我，“万圣节好玩吗”？我说：“太好玩了。可惜我明年就 18 了，该给别人糖果了。”安琪大笑。

万圣节过后的第二天，我被老师安排去给年册（year book）拍照搜集素材。于是，我跟着低年级的同学，去拍他们的拔河比赛。这个比赛非常独特：绳子的中间是一大摊泥水，这就意味着，谁输了，等待他们的是掉入泥潭——洗个“泥巴浴”！比赛开始了。随着一个接一个掉进泥潭，这场拔河比赛居然演变成了一场扔泥大战！所有的人满身都是泥，就连我这个摄影师也没能免遭“毒手”。虽然回学校时，浑身都脏兮兮的，但是很开心、很过瘾。

在同学们熙熙攘攘的笑声中，又过了一个月。

【第三个月】

我这届的爱优生非常幸运，刚好赶上了美国总统大选，历史课上我们也进行了激烈的讨论。另外，我和我们班来自德国和丹麦的两个交换生分别介绍了自己国家的政党。

11 月 7 日这天所有美国人都与家人、朋友相聚一起，等待最后的投票结果。电视的地图上，北部一片蓝（奥巴马的支持者），而南部全是扎眼的红色。两边的支持者相持了一段时间后，奥巴马的蓝色区域渐渐地超过了麦凯恩（John McCain）的红色。在大家的欢呼中，奥巴马作为最后的胜利者成为了第 56 届美国总统。

虽然奥巴马的光辉照亮了许许多多的黑暗，但是，另一束光也在闪耀着，诠释着它的坚持。

一开始对麦凯恩的印象并不深，因为他做的很多细节没有奥巴马到位。比如，他曾经在自己的发言里强调对手发言的缺陷；当两位候选者坐在一起时，大家发现他没有像奥巴马那样佩戴国旗徽章；而且，在他们面对面交谈时，他曾经多次打断奥巴马的发言，这时，我看到电视屏幕左半边的奥巴马稍稍低下头，令人难以察觉地笑了笑，接着轻轻地摇了摇头。

就是这样一个不被大家认可的候选人，在他失败前的最后一次的演讲上，看得出他精心梳理得平平整整的白发，眼神疲惫地发言，用手势试图平息台下的倒彩声，乏力地说着“请安静……请安静……”；他说，“我的孩子们和亲爱的母亲”，他说，“今天的美国”；大家在台下连声高呼着他的名字，他笑了，笑得与世上任何一个慈祥安适的老人无异。

我感觉到他真的老了，已经力不从心了。他是不是也会这样安慰自己和家人呢：“我老了，也该找个机会退休享清福啦！”

让我客观地评价这位老人的演讲水平，我承认他也是个出色的演说家。但也许是老人固执和倔犟的原因，他在细节上失去了人心；又或许是因为，对手是奥巴马。

最后麦凯恩没有太大悬念地成了失败者。

在周围欢快的气氛中，我心里却有些酸酸的感觉。

两个月过去了，我的交流水平已经有了明显的提高——至少每句话不用说两遍了。但是，随着我与同学越来越熟悉，一个新的问题出现了，那就是有的单词念的不是美音，同学听不懂。更糟糕的是，几个和我很熟的小女孩觉得我说话很好玩，经常学舌。虽然我知道她们没有恶意，年纪小不懂事，但我心里依旧是怪怪的。

举个简单的例子，“字典（dictionary）”这个词我们从小学就习惯把其中的“a”发[ə]的音，但美音的念法是[e]。一开始我很沮丧，没想到一个说了十年的单词竟被人拿来开玩笑，这让我好几天没怎么跟他们聊天说话。后来安琪听说了（她是学校的英语老师），她劝了我，但我还是很难过。与好朋友在网上聊，和她说了这件事。她却反问我：“要是一个老外学说中国话，你会有什么表现？”我突然明白了，老外说中文时我也觉得有趣，何况这几个小女孩！我告诉安琪我的想法，她很高兴我能自己想通了。我们还达成了协议：每当我有了不准确的发音，安琪都要教会我正确的。这样日积月累我的口语会有不小的提升。

通过这件事我也明白了，当我们在国外受到不同的待遇时，需要的是理解，如果一味地躲避，问题将永远存在，甚至会越来越严重。

【第四个月】

11 月过去了，我度过了美国的传统节日——感恩节。

以前在国内就听说过，感恩节要吃火鸡。这回在美国的大家庭里实实在在地体验了一把。那感觉是任何词汇都不够形容的。

听说感恩节要和安琪丈夫的大家庭一起度过，我们前一周就开始着手准备了。先是去超市大采购，安琪装了满满一购物车的食物，准备大餐的材料；再就是提前几天开始烹饪。我被分配到做甜点的任务，我还悄悄地准备了一道中国菜，打算到时候给他们一个惊喜。就这样，感恩节在我的期待中来到了。安琪还邀请了一位朋友，我也邀请了一位临城的爱优生交换生温迪（Wendy）到我们家，十一个人一起享用了这顿极为丰富的感恩节午餐。我到现在还记得火鸡的美味。

饭后，我们开车去附近的小镇斯普雷（Spray）。安琪的婆婆家有一大片土地，家里还有四辆越野车，我们坐在越野车上，在颠簸的山路上急驰，惊险刺激地体验了一次真正的越野，最后我也尝试地开了一小圈儿。

前两天在收拾东西的时候，无意间翻出一本爱优生手册，随意翻了翻，发现其中一页非常有趣——是描绘交换生心理变化的曲线图，发现我现在这个阶段正处于"情绪低落、想家"的一档中。的确，也经常会遇到人问我："蕾切尔（Rachel），你到美国多久了？想家吗？"我的答案几乎都是不想。听说一些人因为经常给父母打电话而使美国妈妈很生气之类的事。我想我大概是唯一的一个因为太久没给妈妈打电话，而需要美国妈妈提醒要和家里联系的爱优生。看来交换生的心理曲线也有例外。

最近各门功课都进入到期中阶段，比较紧张，商店也因为圣诞节即将到来而开始打折。我在准备考试的紧张阶段的间隙，也列了长长的一个清单，那是我准备给家庭成员和朋友们的礼物。大家也都因为圣诞节的临近越来越兴奋，到处都洋溢着节日的气氛。

【第五个月】

转眼已经1月了，圣诞假期也要结束了。这些天跟着美国妈妈奔走于多个城市，我也终于体会到了圣诞节的温馨和惊喜。

作为一个交换生来到美国，我对第一个圣诞节有着无比的期待。当安琪听说中国不太过圣诞节之后，决定给家里买了一棵真的松树作圣诞树。我们俩把松树搬进客厅立稳，一下子让我感到圣诞节离我是这么的近。

学校里老师们也把教室装扮得很有节日气息。妈妈从北京给我寄来的装满中国风格的小礼物和小点心也到了，那是远在故乡的亲人对我们节日的祝贺。在放假前，学校举行了一个小型的圣诞节聚会。聚会上，当我请大家品尝中国的传统小吃时，大家都开心极了，一直赞叹中国独特的味道。

在吵吵闹闹中度过了半个学期。在纷纷大雪中，我们迎来了圣诞节和期盼已久的假期。

回到美国家里的第一件事就是大扫除。从楼上到楼下，从室内到室外，我和安琪一直忙活到晚上，累得我们倒头就睡。第二天一大早，我循着安琪早餐的香味下楼来，饱餐之后就开始布置房间。在这个过程中，我更多地了解了美国文化：比如圣诞节每家每户都要摆放耶稣降生的人物小塑像的故事，安琪还播放了很多传统的美国圣诞音乐。在一天天的忙碌之后，我们终于盼到了圣诞节前夜。

从这天早上开始，我就陆续收到同学和好友送我的各种礼物。我也去了几个朋友家，带去我精心挑选的礼物。因为第二天我和安琪就要出发去另外几个城市，开始拜访在不同地方的她的家人，所以圣诞前夜我们只是简单地过了一下。打开各自袜子（stocking）里的小礼物，在惊喜和兴奋中睡着了。

圣诞节我们就出发了。先到达邻镇的斯普雷，与安琪过世的丈夫的汉弗莱斯（Humphreys）一家度过了一个非常热闹的圣诞。汉弗莱斯是一个非常庞大的家庭（相对我的中国家庭而言），每年圣诞节安琪的两个继子也都分别从其生母和大学回到他们爷爷奶奶家，我也是第一次接触到我的美国哥哥。一大家子从曾祖父到最小的刚出生的婴儿算起总共 11 口人一起过节，两个非常能折腾的大男孩，和两个 5 岁以下的小孩，整个屋子像煮沸的开水一样静不下来。

在一顿与感恩节一样丰富的大餐之后，所有人最期待的交换礼物的时间到了！汉弗莱斯家的圣诞树下堆满了各种颜色的礼物，我们几个小孩都指着最大的盒子争着说是给自己的。分发之后每个人面前都堆成一座小山。因为祖母的前夫是台湾人，所以安琪丈夫的弟弟有一半中国血统，孩子们也都有四分之一的中国血统。他们对中国文化很感兴趣，于是，之前我托妈妈去买了许多具有中国传统文化的礼物寄来，他们看到我送的中国礼物都很惊喜，兴致勃勃地炫耀。我也收到了很多令人兴奋的礼物，比如推理小说，一套素描工具和纸，一套桌卡游戏，电子照片播放器，DIY 的各种工具，衣服，等等，甚至还有贴心的超级保暖室内拖鞋。男孩们也收到了许多令我羡慕的礼物，比如我弟弟收到了一整套全彩世界吉尼斯纪录介绍大全，还有许多 UMD（一种格式）游戏盘。我们几个一直闹到很晚才睡。

之后几天，我和安琪去了好几个城市看望她的亲人们。其中有个城市最让我兴奋，那里的亚洲市场让我买到了半年没吃到的中国零食和食材，我尽最大可能地装满了自己的背包。

经过长途旅行之后我们回到自己家里。放下行李就接到了朋友的电话，邀请我参加聚会。

假期总是过得特别快，马上就要开学了。假期过后另外两个来自德国和丹麦的交换生就要回国了。我有点羡慕他们能回家了，但还是想留在美国的成分多一些。

【第六个月】

美国的 2 月是很浪漫的月份，我也是第一次在西方国家度过情人节。从 2 月初开始，各个年级就在想着用情人节可以办的活动来赚钱，为将来的毕业旅行存钱。我们班决定周末晚上在体育馆办一个浪漫的烛光晚餐，我被分配的任务是在后厨准备沙拉。晚上晚宴准时开始了，体育馆已经被我们装扮得又温馨又浪漫。门外的队伍越来越长，厨房里的我们也忙得一刻都停不下来。到了很晚我们的工作才结束。第二天当麦克默里先生说我们那晚赚了一千多美金时，每个人都觉得辛苦没有白费。

二年级在情人节前夕四处张贴海报，说只要花 1.5 美金就能预定在情人节（V-day）送给你特别的人一份惊喜。2 月 14 日这天最后一节课结束了，班里的同学都兴奋地冲出去看自己柜子里等待的惊喜，只有我不紧不慢地收拾东西。路过朋友的柜子时看到她柜子里得有几十个红色糖果形包装的小礼物，我一边羡慕一边不抱希望地打开了自己的柜子，发现我竟然也收到了一小堆！我赶紧仔细查看标签，不仅有班里同学送来的，排球队的朋友送的，还有我的美国妈妈，安琪送的！我赶紧去分别向他们表示感谢。我这才明白原来我了解的情人节实在太狭隘了，情人节不光是情侣间的祝福，还要把祝福送给你珍惜和感谢的人。

温馨的情人节之后经历了第一个没有跟中国家庭一起度过的春节，这天可以用难忘来形容。

我特意在这天邀请了在隔壁城市的爱优生温迪和一个对中国春节非常感兴趣的同学派奇（Paige）来家里过夜。我们在早上四点准时爬起来一边看 CCTV9 的春晚，一边准备丰盛的中国菜。我们都是头一次自己包饺子，赶紧上网查清了面跟水的比例，还有饺子馅儿的做法。忙活了几个小时之后我们做了一桌子的菜，安琪和派奇尝过之后赞不绝口。我和温迪相视而笑，看来现学现卖的效果还不错。

【第七个月】

美国妈妈问我回国之前最后的假期有没有想去的地方，我才意识到交换生的日子已经过去一半多了。就连我参加的社区服务（community service）——维勒青少年协助（Wheeler Helping Youth，WHY）的组织也开始商榷筹备本学年最后的活动。

说起我参加的这个社区服务小组的故事可就太长了。我最初是被两个朋友推荐加入了维勒青少年协助的。到现在我还记得当初第一次推门参加会议的忐忑。进门之后却发现维勒青少年协助是一个多么轻松的团体，每次的带队老师都会抱一大摞比萨或是什么别的食物来，一边吃一边讨论。确定讨论题目之后，每个人都会有代表自己观点的发言，我也渐渐从最开始比较羞涩地说两句就没词了，到现在有时跟队友争论个不停。我也真正感觉到被人倾听时的快乐和发挥作用时的满足。维勒青少年协助是一个需要每个成员做出贡献的团体，但这个团体回馈给我们每个人的却是好几倍。

想起当初加入维勒青少年协助时的踌躇，也想过要退缩，但是一路走来，我想说当时推开了维勒青少年协助的大门真是太对了。

【第八个月】

除了返校的舞会之外，另一个重头戏就是 4 月份的毕业舞会（prom）了。女孩子们早已开始讨论毕业舞会上该穿什么样的裙子，我也跟朋友约好了互相做头发。

这天终于到了，我们早早地开始准备，临走时还是免不了手忙脚乱。终于到了会场，我紧张的心情也在音乐的节奏中一扫而空。舞会一直持续到凌晨两点多，它也是我在美国美好的一段记忆。

在回家的路上，我跟温迪还在不停地兴奋讨论，一到家我们就赶紧甩掉高跟鞋，匆匆卸了妆，带着一天的疲惫入睡了。

从 3 月底开始，安琪几乎就不在家跟我一起吃晚餐了，因为离我们小镇一年一度的话剧公演日越来越近了。我只好经常性地去邻居家蹭饭。后来我提出过探班给安琪送饭，但是却被她谢绝了，理由是今年的话剧是侦探题材的，我要是事先看了排练，到时公演的时候就没有新鲜感了。没办法，我只好接着去蹭饭。

等差不多把邻居家太太的手艺尝了个遍之后，公演的日子也到了。有三场演出，恰好我的社区主任派迪在第三天时来我们的小镇，于是我邀请她跟我一起去看话剧，顺便留宿一晚。

随着安琪饰演的苏珊与男主角阿奇（Archie）圆满的亲吻，话剧落下了帷幕，我也终于结束了蹭饭的日子。

【第九个月】

我的体育老师珍妮一家去中国认养了一个孤儿！我赶紧联系在北京的父母接待他们，

并且带他们逛逛北京的胡同儿，尝尝小吃。我看到他们远在中国还在 Facebook 上发了很多与我家人的合照。我才知道家里为这事儿都轰动了，不仅舅舅舅妈接待了他们，就连姥姥也陪他们逛街。珍妮一家非常感谢我的家人，他们说非常喜欢中国。

他们去南京顺利地带着中国小女孩回来了，我们放学后都跑到他们家看这个跟我一样黑头发黑眼睛的小女孩儿。珍妮一家非常想让我跟她试试用中文交流，但我憋了半天也没说出来。我发现在外国人面前是说不出中文的！

5 月中旬，迎来了维勒青少年协助最后的巡回演讲。我们选择了烟草的主题，去了三个城镇的中学，用来自不同国家的经验告诉他们不能接触烟草。演讲不光是空洞无趣的知识讲座，我们用了小品、搞笑短片、网络短片等来展示烟草的危害。在“怎样说不”的板块里，我们每个人都要想一句既幽默又活泼的话来向烟草说“不”。这个可难倒我了，因为美国人的笑点跟亚洲人不太一样，所以我只好向公认的幽默大师珍妮请教。她热心地帮我想了句“抱歉，我只抽香肠”（Sorry, I only smoke sausage）。当时大家很给面子地全场爆笑，但实际上我到现在也不觉得有趣。

【告别】

6 月过得很快。期末考试前痛苦地复习，参加完只有两个毕业生的毕业典礼和送别会，安琪开车带我又回到了爱优生文化营生活过的洛杉矶。离别，团聚。6 月是既充实又充满伤感离别的月份。

由衷地庆幸选择了交换生的经历，感谢它给予我的那些无法用语言表达出的成长。我也将会用我自信的微笑推开明天的大门。

人生的一段旅途

李卓 | 档案

2004届的爱优生，原就读于北京市五十七中学。爱优生经历：帕克湖中学，11年级，罗塞尔，伊利诺伊州，奥康纳家庭（Lake Park High School District at grade 11, Roselle, IL, at the O' connor family）。

只身一人来到美国，经历了很多我从来没有遇到过的困难，我学着面对困难，想方设法地一一解决各种问题和各种困难。困难是苦的，但是我却享受在其中。

【机场的奇遇】

自从我知道我将是第一个出发的爱优生，并且还是第一次独自一个人飞美国，每次想到这事我就有些紧张，不过仔细一想，不就是等待和寻找吗？其实这真是一个神奇的旅途，现在我把时钟倒拨，将我在那天的日记献上：

真是非同寻常的一天啊！世界上的人们都在关心奥运会又回到了雅典，而在我身上，也面临着一个重大的挑战和新生。

我从北京首都国际机场起飞后，将要在汉城转机到旧金山，再转美国国内航班到芝加哥，在飞机上我刚吃完大韩航空公司的午餐，精神好多了，几周之内的忙碌也只有这时才能安静下来，坐下来写点什么。

我真的不知道怎么形容我现在的心情，刚才在机场和亲人们分别拥抱时，我保持着一贯的微笑，眼泪虽然在眼睛里打转，但我也没让它们掉下来，很坚强地和大家告别。但是我心里却没有别人想象得那么兴奋和激动，而是一丝丝对未来的恐惧，不过我想总是要出去闯一闯的！

从北京到汉城真的好近啊，感觉还没有做什么事情就下飞机了。这段时间不紧张，在免税商店转了转，看到一处卖食物的很好玩，也不知是什么，突然背后一声“对不起（Excuse me）！”一个看起来像是印尼混血大眼的20几岁的男人让我帮他照张相，后来我们一聊才知道是同一个航班去旧金山的，而且他还是微软的，就这样我们很容易地结识了。

北京时间5:30，我坐上了从汉城到旧金山的航班KE023，两次都没有坐到靠窗子的位子。我倒也不是很在乎，心情也没有刚飞离北京时那么复杂了，听音乐，写日记，这真是一个漫长的旅途呀！刚看了一部很好看却不知道名字的电影，睡了一觉，再睁开眼睛看到屏幕上的航线指示，看到阿拉斯加了，不过还是飞在太平洋上。再一看表，是旧金山时间上午8：17，北京时间晚上11：25，看到座位左边的窗外天已经蒙蒙的开始变灰，但右边的窗外还是黑黑的什么都看不到。

终于到旧金山了，我的脚步开始加快，我知道我的时间太紧张了，没有一点儿富裕，但是在过移民局时还是耽误了很长时间，他们把人带到一个冰冷的小屋，只有白墙和铁椅，像审犯人一样！过了海关之后要取行李，我一眼就看到自己的行李了，心里有说不出的踏实和开心！北京时间上午5:40，旧金山时间下午2：28，我顺利地登上了去芝加哥的航班。

也许是老天想锻炼我吧，本来在旧金山时间晚上11：30我早应到达芝加哥，但我却刚刚坐在去芝加哥的航班上，航班号也由UA1494改成了UA1496，并且变成了从波特兰到芝加哥，神奇吧，我就这么莫名其妙地来到了亚利桑那州（Arizona），让我感觉很不真实，像做梦一样。

原来，我按照我旧金山时间下午14：58坐上了UA1494，大约不到两个小时吧，就从窗外看到大陆了，看得我莫名其妙，芝加哥怎么那么荒凉，很多沙漠的样子。而且按照时间推算，我应该经过一个白天到黑夜的变化，可现在根本就没有嘛，虽然广播里说什么提前了很多到达，但也不对劲呀。这时候我开始有一些紧张了，不断地从书包里面拿出登机牌确认，我走的登机口、航班号完全正确，于是我就相信自己没有错，下了飞机按照指示牌去找自己的行李。在机场我的心就更慌了，因为多少我也知道芝加哥机场是一个很大的机场，而这个却这么简朴。

在行李处我问一个警察，"我现在在哪？"他没有明白我是在问他我在哪个州，哪个城市，他说我在行李处。跟他讲清楚之后，他让我确认行李是否运来，还是没说这是在什么地方，我站在行李托运带前，无助极了，心里知道肯定没有我的行李，行李一定已经去芝加哥了，但还是傻傻地看着，使劲克制着眼泪，使劲想着哭不能解决任何问题。后来我去票务处换了一张票，一下子就变成旧金山时间晚上11:45！工作人员滴里嘟噜地给我解释，我也没有太明白，只知道我现在是在波特兰，马上想到的自然是打电话。我想用我的电话卡，但是不知道为什么不能用，坐在我的登机口前，只有我一个人，可能是才缓过神来，眼泪止不住地往下流，特别狼狈，我书包里面的吸水毛巾可派上用途了，一过一过的眼泪、鼻涕全都记录在那毛巾上了。我都不知道自己想什么呢，为什么哭，哭管什么用呀，我狠狠地骂自己没用，擦干了眼泪，继续试图打电话，电话卡不行就花钱呗。需要一个美元的硬币，我拿出事先准备好的一小袋子的硬币，却又不知道哪个是一美元，于是就让旁边一个看起来像日本人的女人帮我找硬币。她真是太好了，她发现我哭过，然后告诉我这个电话不能打国际长途，又带着我找别人帮忙，因为她的飞机到了，于是她把我托付给了一个意大利的大姐姐，最后用这位大姐姐的手机和我的电话卡拨通了北京家里的电话。是爸爸接的电话，一听爸爸的声音我就哽咽了，我使劲地克制着自己，幸亏妈妈不在家，要不然她接电话我肯定连话都说不出来就哭了。

挂了电话，我镇定多了，大姐姐问我要不要吃东西，于是我们一起去吃墨西哥餐，同桌的是一对老夫妇，我们在一起聊得很好，意大利姐姐先走了，走时还给我一个大大的拥抱。剩下我们继续消磨时间，我拿出我的笔记本电脑给他们看我在中国的照片，他们喜欢极了，后来我才知道那个老一点的男人是警察！并且他还给我看了他的警察执照，他给我讲了一堂在美国的安全课，最后我问他们我应该付多少钱时，才知道他们请我了！

后来他们也走了，只剩下我一个，我先在登机口前的座椅上睡了一觉，睁眼一看时间还早着呢，于是背着大书包随便逛了逛，发现我的三号门（gate 3）变成C号门（gate C）。那是一个室外的候机厅，那里的气候干，四周是山或者是沙丘的影子和满天的星星，我在那里又等了好久。还好我是一个不怕寂寞的人，甚至还喜欢独自一人。

终于登上了千真万确去芝加哥的飞机，这回是靠窗子的位子，每过一个城市都是一片灯光，我不知道飞的低或者高，因为星星围绕着我们，那么多、那么多的星星。

走进芝加哥机场，我的心还是没有完全放下，因为我还不知道行李的去向，还不知道美国妈妈是否知道我的变化。清晨的芝加哥机场格外安静，我相信平常不应该是这样的。一出大厅我便看到美国妈妈和坐在婴儿车里面的美国妹妹举着一张画着美国国旗和中国国旗的纸，虽然他们不知道中国国旗有几颗星星，只画了3颗，但是我的心彻底地放了下来，我知道我到了，我知道我安全了，我知道我的新生活正式开始了！

清晨，街道很安静，可爱的松鼠跑在街上，天显得离我那么近，一抬头，一切都是那么的开阔……

【大展厨艺】

到达美国接待家庭的第一天，因为是早上，所以一进家门美国妈妈就把我领进我的房间，她明确指出这个是我的私人空间，没经我的允许谁也不能进来，然后她们都上楼睡觉了。站在房间门口我心里不由得很激动，“这就是我的新生活！”我看到房间里的壁炉，喔！我真的很喜欢，顿时心里一股暖流，想象着冬天的火烧得旺旺的。因为太累了，倒上床就睡着了，香香地睡了几个小时，没有了旅途的疲劳，而且也没有出现时差问题。一起床，就被9岁的美国妹妹拉去看什么，其实我根本就什么也没有听懂。很惊讶的是，她出门冲到外面时竟光着脚，于是我也跟着光着脚冲了出去，地上真的是干净得要命！她带着我跑到很多孩子面前，我都不敢相信自己的眼睛！他们的手中都捧着一个兔宝宝（baby bunny）！它们太可爱了！接下来就是和这些孩子们认识了！他们很好相处，我们光着脚在街上疯跑，在草地上打滚……

疯玩了一会，回到家里，美国妈妈带我参观了厨房，她说要给我个惊喜，顺着她的手指方向，我看到了，看到了一个巨大口袋里的大米！她又让我看另外一袋大米在壁橱里还没有开封呢。更大的惊喜还在后面，接着她就像变魔术一样从冰箱里拿出一桶跟我们中国的油桶差不多一样大的酱油！真是兴奋啊！

开始几天，当然是美国妈妈亲手烹调了！我的适应能力强，所以很容易适应了，做出来的东西倒是不难吃，但就卖相实在不太好看，而且做得很简单，让我深刻地体会到中国菜的精湛！所以，相比之下我还是更喜欢他们带我出去吃。

过了两三天，我决定让他们感受一下我的厨艺。第一次是用我带来的蜜汁排骨调料做了蜜汁鸡块，我自己觉得实在对不起中国的父老乡亲，实在对不起吃坛众位前辈，因为那鸡肉是大肉鸡胸脯之类的大白肉部位，二是我腌制的时间太短，我觉得还没有什么味道，不过他们都喜欢极了！我又不能太谦虚说自己没有做好，只能一个劲地傻笑。

第二次我长教训了，我们去购物时，我特地选了有骨头的鸡翅膀，超级大的，然后又拿我的香辣鸡翅调料，提前腌制了好久，做好一尝，果然好多了！他们也很喜欢，尤其是从中国领养的妹妹竟吃了两个！但是我感觉另一个美国妹妹和美国妈妈不是特别喜欢，于是我就费尽心思想，什么吃的他们会喜欢，而做起来又对我不是特别难。

尝试了可乐鸡、水炒鸡蛋、蘑菇汤，他们都说喜欢，但是我总是不满意，不过这一切使我对烹调着了迷，找到一个 24 个小时都在教厨艺的频道，于是我几乎每天睡觉之前都要钻研带来的有限的几本厨艺书，虽然我切菜慢，虽然我做饭看起来笨手笨脚的，但我就是越来越喜欢做饭！

在厨艺书里我发现了一篇详细的介绍菠萝咕咾肉做法的文章，正好所有的调料家里都有，我决定不用从北京带来的简单调料，毕竟那是有限的，我得学会用美国的调料做饭。家里面没有真正的大蒜，只有大蒜粉，所以我总是觉得不够味。我先把切好的肉加生抽、葡萄酒（因为没有黄酒）、盐腌制起来，腌好之后，把每一块肉都裹上打好的鸡蛋，然后沾满面粉，炸到微黄。拿出菠萝放到一边，另一个锅放青椒、蒜粉、生抽、大量番茄酱、白砂糖和半杯水，用大火煮，然后放入肉和菠萝，并搅拌，最后淋上水淀粉，感觉黏黏的就行了。

我说这是我第一次做，下次会做得更好，他们却一直说，已经足够好了。实际上我自己觉得腌的时候盐放多了，面粉裹少了，还应该有醋和真正的大蒜！没想到，第二天 9 岁的美国妹妹杰米（Jamie）竟然把剩下的当作午饭带到学校去了。

【多彩的学校生活】

我所在的学校非常大，有很多学生，每个人手中都拿着地图，每个人都会迷路，这不禁让我联想到哈利·波特的霍戈沃茨。而学校的生活更是丰富多彩。

观看学校的第一场比赛

太让人激动了！今天是我们学校这学期的第一场橄榄球（football），虽然我不喜欢，因为它太暴力！但是因为这是真正的美国式的比赛，所以自然要去观战了！这里好不热闹！

我根本就不能相信这仅仅是学校的比赛，带领大家喝彩助威的就有五十多人，在场上热场之后，运动员们才入场。

天啊！运动员们的速度简直太快了！不像是足球运动员，他们是疯狂地跑入场内的，这时台下的观众也都疯狂了，一片女孩子们的尖叫！接下来，我们的管乐队入场，五十多人，非常正规地步入场内，奏响国歌，全场起立右手放在胸前，全场安静得让我感动！美国人的爱国情操！比赛前的预热就能让人们激动和疯狂，连场外的我都不禁想留在那里看比赛！不过明天还有很棒的篮球赛等着我！我相信我会更喜欢，因为它没有暴力！

美国的烟火表演

听说在篮球赛之后有烟火表演，我们一起前去观看。天气不是很好，一直下着毛毛细雨，我们到的时候已经是晚上十点了。我们从车里拿出毯子一人披一个，冲到最好的观烟火地点——一片湿漉漉的草坡上。虽然我还不知道美国篮球赛的规矩，但我是热烈期盼着。等呀等呀等，终于在一片喧哗声中，第一束烟花升上天空。喔！我不知道该用什么优美的语言去形容。

这里的夜晚，我从没有看到过星星和月亮，我想是因为城市的灯光和多变的云吧，而现在突然那么多耀眼的星星出现在眼前，让我措手不及，目不转睛地盯着天空，不肯错过任何一个样式，不知道下一个会是什么，烟火每一次的升空都是一个惊喜，每一次的升空都给我新的希望。色彩、声音、样式，这些都让我忘记了天气的寒冷，我好像飞上了云霄，与烟火做伴，与星星跳舞。这是我见过的最漂亮、距离最近、时间最长的烟火表演！美国人太会渲染气氛了！不过，我真的特别喜欢！让我感受到什么是真正的生活。

精彩的行进管乐队表演

虽然直到我看了第一个表演才知道行进管乐队是怎么回事；虽然我知道哆、来、咪、发、唆、拉、西（do, re, me ,fa, so, la, ti）在单簧管上的位置，却不是很懂其他的西洋乐器和管乐队那些专业的东西；虽然晚上气温低得那么的“冻”人，但是我真的被迷住了，整个晚上，我不知多少次激动得、感动得落下眼泪！这回我是真的感受到了管乐的魅力，虽然我不懂那些名词，但是音乐是相通的。

从我们州的各个地方来的行进管乐队聚集到了我们学校，因为我们学校是上一届的赢家。之后是表演和比赛。实际上对于我们观众来说比赛已经不重要了，因为每一个队都是那么优秀，虽然花了7美元，挨了一晚上的冻，但是值透了！音乐不用说，每一曲都是那么精彩，而且对于演奏者，他们已经到了不用担心自己的音乐的地步，因为太熟练了，配合得太默契了，他们主要重视的是队形，是整体的创意。

每一个创意都是那么让我惊叹！我不敢相信那是高中的水平。最值得一提的是每个乐队都配有的护卫（guard），我实在想不出中文里面哪个词是相对应的，护卫全都是女生，她们都穿着很漂亮的服装，根据不同乐队的不同风格，她们手中的旗子舞起来是那么的漂亮，她们的舞蹈穿插在乐队行进中间是那么的优美，她们与乐队的相互配合，才创造出那些用音乐和肢体展示给我们的奇迹！

最值得一提的当然是我们学校的啦，作为压轴，确实没有让我们白等，护卫们出场时穿的是清一色的橙色亮丽的衣裙，中间的一个身着白色衣裙，像天使一样美丽，她穿梭在队伍之间，那片橙色与乐队呼应，她们分别跪在每一个人的脚下，让我不禁想到美丽的公主和王子演绎着那童话般的爱情故事，接着音乐的高潮来了，突然正在跳舞的橙色“公主”们摇身一变，成了身着白裙的天使，棒极了！

看完了所有的，就像亲临奥运会开幕式一样！那音乐带给我的不是一时的感动，我甚至敢在结束后，一个人走在只有星星和月亮陪伴的星空下，走在晚上11点“冻”人的街道上回家。

戏剧表演课

戏剧表演课是每天的第一节课。每天的第一件事就是，全体起立对着美国国旗，右手放到胸前，念叨着他们的宣誓词，那种情景让我一下就想到我们每周一的升旗仪式，五星红旗冉冉升起，但底下的同学聊天的聊天，老师还在来回走动，也就初一的红领巾们还认真点。哎！我们在这一点上是应该向美国人学习的。

从第一天起，老师就和我们说，戏剧表演这门课没有作业，但是我们必须要站到舞台上，所以上舞台便成为我们最主要的工作。我们都是初学者，只是先学习一部影片，然后挑出经典片段来练习，很快，这便成了我最爱的课。以前，我只知道自己对戏剧和电影感兴趣，但是从来不知道我在这方面的潜质，我经常会有很好的想法从脑袋里面冒出来。美国的教育是启发式的，当老师发现我的好主意之后，她一步一步地把我引向更深一层。

当我第一次拿到我的台词，一下子蒙了，那么多生词和古英语，读都不会读，怎么背呢？怎么把握角色呢？我在美国妈妈的帮助下读下来，然后每次上课都认真地模仿，终于自己的词练出来了，我很惊讶自己能够把角色把握得恰到好处。更惊讶的是，超长的台词我居然能背下来，并且能记住对手戏的台词、动作和位置。老师不仅说我做得好，还常常给我提出更多的意见。我真不知道为什么中国很多人都对戏剧抱有偏见？我也不知道为什么中国以前会称演员们为“戏子”？我个人认为戏剧表演本身是一种素质的表现。为什么我们都爱看美国电影？这里的电影教育和戏剧教育能普及高中、初中、小学，这是什么原因呢？大多数中国人对戏剧、对电影没有一个正确的认识。当然我的所谓的电影教育和戏剧教育是和娱乐圈分开的，这绝对是两种概念！

【我喜欢的学习压力】

别看我一会儿说吃、一会儿说玩儿的，其实我每天面对的最大的事情是学习，每天面对最大的困难也是学习！

在美国高中的第一个星期内我就深深地感受到，谁告诉我在美国学习很容易的？在美国上学并不容易，尤其以前听人说过的数学容易，那绝对是对自己要求不高，选的课不符合自己的实际水平。我在这里就好像变了一个人一样，特别严格地要求自己。

一开始我不了解美国高中的状况，我的学生顾问（counselor）帮助我选了代数二，确实是很简单的，我在国内数学并不是很好，但在美国高中考全班第一居然是很容易的事情，我敢说换了谁都行。但是我还是比较有自我认识的，抛弃那原本每天都可以得到的荣誉——那也可以说是些“虚荣”，我很快把课换成了AP（美国高中大学水平课程）课程、微积分，我觉得一下子就上升了好几层。我是从半途学的，而且老师总讲一些概念的东西，所以在微积分的课上，我几乎全晕，根本不知道老师在讲什么！回家看书，拼命查字典，可因为都是专用词汇，普通词典的解释不明确，再加上每天上课都有考试，我简直快崩溃了。

所有人都建议我换成预备微积分，我还是在那里硬撑着，心想着哪天奇迹发生了，我语言大关一过，就能明白。因为我知道这些内容如果被换成中文，再加上我现在的态度，对我来说不会太难。但是认真地考虑了一下，我还是换成了预备微积分，我觉得自己每天再这样“自虐”，其实是浪费时间。

果然换课之后好多了，但新的问题又来了，最郁闷的是总需要用计算器，是很复杂的带画图的那种。有一次考试，第一天看到A卷还挺高兴的，老师说绝对不能用计算器。第二天一看到B卷就傻了，必须要用计算器，可我根本就不会用，那些题确实很复杂，所以我每道题都只写了一半，证明我还是懂的，就是不会用那种功能复杂的计算器。

其实相对于美国历史、英语来说，数学还是相对简单的。我这两门课有两个疯狂的老师，S和R。他们俩是中学同学，都是我们这所学校毕业的，现在既是我们的老师，又是我们学校常年取得第一名的足球队的教练。他们的课都很有创意，但是说话语速非常快，连我的美国妈妈开完家长会都说理解我的难处了。在他们的课上会做很多有意思的事情，其实就是把没意思的枯燥的东西变成有意思的。超长的课文不用多说，大家都会回家看的，而且有时候不看，课上也会讲解的，是很生动的讲解。但是我一般不知道他在说什么，只是凭借他的那些夸张的动作来猜，他们两个都特别喜欢举例子，疯狂的例子。

我最喜欢的是每周五的课，一般我们都会有一些活动。记得有一次我们学到美国法律，有很多重要的条例需要记住。于是，我们五六个人一组，模拟一个政府，学校是我们的国家；我们先制定法律，提出新法律，然后每个政府的代表发言，接着进行选举。虽然是活动课，大家的态度都是非常认真的，严肃地讨论，正式地发言。让我惊讶的是每个代表都像演说家一样，一切模仿得惟妙惟肖，仿佛置身于白宫！

其实，国内的教学也完全可以变成有趣的形式，这样也能够学到很多知识。为什么学校就如此重视课本上的知识呢？为什么当我问问题的时候，中国的老师和家长总是抱着一种“这么简单的问题你都不会”的态度？所以，当老师在课堂上问：“谁还有问题？”班里面总是一片寂静，一是怕老师的不屑，二是怕同学的嘲笑。在美国，就算你问的问题再傻，也没有人嘲笑你，更没有人会不屑回答，他们会鼓励孩子们多提问题。

为什么国内的考试总好像是与学生作对似的，不少同学总是徘徊在五六十分左右？长时间的这种成绩，使那些同学麻木，使他们不知道努力争取，反而靠作弊手段来取得表面上的好成绩。作弊方式之眼花缭乱，作弊手段之高超，让人不得不惊叹这些同学的聪明才智。我想问的是：“一个人的好坏，是看成绩还是看道德？”我以为，在这样以分数为重的学习环境里，造就了相当一批会作弊的孩子。其实他们都是很聪明的孩子，却一步步地走上了道德堕落之路，即使暂时混出一些好成绩，最终也将害了他们自己。这样不仅使学生麻木，老师也如此，考试前的动员，老师竟然能够在广播里说着：“你技术不高就别作弊。”一旦学校抓住一个作弊的学生，没收手机、处分、通知家长；然后过不了几天就还手机，撤销处分，下一次继续作弊，一切都已经成为一种形式。

为什么我们的学习生活就没有乐趣、没有创意？只有枯燥的教学方式和机械的学习方法？我认为真正要改变作弊现象，就不能以考试分数作为评定学生的唯一标准！

在美国学习，真的要比国内累很多！这种累不是体力上的，也不是精神上的，而是一种我从未体验到的压力，它富有挑战性，但也使学习变得有趣得多，我喜欢！

我就是中国

郑可馨|档案

从爱优生的一年，我找到了我的使命。

余秋雨说："文化以沟通为胜业，文化以传播为命脉。世上那么多障碍，人间那么多隔阂，就靠文化来排解。"所以，我学了政治，学了文化，学了新闻，学了摄影，学了设计，学会了沟通。我是记录者，我是传播者，我是创造者。人，地方，时间，终归是一个故事。我很中国，我也很世界。

我一直认为我是最幸运的交换生之一，美国学校好得没法说，还有中国同胞的陪伴，十个月的生活真是非常快乐地度过的。但是最重要的还是我要提到的接待家庭。他们就像是我的第二个家，有这样的家庭我很骄傲。家庭成员包括幽默风趣的美国姥姥姥爷、善解人意的美国爷爷奶奶，还有如胶似漆的美国爸爸妈妈，他们俩可是从高中的时候就认识的男才女貌。家中还有一个可爱的小妹妹，妹妹是在还没满月的时候被我美国父母从越南领养过来的。他们真的是视如己出般地疼爱和用心良苦地教育。因为我与美国妹妹同是亚洲人，所以关系处得特别好。陌生人看到我们一家四口都会搞不清楚是什么关系。普遍地认为我跟我的妹妹是亲生姐妹，被美国爸妈一起领养过来的。一开始美国爸妈还解释说，"一个是从越南领养的、一个是中国的交换生，一个是一辈子都跟他们住、一个是只跟他们住十个月的"。但是后来，他们都会直截说，我们是他们的两个亚洲女儿，让我特别感动。

【可爱的美国爸爸】

我的美国爸爸如果戴上墨镜像施瓦辛格，摘下墨镜就能看到他那湛蓝、亲切、可爱的眼睛。他有一个习惯性动作，开玩笑时会挤一下右眼睛。他每天早上用发胶把头顶的头发定型。他虽然有大肚腩，但却怎么也不能算胖，那两条小细腿都是肌肉呢。所以只能说是强壮。

美国家里有很多把吉他，都是他的。地下室里有他自己的音乐室，时不时地会从下面飘上来悠闲的吉他声。周末，他会去锻炼，参加跑步、汽车比赛。然后满脸红光地回来做饭。每天早上他用完的卫生间里都会有一股很好闻的男生香水味道。

开车送孩子上学的路上，他会换上女儿喜欢的 CD，随着她最喜欢的歌曲一起摆着头哼唱。让孩子选歌的时候，只要小女儿说出一个形容词（比如说：我想听高兴，或悲伤的歌），他就能马上播放出符合要求的歌曲。

晚上给女儿洗澡，陪她玩游戏。睡前倚在女儿床边给她读故事，然后给她一个轻吻，告诉她，“我爱你，宝贝”。

美国爸爸上班会穿白色衬衫，每天换不同花色的领带。回到家里就会换上 T 恤和短裤，早餐会给我做会喷蛋黄的三明治。走在逛街的路上，美国爸爸会把小女儿托在肩膀上，逗她大笑不止，和她在人群里玩闹，不顾妈妈长长的购物清单。在餐厅吃饭等餐的时候，他会陪女儿和我玩迷宫游戏，让她坐在自己腿上。晚上，他会和美国妈妈在沙发上看电影，让她靠在自己肩膀睡着，直到电影结束。他帮我修抽屉，装台灯，安门把手，装无线上网。长途的路上，他会从办公室取来笔记本电脑让小女儿在车上看卡通。

我在历史课本里看到不认识的专业名词，随口问问他，他就会从书架上拿下最厚的那本词典，耐心地解释给我听：放射性探测年、碳原子测年法，等等。随堂测试的时候，我对这些词印象最深。有时我随口说出想看最新版哈利·波特的电影，他立刻上网查当地影院的时间表，第二天晚上就带我去看。他的公司老板开会很晚，他回家偶尔会抱怨老板住旅馆，没有家庭意识，然后摇头。他在开我玩笑的时候会轻拍我的肩膀，说我涨红了脸，其实笑红了脸的是他自己。他经常会陪小女儿玩芭比娃娃，看海绵宝宝。他睡觉很轻，微小的声音就能把他吵醒：我熬夜的话不管多晚、不管多小心，上楼时总能被他听到，更别提小偷了。

记得我嗓子疼时他给我买止咳糖，还特意打电话回来问我喜欢什么口味的，其实就樱桃和蜂蜜两种。还有美国妈妈和美国小妹妹放学后在操场玩得把时间忘了，美国妈妈没带手机，我等了半天没见有人接我只好给美国爸爸打电话，他五分钟就过来了，虽然同时美国妈妈和妹妹也到了，他还假装批评美国妈妈忽略我，然后跟我说“对不起，我永远不会忘记你”。

今天去姥姥家，美国爸爸忽然主动请我弹钢琴，说他很想听，我当然愿意满足他的愿望了，我弹的时候他就拿着一杯啤酒站我旁边，靠在门框上仔细地听着，这一情景应该拍成照片，会很美的……这些都是让我很感动的瞬间。能有个这么好的美国爸爸我很幸福，我还不想让这幸福这么快结束。十个月，真的很短。

【传播中国文化】

整个中秋，我都处于忙碌之中。现在回想起来，我当时并没有过节的感觉，主要是因为我一直想着让别人过节，而且是一些不知道这个节日的人。我以前在家的时候只是坐在那等着过节，等着吃饭，等着别人带我出去玩，等着享受。而现在我只能自己创造享受的机会了，当然更多的是给别人创造。我不知道哪个才算是真正意义上的过节，我觉得或许是后者吧，但如果真是后者的话，这说明我第一次真正意义上过节是在美国。因为来到了美国才深感中国文化的博大精深，才开始有了真正意义上的爱国情怀，才开始为自己是中国人而自豪。可是那些留在中国的孩子们岂不大多一辈子都没有这种感觉了?

最近我发现传播中国文化是一件不太容易的事情，尤其是在非正式场合。在美国学校，我努力把握着每一次能跟中国扯上边的机会来给美国人传播中国文化，我认为演讲是最好的时机了。因为演讲一般会有时间和主题的限制，而中国文化和历史其实是一辈子都不见得能讲清楚的，我又怎么能用二十分钟的时间说完呢?我的目标也只是提起他们对中国文化的兴趣而已，尽可能地解释清楚他们对中国的一些偏见。我喜欢不管什么事情都往深里说，这可能就是十多年中国教育的结果吧，我想直接说问题的本质，但用一两句话几乎是不可能的，牵扯的东西太多太多，就像雪球一样越滚越大，无奈中只好挑有意思的、肤浅的说，当时自己觉得有些对不起祖先，但用美国人的思维来想，这就很好了。

对于我来说，想说什么问题时一定要事先做很多研究和调查，自己先花很多时间去探寻本质，但最后可能只是简化成一个笑话，毕竟给美国人留下一个概念就好了。这样真是挺好的，既让听众产生兴趣，更重要的是自己了解了比想象中更多的事情。

【大张旗鼓庆春节】

作为一名优秀的爱优生就要见缝插针、无孔不入地传播中国文化，其中我认为最讨好的方式就是送礼。而且我主张的是见人就送，他不敢不收，收了就不敢不记住中国的文化。我过去的时候带了两个大箱子，总量的三分之一都是小礼品，而且都各有来历，都是我出国之前精心挑选、耐心砍价淘来的具有中国特色的礼物。到了美国二话不说，第一件事就是送礼物。立时就把美国接待家庭的三个人变成了三个“冒牌”的中国人。还有就是圣诞节的时候，我让妈妈又批发了一箱礼物寄过来，这让美国的圣诞节俨然变成了中国春节的景象。

说起春节，我可是大张旗鼓地在美国宣传了一把。这个就要从我和董晓在美国学校建立的中国文化俱乐部讲起。其实，这个社团办的也不算丰富，到了第二学期才勉强建立起来，没想到竟成了专门为春节服务的了。前期准备先是以贴海报、发传单的低级方式大量宣传，大量招人。随后第一个也是唯一一个活动，就是准备过春节！

第一课是剪纸！不得不说美国同学的动手能力真是让人佩服，不少同学剪起窗花来像模像样。只可惜剪得好的图案都被同学们带回家了，说要留作纪念。最后贴在学校窗子上的全是我跟董晓俩人连夜赶出来的。第二项任务是写春联！对于这项工作，美国同学就爱莫能助了。不过还好，董晓原来学过一些书法，而且除了我和几个亚洲交换生能看得懂中文之外，也没人看得懂。所以，我们就厚着脸皮在每个教室门口都贴上了中国春联。营造出浓郁的节日气氛就算成功了一半嘛。但是我无意间听到了两个美国学生的谈话，很有意思。他们说，“中国交换生在每个门口都写的一样的东西，也不知道是啥意思，没准是咒语呢！”看来，早知道就不用上网查那么多各种不一样的春联了。不过经过我们这么一折腾，在美国学校里还真有过年的感觉了，至少对我们几个中国人来说是这样的。

要说最大的工程，还要数大年三十晚上的聚会——包饺子！考虑到春节大餐需要一定的材料费，所以我们要求每位参加聚会的同学上交两美元，当时我们觉得还挺少的。但是最后算下来，我俩还赚了 46 美元。这是人生的“第一桶金”啊！大年三十头一天晚上董晓就住到了我家，我俩熬到十一点多，擀了 200 多个饺子皮，撒上干淀粉，分装到保鲜袋里，并且和好了猪肉豆角、猪肉韭菜和猪肉胡萝卜三种饺子馅儿。第二天带进美国学校，放在食堂的冷藏室，为晚上的年夜饭提前做好准备。

放学后，人们就陆陆续续到达学校的食堂，我们也开始教大家包饺子。一上来我还特认真地教他们怎么捏折啊，怎么把饺子形包得好看。但是，后来我还是放弃了，不管任何手段，我只要求大家用皮把馅儿包严实了就行。虽然煮的时候，大部分饺子都破了，不过饺子汤的味道还是很不错的！让我感动的是，春节年夜饭当天，美国学校的校长亲自光临了。接受了美国校长的肯定，我就撤退到厨房开始煮饺子了。不过过程真的是惨不忍睹，因为那边一般是不用燃气炉子的，只有电热的。所以，我和董晓只能用“千年的媳妇熬成婆”的心去等待饺子煮熟。虽然有不少郁闷的事，但是我俩已经不是第一次做中餐了，有了之前不少失败的经验垫底，当晚的饺子还是很不错的，至少我自己是这么认为。再加上各位热情的老师从当地中餐馆定来的成品，年三十的聚会让每个人吃得都特别爽。

而我，第一次觉得过个节这么累。在中国的时候，向来都是我坐在那里等着家人给自己过年，这次是自己给别人过。这个“别人”还都是不知道怎么过春节的人。当晚出了学校食堂，我跟董晓望着天上一片晚霞，心中顿生感慨，啊，生活是如此之美好。

春节的收尾活动是在大年十五元宵节——猜灯谜。一位来自台湾的交换生特别慷慨地为我们提供了很多灯笼。于是，我们在每个灯笼下面都挂上了一个灯谜并且把灯谜挂到美国校园的各处。当然了，这些所谓的灯谜，只是一些英文的小谜语。第一个猜到答案的同学可以获得具有中国特色的礼物。当天的猜谜活动进行得还是非常火暴的，连老师们都积极参与，可见奖品的力量是十分伟大的。活动过后，老师纷纷夸奖我们是好少年，是传播文化的好使者。我当时只想擦擦鼻子，然后找个麦克风说，“感谢学校，感谢爱优生，感谢父母，感谢生活”。玩笑归玩笑，有很重要的一点建议就是在美国一定要多说“谢谢”、多写感谢卡，这在美国的文化中是特别重要的一部分，感谢的话是说多少都不过分的。

【旅游的收获】

就我个人来说，“旅游们”是最大的收获。都说“们”了，说明去的不止一个地方。十个月的时间我有幸去了八个州和一个国家。其中两次是跟学校和爱优生去了纽约，纽约这个地方是去不够的。美国接待家庭知道我的梦想院校是哈佛，恰巧他们在波士顿有朋友，所以就在1月的时候特意带我去参观了哈佛，并且参加了一个校园观光和一个入学讲座，圆了我一个特别大的梦想。我美国爸妈开玩笑地说，“带你看哈佛啊就是馋你的，让你努力考上美国大学，然后还能跟我们住在一起！”让我当时感动得说不出话来！

在那次哈佛之行过后，我的美国接待家庭还为我精心计划了去位于加勒比海的多米尼加共和国度假的超完美旅行，过了八天天上人间、世外桃源的日子，每天都可以躺在美丽的海滩上享受加勒比海的阳光。我的美国爸爸之前还特意警告我说不能带作业，不能学习。因为在那里就是要享受生活的。我美国妈妈说这是一个甜和苦掺杂在一起的旅行。甜是因为能和我一起度假，苦是因为不久我就要离开了。不管怎么说，我觉得这是我人生中第一个真正意义上的度假，彻底的无忧无虑。同时也让我跟我的美国家庭更加难舍难分了。原来美好的现实有时也是残酷的。

【毕业典礼的感悟】

5 月 23 日是毕业典礼的日子，我在美国的高中生活就要彻底地结束了。拿到那千呼万唤始出来的毕业证书，心里并不觉得终于完成了什么使命；那只是我从梦中带回的纪念品吧，是可以帮我进入下一个梦境的线索。本来以为会在毕业典礼上大哭特哭的，结果那天一滴眼泪都没掉，估计是梦还没醒呢，就这么完啦？我每天能见到那些可爱的老师和同学的日子就这么结束啦？我每天中午躺在钟楼的石砖上晒太阳的日子就这么结束啦？我在考试前一个晚上复习一小时，第二天就能考最高分的日子就这么结束啦？

我还能仿佛看见那个开学第一天战战兢兢的中国女孩儿，穿着粉色衬衫和黑色七分裤，不知所措地看着那些疯狂的美国高中生，眼里充满了对不可知未来的忧虑。那不可能是我，因为我也是“疯狂的美国高中生”里的一员了，确切地说，是毕业生。这里的美国爸妈最近常说的一件事，就是看我护照上美国签证那页的照片，说那不可能是去年的我，整个就一小丫头片子，回头再看看现在的我，被说成一个“成熟的女人”。想来这话刘教授原来就说过，没想到现在竟成真了，也就没怎么惊讶，只有笑着叹气了。

314 天，3000 张照片，30000 字的博客日记。做爱优生的这段经历为我留下的，其实就是以惊人的速度成熟了的我自己。走之前，我确实怀疑过这样的人生选择风险会有多大。回来后， 我怀疑自己当初为什么要怀疑这个决定。英语的提高肯定是无疑的，但我敢向你保证，语言的提高不会是你最大的收获。而那个从孤独到独立，从中国到世界的过程，必定会成为每个爱优生人生中的精彩。

爱优生的生活只要放手去体验就是了。生活变化太快，你没什么能准备的，也没什么能期待的，你过来了，生活就是你的了。我相信运气绝不是个死耗子等着瞎猫去抓，幸运是靠细心、忍耐、坚强和能力去自己创造的。我相信大家都不是瞎猫……别告诉我你是不瞎的猫……要做就做雄狮；大家抓到的也绝不会是只死耗子，而是自己的未来！

18 岁在威斯康星

檀森｜档案

孕育于徽州合肥，生于三国古魏都许昌。9 岁随父母工作调动迁至北京海淀。曾就读于上地实验小学，清华附中，首都师范大学附属育新学校。高三学年参加 2009—2010 届爱优生交换生项目，毕业于美国威斯康星州东北威斯康星路德教高级中学（Northeastern Wisconsin Lutheran High School）。现在就读于美国普渡大学西拉法叶校区（Purdue University—West Lafayette）攻读本科（电机工程专业）。爱好所有球类运动，爱好音乐，擅长小号、吉他、架子鼓、葫芦丝演奏。

18 岁的我搭上了爱优生的末班车。回头看看这一年，有时候感觉事情进展得很糟糕，却又在某一时刻“柳暗花明又一村”。最后苦尽甘来，感受到成功的喜悦，然后对自己说声“我成功了（I MADE IT）”。这一年中，不管是在社会层面上、学术层面上，还是在文化层面上，我都学到了很多。我会永远感激这段在美国威斯康星做交换生的经历，以及所有让我有机会体验这段经历的人。

【交换之前的一波三折】

最初萌生出国的想法是我在上高一的时候。记得当时，学校发了一则通知，说美国教育发展基金会（Education Resource Development Trust）在寒假期间要组织一个赴美交流 + 游学的活动，由我们学校的老师带队。当时，我小心翼翼地把那则通知折叠起来，打算晚上拿回家希望父母能考虑考虑。最后，爸爸妈妈竟不假思索地成全了我的美国之旅 。

几个月后，我如愿地来到了繁华的洛杉矶，来到了旧金山湾，走访了占据着学术前沿阵地的大学，加州大学洛杉矶分校（UCLA），伯克利（UC Berkeley）的钟楼，斯坦福（Stanford）的胡佛塔。看着油画般的校园，一个想法萌生在我的心里：如果三年后，我能再次带着两个大号行李箱，怀揣着斯坦福的录取通知书来报到，那会是什么样的感觉！这个想法变成了我回北京后在首都机场对妈妈说的第一句话。出乎我的意料，我留学的计划竟顺利得让我无法相信。爸爸妈妈时不时地听说他们有不少同事的孩子都在国外，有的在当交换生，有的正准备参加交换生项目，有的已经顺利地考取了名校。其中赵思明和胡岩竹（我在爱优生的学姐，分别毕业和就读于多伦多大学、威斯康星大学麦迪逊分校），正在准备参加爱优生的交换生项目。赵思明的爸爸赵伯伯有一次来我家，曾经跟我讨论过留学的事情。他有一句话我记得很清楚：留学是很辛苦的，不是让你去看西洋景去（现如今，在美国读本科的我已经领悟到了这句话的真谛）。在我强烈的愿望和爸爸妈妈同事的鼓励下，父母做出了决定，同意我大学本科留学美国，并参加 2009—2010 年度爱优生项目的选拔。在留学愿望的驱动下，我努力学习英语，通过了爱优生的英语测试和面试，终于被录取为 2009—2010 年度爱优生交换生。

在炎热的 7 月，我们四十多个 2009—2010 届的爱优生参加了爱优生中国首席代表刘修廉教授组织的培训。在训练营中，刘教授将为我们预演我们在美国可能会遇到的一些“状况”，然而，去报到的那天晚上，刘教授就给了我一个“下马威”。记得我到万达教室时，里面已经坐满了三十多个同学，后面站着家长。为了不打扰刘教授讲话，我自觉地站在了家长的行列中，然后习惯性地双手交叉扶着肩放在胸前，认真听讲。出乎意料的是，不到五秒钟，刘教授把他犀利的目光投向了我，模仿我的“造型”，随即问道：“檀森，你这样站着是想打架吗？”不得不说我当时被刘教授吓到了，竟然马上站起军姿。随后，刘教授请我坐到最前排，并以我做反面教材来告诉其他同学，双手交叉扶肩这一站姿在美国一般非常具有挑衅意味，所以要求我们“站有站相，坐有坐相”。这就是刘教授给我上的第一课，这堂课使我那天一晚上都感觉丢尽了颜面，但后来，在美国的一年里，每当我想双手交叉扶肩站时，我都会下意识地换一种站姿。在培训的三天里，四十多位同学分为打扫组、早晚饭组和洗碗组，轮流执勤，还有三分钟冲澡，若干秒“出恭”等。

终于到了8月1日，刘教授带领着“先头部队”——参加爱优生文化营的各位同学提前出发，前往美国加州参加为期15天的预备爱优生培训。那时，我与何难、张伯臣、徐伟超、孟一辰等同学还在为没有美国接待家庭而发愁。于是在整个8月里，我并不是像其他爱优生一样，怀揣美国接待家庭的简历，憧憬着接下来一年在美利坚的生活，而是整天对着电脑屏幕，用Photoshop修改着自己的资料，然后发给爱优生的老师，老师看过后指出不足之处，再让我修改。此外，我经常在一天内无数次地刷新爱优生官方的交换学生资料库，看看自己的资料有没有消失，因为如果资料库中一旦没有了我的资料，就证明我已被美国接待家庭选中。我的妈妈也为此“火烧眉毛”，肝火过旺而打了三天吊针，并且在短信中对刘教授“出言不逊”，认为找不着美国家庭是刘教授的错。而刘教授并没有斥责我或我妈妈，而是非常努力地与爱优生总部协调。终于，在8月26日早晨，刘教授打来了令我欣喜若狂的电话，说他为我找到了一所位于威斯康星州格林贝市的私立学校，要我立即与家人协商。我不假思索地答应了，并马上给刘教授发去了确认函邮件。

【体验橄榄球运动】

兰顿女士，也就是我美国接待家庭的妈妈，在我的美国学校做秘书工作（Afternoon

Secretary），非常鼓励我参加学校的各项活动。而我却在为 10 月和 11 月即将来临的 SAT 考试做准备，除了学校的课业，大量的单词，题海等任务死死地压在我身上。美国妈妈让我去参加活动，这不是要了我的命吗？！我并没有主动去联系各项运动的教练老师。谁知道，美国妈妈第二天下午放学后竟主动找到我，然后带我参观学校的各项体育运动队。那时是 9 月，学校只有足球（Soccer）、越野长跑（Track& field）和橄榄球（Football）。可能是因为美国妈妈的儿子也在橄榄球队，加上他和橄榄球教练（Mr. Hasseler）比较熟悉的缘故，她带我径直走到了橄榄球场地，并赶在训练前带我找到了海赛勒先生，并且陪我观看了一会橄榄球队的训练。我心想，毕竟来美国了，这么好体验美国运动气息的机会摆在我面前，放弃了岂不是太可惜了！于是我将各种学术上的压力抛到脑后，兴致勃勃地向教练提出申请，参与其中，美国妈妈也很高兴。

橄榄球比赛分为四节，高中比赛每节 12 分钟，NCAA 球队比赛每节 15 分钟。通常情况下进攻方有两种进攻方式：持球前冲和传球。为了迷惑防守方，进攻方教练经常用代号命名进攻方法。例如，我们教练就用 Wisconsin 和 Minnesota 分别命名持球前冲和传球。这样，防守方就不能有针对性地进行防守了。如同篮球、足球等运动，橄榄球体现了团队合作（Teamwork）的重要性。在学校，每当一名队员由于自己的行为违反了学校规定得到“行为过失”（Demerit），教练会取消当天训练，帮助清洁工打扫学校。而那位“违规”队员也会非常郑重地向大家道歉，希望取得谅解。在训练中，如果进攻或防守任何一方犯规，所有队员（包括场下队员和伤病队员）一律自觉卧倒做俯卧撑。在比赛场地上，如果某位队员因伤缺席，他（们）仍然会随队活动，尽自己能力做赛前热身，为队友加油。另外，不得不承认，橄榄球是危险系数极高的运动，在一次比赛中，我曾被一名对方队员撞飞到空中，然后重重摔落，不过全无大碍。在最后一场比赛中，我们队竟有 3 名主力队员因脑震荡而不能参赛。在赛季结束的庆功聚会上，望着“感谢这个完美的橄榄球赛季”的横幅，激动之余，我也长叹了口气，心想：“明年我能完好无损地回北京了。”

【行而后知学习体系】

在美国高中，我真正体会到了世界级领先的教育体系。在这里实践比课本知识更重要，理解比套公式做题更重要，我认为这是美国人在接受教育和教育他人时很重要的准则。在我们学校，我深刻地领会了这一点。

先来看看英语课。同学们的任务是 4 人一小组，阅读一本小说，每个人有不同的任务，如概括内容、总结人物心理变化等。在截止日期前必须读完。在此期间，会有针对这本小说的测验。读完小说后，4 位组员会共同完成一份论文(Paper),并且做一个报告演讲(Presentation)。

美国的微积分课堂。讲到求导的“链式法则”（ Chain Rule ）时，老师从他的教学箱里拿出了 M&M 巧克力豆，然后分给学生，让我们咬一半留一半，观察巧克力豆的内部构造，以此来比喻求导时一定不要忘了括号里面的那一层。

美国的物理课堂。学期末，有两个“大工程”（ Project ）。一个是用冰棍棒和乳胶建造出承重最大的“桥”，完成后每位同学的桥都将进行承载力测试，会把一个颜料桶拴在“桥”的中间，然后在颜料桶里逐个放入哑铃（ Barbell ），直到“冰棍桥”破裂。另一个是用 2L 饮料瓶、硬纸板和垃圾袋等材料做一个“火箭”，完成后，老师会提供发射架和空气压缩机，只要“火箭”能成功飞到一定高度并成功拉出降落伞就算成功。

美国的经济学课堂。先结成小组，在模拟证券交易系统中，用给定的钱投资，学期末评出投资回报率最高的小组。与此相对应的作业就是为自己的小组推荐自己选定的值得投资的一支股票，用上课时学到的科学的股评标准用一篇短文阐述为什么要选这支股票。

【我最尊敬的老师】

舒马彻女士是我在美国高中的升学指导、经济学课和政府课的老师。她留着短发，戴着十字架，画着淡妆，身着黑色毛衣。这身装扮加上她深邃的眼神与和蔼的笑容，还经常拿我打趣说冷笑话。她让我感到，她是一位精明、睿智、严肃又不失幽默的女性。在经济学课上，我总是她获取关于中国新闻和信息的第一资源，而下课后她会非常内疚地向我道歉，说她的提问是想让同学们更真实地了解中国，如果她的做法让我感到不舒服的话，以后她就不问了。我告诉她，这就是我来这里的作用，我不仅需要吸收美国元素，更要把中国元素广而告之，所以绝对不会觉得被刁难。在和她的接触中，让我找到了老师和学生的那种特殊的默契。就像在国内时，我和我高一的数学老师之间一样。

仅仅一个月的时间，我和舒马彻女士就像老熟人一样，也顺利地从她手里以她学校升学指导 (Guidance Counselor) 的身份拿到了申请大学的推荐信。凭着我对这位老师的尊敬和喜欢，在第二学期，我“故意”选了美国政府课（American Government），虽然我知道不好修。果然，我的小测验（quiz）成绩惨不忍睹，每周 10 分的测验通常我只得 6 分、4 分甚至更少。有一段时间，为了反省，我把我所有的政府课测验贴在了自己的锁柜外面，提醒自己不能再这样下去了。我相信舒马彻女士看到后肯定不会置之不理，我希望她关注到我所做的，希望她能找我，这样，我就可以倾诉心中的委屈了。果然有一天，她在课间找到我，略显严正地说：“森，来我办公室一趟。我们要谈谈了。”几节课后，我找到了她，像一个年轻人对长者倾诉自己的痛苦一样，把我对政府课的不知所措和长期“不振”的小测验局面告诉了她。她说，美国学生从小学到高中都在接受关于政府课和法律的学习，所以他们在高中学政府课的时候有些复习的意味。作为一个外国学生，学不好政府课有情可原。由于我的特殊身份，在期末成绩上老师会对我做轻微的调剂。更重要的是，她告诉我，成绩真的不算什么，是否学到知识才是我真正要关心的。

最近，我正准备选大学下学期的课，学校要求工学院的学生必须每学期有一门人文学科的课程。我仍打算选修宏观和微观经济，此外，还有美国政府与政治。首先，全球金融危机过后，美国对世界经济格局仍起着翻云覆雨的作用。其次，作为留学生，我们抱着学习的心态来到美国，而了解一个国家在于了解它的政治、经济和文化。虽然这些课程学起来要花工夫，而且可能会对成绩（GPA）造成影响，但是就像舒马彻女士说过的，美国教育体系主张的是学到知识比取得好成绩更重要。

【快乐的美国家庭】

我非常喜欢一句话：“Good Things Take Time，Great Things Happens All At Once”。翻译成中文就叫好事多磨。在美国这一年，最成功、最幸运的经历就是我遇到的兰顿一家（The Londons Family）。

美国家庭里有妈妈、爸爸、姐姐、一个哥哥和一个弟弟。一年来，我们一起去上学，一起去教堂，假期一起到北边临近密歇根的大房子度假，一起去美国奶奶家玩。他们不仅在物质上满足了我，更重要的是，美国家庭全家是在用真诚的态度接纳我。我的美国家庭永远都充满了欢笑声。在他们看来，人生太短暂了，如果天天过有压力、不快乐的生活，是一件非常痛苦的事情。我的到来使他们有了更多可以开心的谈资，而我也融入其中。美国妈妈说，她自己是一个比较疯狂的人，有各种搞怪的想法，她让我教她用中文说：“疯狂的白人女人”，这让我哭笑不得。我耐心地、一字一句的教她用中文说出“疯狂的白人女人”。在我的记忆中，一年中最温馨的时刻，就是和美国一家人在一起坐着、躺着看电影。每当我遇到不理解的剧情或是美国文化，美国妈妈会立即将电影暂停，然后给我讲解，直到我弄明白。我还记得圣诞夜，我们愉快地一件一件地拆开互赠的礼物。甚至我离开的前一天，他们还在想方设法地让我和他们一起玩。最后一天，他们“自掏腰包”，带我去了密歇根湖畔的一个小型游乐园，带我去打小型高尔夫，晚上回来一起看了最后一部电影。那些记忆至今还留存在我的心中。

SOUVENIRS
GIFTS
T-SHIRTS

Fecha
March 1-7
EAST CLINTON
ASTROS

US 미국

Massachusetts
North Carolina
Indiana
Maryland
Rhode Island
Mississippi
Vermont
Illinois
Kentucky
Alabama
Tennessee
Ohio !!

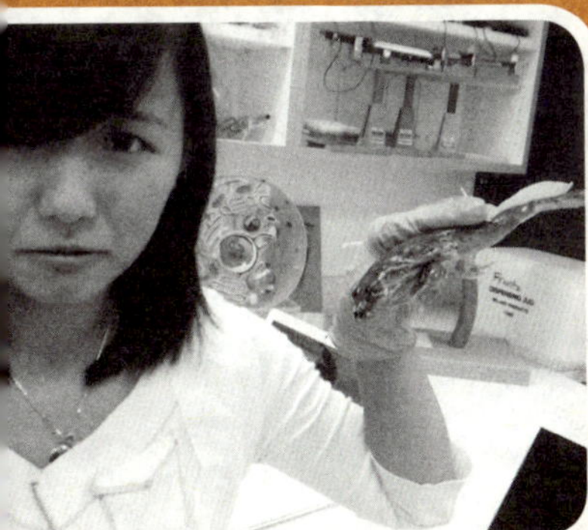

第二章

我的美国生活

My life in the USA

AYUSA

• 机场篇 •

"坎坷"的赴美之旅

柴言|档案

我毕业于北京市101中学，在高三的时候参加了爱优生项目，在美国交换了一年。我去的地方是美国得州的一个小镇，离奥斯汀（Austin）不远。小镇上就我一个外国人，刚去的时候，大家被我身上的中国气息所感染，对中国文化产生了浓厚的兴趣。美国朋友的友善和美国接待家庭的热情让我渐渐忘掉了离开家的不安，很快融入了新的环境，开始了丰富而有趣的美国高中生活。这一年美国的高中交换生活，成为了我人生中非常宝贵的财富和经验。

说起我的赴美旅程，可以用两个字来形容——坎坷。我也许是爱优生里面转机最多的一个，要辗转五个机场才能从北京到达我的美国接待家庭。

从北京出发后，第一站是东京，之后到达洛杉矶，然后到孟菲斯，最后再到圣安东尼奥。由于转机需要，我要在洛杉矶住一个晚上。就在这个夜晚，发生了一些有趣的事情。

因为从来没有自己住过旅店，所以在到达洛杉矶之前我最担心的就是怎么能找到住的地方，但是事情发生了有趣的变化。我在洛杉矶入关的时候，比别人慢了很多。因为需要询问、填表、排队，这一切花掉了我很长的时间。等我入关以后，已经比同一班飞机的乘客晚了将近四十分钟。就是这四十分钟帮了我的大忙。怎么帮忙的呢？我先卖个关子。

我先来讲讲我的入关经历。临行前，听说美国海关入关的时候查得很严，移民官员准备了很多问题询问每一位入关的人，如果你答错了的话，很可能会被他们扣住，有的甚至会延误至下一趟飞机。所以和大多数爱优生一样，我当时还是非常紧张的，排了很久很久的队，终于轮到我了。我记得接待我的美国海关人员是一位五十多岁的男人，我把所有的证件和文件交了过去，这些都是在北京就准备好了的，他看了一眼，问我是什么签证，我说是国际交换生签证，他就示意我把左手伸出来按手印，之后是右手，然后是照相、盖章，就完成了。我当时都不敢相信，当我走出来以后很惊讶地回头看了看，难道刚才那就是过海关入关吗？怎么只问了一句话就过来了呢？我又看了看别的窗口，好像没有被扣留的情况，心想一定是海关人员今天的心情比较好！

接下来我要继续介绍住宿的问题了。因为我比别人慢了四十多分钟，所以行李大转盘上就只剩下我的两个行李了，别人的都已经被拿走了。我心想：反正我也不着急，不是有一个下午可以磨蹭嘛！在旁边找了推车，把行李放好，推了箱子我就慢慢地往前走。突然看见迎面来了两个空姐，她们面带微笑地向我走过来问我："请问你是柴言吗？过海关的时候有什么问题吗？"我很诧异地回答："没问题啊！"她们如释重负地给我解释，原来是她们看见我的行李一直没有人拿，就专程走过来找我，真是好心人啊！

因为我一直在考虑住宿的问题，心想她们是航空公司的人，也许会更了解情况，于是我就向她们询问了在哪可以找到住的地方。她们看我是一个人，就互相用日语说了半天，之后又用英语和我说："你就跟我们走吧！"就这样我跟着她们来到了航空公司的办公室。在这里我不得不说日本空姐真的是很敬业、很热情，她们打电话帮助我联系到了旅店，又帮助我用最优惠的价格订了房间。在离开办公室之前，她们还帮我写了一张小纸条，内容是我需要几点起床、怎样搭车回到机场、在哪个登机口候机等等。当时她们还不断地提醒我，一个人旅行是很危险的，不要轻易相信任何人。而且，同样的话重复了好几遍呢！更有意思的是，旁边有一位男同事怪腔怪调地说："哎哟，有个人啰嗦，要你一定要注意安全！"这句话让整个房间的人都笑了，也给我紧张的心情带来了轻松的感觉。最后一位日本的空姐领路，把我送上了开往旅店的专车。

通过这件事让我真的对日本人民有了进一步的了解，她们热情、周到、细心的帮助让我的旅程轻松了许多。其实在这次旅行中，我还遇到了很多大大小小的麻烦，但每次都有贵人来帮我解决，真是难忘又很有乐趣的旅行！

我想给爱优生新的学弟、学妹们一些建议：要自己制作爱优生手册，要保证通讯联系的通畅，如果遇到突发事件请千万不要惊慌，一定要冷静处理，要有自我保护的意识，但也要相信世界上还是好人比坏人多。

机场的遭遇

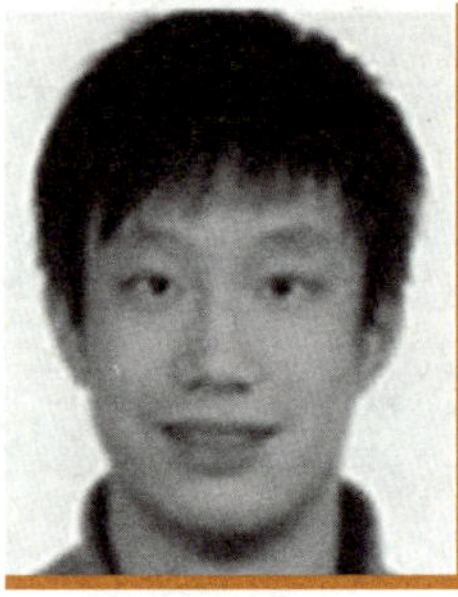

李思睿|档案

很多人在年轻时都曾梦想过可以一个人挎上背包，独自闯世界。我很幸运，经过层层筛选和培训，我成为了一名爱优生，将住在美国人的家里，在美国读一年高中。就这样，17 岁的我开始了追梦之旅。

大多数爱优生都会存在机场转机的问题，我也一样。我的美国家庭在得州的圣安东尼奥，我要先飞到旧金山然后转机去美国的家。爸爸对我很不放心，在机场告别的时候还千叮咛万嘱咐。

从北京首都国际机场飞往美国旧金山国际机场需要大约 12 个小时，独自一个人的旅途并没有想象中的那么孤独寂寞，而且在踏入美国旧金山机场的那一刻，在明亮的灯光下，我有了一种归宿感，就像到了家里一样自在。看着周遭忙忙碌碌过往的旅客，我心里有一种莫名的欣慰感。这是我有生以来第一次在机场转机，而且还是在美国机场，可我一点儿都不害怕。

旧金山国际机场和首都国际机场不太一样，等候班机的旅客都很轻松、惬意，没有什么躁动的人，正是因为在这样平静的环境里，才让我悲剧地在候机大厅里坐着，悠然地、眼睁睁地看着我的航班起飞而全然不知。

当我到机场的服务台询问我的班机是否延误时，工作人员一脸惊慌地告诉我，我的飞机已经起飞了！当时我惊呆了，不过马上就冷静下来，倒是机场工作人员看起来似乎比我更着急。也许这就是美国人的习惯，当他负责做某件事情的时候，尤其是做服务性工作的时候，一定会把别人的事情看成是自己的事。所以，当我一脸沉着冷静的时候，那个工作人员却满怀焦虑地要我去美联航办事处说明情况，寻求帮助。

人生也许就是这样，在阴差阳错中做出的选择，可能会改变结局，改变命运，或者在将来的生活中起着举足轻重的作用。

在国内的时候我就不是一个善于与人沟通交流的人，但是这次的意外情况不允许我再保持沉默了，我必须强迫自己积极行动起来，应该马上和有关人员沟通，而且还不能使用我的母语。我迅速地在脑子里把整个事情的处理方案想了一遍，然后拨通了美国接待家庭的电话。是美国妈妈接的电话，她先是表现得很高兴，当得知我误了飞机以后，她安慰我不要着急，从她的语气中我能够感受到她对我的关心。

与美国妈妈通完电话之后，我按照标识找到了美联航的办事处。接待我的是一位 40 岁左右的女人，她眼睛一眨不眨地看着我，耐心地听我说明了情况，并且马上在电脑上为我查询飞往圣安东尼奥的飞机时间表，我的脑子一片空白，等待着接下来的消息。她告诉我最早要到两天以后才会有航班从旧金山飞往丹佛，再从丹佛转机到圣安东尼奥。我请她又说了一遍，我终于听明白了，心里凉凉的，但我只能接受这个事实。

这位工作人员很热情，给了我一张酒店的打折卡，我拨通了酒店的电话，因为机场广播里的声音很大，我听不清楚接线员的声音。就这样，人生在不经意的阴差阳错之间，就有了新的结果。我决定再次回到美联航办事处，询问有关酒店安排的详细信息，就是这次的返回，让我有了新的机会。

这次接待我的是一名黑人妇女，她不仅为我写下了酒店的详细情况——电话、地址、乘车路线，而且还为我查寻了航班号，她居然发现了第二天就有从洛杉矶前往圣安东尼奥的飞机。我高兴极了，拿着我的飞机票，去找皇冠假日酒店（Crowne Plaza）。

美国人确实很友好，而且是发自内心的友好。当我向机场咨询处问路的时候，素不相识的美国人详细地向我描述了公共汽车站的方向，他的耐心和爱心让我很感动。

很快我就到达了汽车站，我发现就连美国的公交车司机都很与众不同。美国的公交车并不像国内的那么大、那么长，它充其量只能算是中型的，车上连广播都没有，全靠司机口头通知到站。每到一个站台的时候，司机总是要下车看看是否有需要帮助的老年人。司机热情地帮助那些手脚不方便的老人提行李，护送他们上车，并且询问他们要到哪一站下车。那些老年人对此非常感激，在下车后都会给司机小费。我并不认为司机那样做是为了获得小费，我觉得，帮助需要帮助的人已经成为他们生活中的一部分。当这种潜意识形成之后，才导致了行为上的不同。

我走进酒店的房间，安顿好行李，拉开了窗帘，旧金山的夜色很特别，山间常年飘浮着云，落地窗外有忙碌的车辆经过，一切都很美好。我洗完澡倒头就睡了。

第二天凌晨两点开始，我断断续续地醒来，四点以后就再也无法入睡了。看来时差真的是个很神奇的东西，需要慢慢调节。也可能是我太紧张的缘故，因为不想再次重蹈昨日的覆辙，于是六点整的时候我就起床，在浴室里洗了个热水澡，清醒以后检查了有没有遗漏的物品。六点四十五分的时候闹钟响起，与此同时老爸的越洋“叫醒电话”也打来了。男人上了年纪也会婆婆妈妈的，听完了老爸的一堆唠叨之后我就收拾东西准备到前台退房。走到房间门口的时候意外地发现了从门缝里塞进来的账单。可能当时我在蒙头大睡，所以并没有听见服务员的敲门声，于是我拾起账单查看，主要是看看金额是否与机场承诺的优惠价格一样。酒店做得非常规范，并没有因为我是外国人而多收取费用，并且在账单上很清楚地写着除正常金额外的税收。

走出酒店刚好赶上了免费的机场大巴，于是在清晨我离开了住了一夜的酒店。

到达机场后我并不清楚该怎么做，所以我仔细地询问了工作人员，知道了我必须先换取电子登机牌，再接受例行安检，然后就可以进入飞机场候机了。

顺利地通过了安检之后，我直接来到了登机口，并向检票员询问我的航班是否在这里登机，在得到了确切的答复后，我放心地去吃早餐了。其实昨晚我就已经对今天的登机做出了计划。我知道提前到达登机口是防止误机的基本条件，最好能得到机场人员的确认，并且设置一个闹钟，设置在飞机起飞前四十分钟比较合适，因为一般航班在起飞前三十分钟就可以登机了。

这次机场的经历让我找到一个窍门，尤其是对那些刚到美国的留学生或者是英语不好的人很实用，在候机选择座位时一定要选择那些面向登机口的位置，这样你就可以随时观察登机口的最新动态，大不了看见别人走也就一起跟着走。当然前提是找对登机口。

我的转机经历

冯子昭|档案

我自幼喜欢阅读和思考，三岁时开始学习认字，从此书不离身。高中就读于北京十四中，对中国传统文化怀有浓厚兴趣，在学校建立未央汉服社并开始学习古琴弹奏。多次获得各级各类奖项，2009 年获全国中学生英语能力竞赛（NEPCS）全国二等奖。2010 年高二结束后，参加了爱优生项目成为一名国际交换生，就读于美国西维吉尼亚州的布里奇波特高中。

临行之前，我一直担心自己在华盛顿转机时会找不到登机口、飞机晚点了赶不上下一趟班机之类的事情。其实最让我心里没底的是因为走得早，不能参加爱优生的行前培训。对于入关、转机等等我基本上是一无所知。虽说小时候也搭乘过国际航班，但那时太小了什么都不记得了。按照美国接待家庭的要求，我应该在 7 月 24 日到美国，所以我应该在北京时间 7 月 23 日出发，北京时间下午六点半的飞机，到美国是当地时间 7 月 23 日夜里十一点半。

我很担心古琴的安全问题，我的古琴加上盒子长一米五左右，属于既易损坏又贵重的东西，本来打算随身带上飞机的，可是航空公司说超长必须托运。

临出发的前几天，我和爸爸妈妈一起把琴盒和琴之间的所有缝隙都塞上棉花，到了首都机场又去行李打包处打包了好几层，然后和机场工作人员要了好多易碎品的贴纸贴在盒子上。

行李问题主要是爸妈在担心，其实我自己特别坦然。他们担心的是怕带的东西太多我自己拿不了，而我觉得反正也是走一趟，尽可能的多带吧，大不了和别人说："你能帮我一下吗？"（"Can you help me, sir?"）我想应该能得到别人的帮助。我的经验是路上穿的衣服不仅要舒服，关键是要能使自己的年龄显得小一点儿，这样比较方便请求别人帮助，也许我不该这样想，哈。

印象里，自从上学以后我基本上就没有再和爸爸妈妈拥抱过，而在首都国际机场大厅，我主动和爸妈拥抱告别，老爸红了眼圈儿，老妈也掉了眼泪，我低着头忍着眼泪拉着行李向前走……走进扶梯时一回头，见老爸老妈还呆呆地站在那里，直瞪瞪地望着我……

爱优生培训的时候给我们发过一个装证件的袋子，我们可以把护照、机票、登机牌、爱优生的紧急联络卡之类的东西放在里面，这个袋子可以挂在脖子上，这样就不用老翻包了。很多参加过爱优生的同学都说这个袋子非常有用。

真正戏剧性的情节发生在华盛顿杜勒斯机场。下了飞机我就顺着标志去转机，有说明的地方我就停下来看看，结果一堆人都来问我怎么走，其实我也是第一次来这个机场呀。之后我跟着大家在入关口前排队，排在我前面的是一对西班牙夫妇，好像不会说英语，纠结于自己名字的拼法足足有二十多分钟，旁边的队都在前进，就我这队半天都没动一下，我无法形容当时的焦虑心情。

终于轮到我了，工作人员用英语只问了我几个问题，我如实地回答。最后工作人员说："你英语已经很好了，欢迎来美国学习！"然后指着我身后说："你看那里有推行李的车，你可以把行李放在上面。"三分钟之内我就通过了，而且没要我的其他材料，还和我说推车的事……这些太让我惊喜了！

检查行李的地方有三张桌子，用栏杆标出三个通道，只有两张桌子前面有人。我推着行李车往前走，因为古琴太长了，尽管我非常小心，还是一边走一边撞倒了栏杆。我很无辜地看着海关的工作人员，继续往前走，继续撞倒栏杆……我走到一半，工作人员终于忍不住了，从桌子后面走过来，帮我把栏杆都挪开，还跟我说："我帮你把路弄宽点吧！"一边搬一边把我填的表接过去，然后指着古琴问我："这是什么啊？"我说："这是中国传统乐器。"他问："这是礼物？"我说："不是，我自己弹的。"然后他什么也没有说、没有检查，直接让我把行李全推过去了。也就是说，我连停都没有停，我们一边走一边说，就直接过去了。早知道古琴这么容易过，我就多带一些别的了，当然这只是玩笑话。

我提前了一个小时来到登机口，美国人是很随和的，起飞时间都过了，我们还没登机呢，据说是因为其他航班有转机的人没到齐！

没想到转机的飞机这么小，随身的行李都带不进机舱，空姐让大家把随身行李统一放在一个架子上，然后放在飞机底部。飞机一共能坐四十个人左右，比我想象的还要小，里面的布置和中国的公交车差不多。飞机上有两个驾驶员和一个金发碧眼的空乘，一排三个座位，我坐的是一个单座，大家就坐在那儿等啊等啊，又过了几分钟，金发美女点着人头数了数，和驾驶员说了一声"人齐了，走吧"。然后飞机就起飞了。真有意思，怎么那么像北京过去的小公共啊！小飞机起飞比预计晚了四十多分钟，而且中间还停靠了一站，很多人都下去了，只剩下四位乘客：一对母女、一个美国军人和我。

一路上我几乎没怎么说话，飞机降落的时候，那个美国军人向我微笑着还竖起大拇指，这是对我只身一人来到这个小地方的勇气表示赞赏吗？一定是的！

美国妈妈如约来接我，我看了一下手表，是美国东部时间 24 日凌晨十二点十分。也就是说，我并没有提前，表格上写的是 24 日到，我到的时候刚好是 24 日，而且只过了十分钟。

AYUSA

• 学校篇 •

体验美国名高中

林琳|档案

我是宏志学校的学生，2005年成为爱优生。我的性格开朗，好奇心强，乐于主动探索世界，喜欢通过与各地人们的交流了解全新的文化与生活方式。我的精力旺盛，接受能力强，所以爱好较为广泛，很少有完全不喜欢的事物。我接受过很多帮助，也愿意向他人伸出援手。我坚信爱心应该不断地传承，我也会尽己所能使“爱之链”一直传递下去。

我在美国的学校是位于科罗拉多州的道格拉斯郡高中，学校有一百多年的历史，二千四百多名学生，是当地出名的好学校。

【重视文体活动】

我的美国学校很重视学生们的文体活动。在老师的指导下，一年中由学生们出演了七台话剧及音乐剧，所有布景、道具均由自己设计、制造，共计三十多场演出。我在学校里参加的一个音乐剧，叫做《雨中曲》。在另外的一个音乐剧里，我负责帮助搭建后台；再加上十多场音乐会，一场大型舞剧，以及其他的各种舞台表演和艺术展览，同学们最少每两周就有一次文艺盛宴。我最喜欢的是踢踏舞，是在美国学校里学的。我还参加了学校的乐团。我们的乐团是华盛顿州内最大的，有 120 人。在西雅图每天都有三四场演出。

在体育方面，每位同学都是学校球队的铁杆球迷。学校的二十多个运动队几乎每天都有一项比赛。大家都知道，在美国最热门的一项运动是橄榄球，而去年最让全校师生引以为豪的就是学校橄榄球队赢得了州际冠军。决胜局是在可容纳八万人的丹佛专业橄榄球队球场里进行的。地方电视台还对其进行了现场直播。当天的气温在比赛前骤降至零摄氏度，可同学和家长们还是早早地来到球场，穿着代表学校的紫色衣服为队员们加油鼓劲儿。记得赛后丹佛电视台的记者特意来到学校采访，对我们说她一辈子也没见过那么多的紫色。其实我觉得这里面体现的倒是一种作为这所学校学生的集体意识和自豪感。或许也正是因为学校一年当中有种类如此之多且同学参与积极性如此之高的活动。学校每月的校报办得红红火火，年终由编辑团队设计创作，而最终印刷精美的校册也极为抢手。

【不放松安全教育】

学校对学生们的安全教育从不放松。记得刚开学不久的一天，警铃突然响起。正当我一头雾水的时候，同学们陆续走出了教室，站到教学楼外面开始聊天。我连忙问了问身边的朋友，她说这是学校发出的警报铃声，一旦学校里有什么危险，铃声就会启动。这次不清楚是演习还是真的哪个地方出了情况。果然不一会儿，广播就通知大家危险排除，可以回各自教室了。在大型活动前的动员中，老师们也多次提到安全问题。甚至有一次，请来了发生车祸死亡者的家属用图文并茂的方式来讲述自己的体验。大会上，校警也一直在会场内坚守岗位。

【学习重在实践】

我认为，中美中学最大的不同就是，中国一个班的同学坐在同一间教室里面，老师到各个教室讲课；而在美国，同学们根据自己的需求，选择自己的课程，轮流到各科老师的教室里面上课。这样的好处在于每一位同学在九十分钟的课后都有一个起身活动的机会，在不同的教室结识更多的朋友，并且老师可以根据自己所教科目的不同来布置教室。而弊端是大部分同学在下课前的最后几分钟都会注意力不集中，想着收拾东西赶到下一间教室——毕竟，有时连着的两节课，教室却分别在两栋教学楼里，就是快走也要五分钟左右，七分钟的课间除了跑教室，别的什么都干不了。

学校提供的选课余地很大。开学前，我的一个烦恼就是不知道怎样从学校提供的两百多项课程里选出自己仅能在一年间学习的最多 14 门课。最后，在学校顾问的帮助下，才找到了对自己最实用的一些课程。我在这一年内所选学的课程有：少儿心理、陶艺、世界文学（全年）、戏剧（全年）、代数（全年）、美国历史、计算机编程、百老汇舞蹈、天文、助教和职业生涯。由于知道自己回国后要重新读高二，所以我并没有在选课时注重国内这边可以学到的理科。这也给了我更多的机会去学习一些新鲜的、自己感兴趣的、与美国文化有关的、实用性强的科目。我在所选的各个学科中均拿到 A 的成绩。

在陶艺课上，我做的烛台在美国的几个州巡回展出，用工具细心雕琢了足足二十多个小时的龙首也被拿到学校的艺术展览上展出；世界文学课上，我为两个班的同学讲述了中国诗文的博大精深，并且陈述了自己对古诗翻译中出现问题的见解；美国历史课上，我用自己的实际行动改变了老师认为外国交换生学不好美国本土历史的看法；天文和职业生涯课上，老师们惊叹我的口语程度，并说我这个外国来的孩子学得比本土的学生还好；计算机编程、数学和助教课上，老师们对我给予的帮助给出很高的赞赏……

大家可能对于美国的学习方法比较感兴趣。在那边，说是自主学习，老师不追着大家交作业，但不论为这个学科做了什么，老师都会记录在册。最终，自己平时的学习态度将极大地影响期末学科总成绩。美国的老师们都很重视实践——学到的知识都是要运用到生活当中去的嘛。在少儿心理课上，老师曾让我们设计少儿教育宣传册、做出自己对幼儿园的布置方案、把用电脑控制的小宝宝抱回家来照料、参观附近的托儿所；美国历史课上，老师让我们通过对历史人物的访谈发现问题、针对一个历史阶段的情况写出国策、将几十年的历史事件及人物结合起来画时间轴；数学课上，一旦有关于函数的题目，老师都会让我们运用图形计算器看函数图像；计算机编程，我们只编游戏程序；天文课，我们用了一个月的时间，天天晚上看月亮，画出它的圆缺变化、半夜三点起床，依据航天局的准确报道，找出闪烁的人造卫星；职业生涯课，我们会采访各行各业的普通人、找一名专业人员来跟他上一天班、系统地职业调查后用近三个月的时间写报告……这样的教学方式，一个字——活！

但是我并不觉得值得我们中国完全借鉴——因为国情不一样，两国教育系统的着重点也不一样。相对来讲，美国的十二年义务教育中，学生升学压力并不大，他们有时间，也有精力在课余去完成自己想做的事情。学学玩玩，十二年就过去了，基础知识却并不见得扎实。我的一些美国同学都存在拼写的错误，理科对计算器的依赖更是达到了极点。

【课外生活】

我的课余生活也很丰富。虽然所在的科罗拉多州海拔比较高，我没有参加任何体育运动，但是在别的方面我还是有着比较大的积极性。再加上美国接待家庭的支持，一年下来参加了不少的活动。

由于美国接待家庭是虔诚的基督教徒，每周一定会进行的是教堂的礼拜。把宗教信仰放在一边不说，我学到最多的是做人的道理，收获最大的是对生活的感悟。礼拜的过程也并不像我从前想象的那样，周日上午大家聚到教堂默默祈祷。而通常是由几首轻松的歌曲开场，继而牧师从《圣经》中挑出一段文字，结合生活实际为大家细细讲解。这期间，小孩子们被带到学班里用听故事、做手工的形式对基督教进行了解。最后才是简单的祷告，一曲音乐结束礼拜。

除了教堂的定期活动，我把不少的时间都花在了舞台上。除去上戏剧和舞蹈课，第一次上台是参演一部音乐剧，由学校老师导演。《雨中曲》是这一年间最大的一场音乐剧，从最初的面试、定角色，到最后的七场正式演出，之间经历了足足三个月的时间。这三个月内，所有演员必须每天在放学后留在学校排练；再加上有时为了制作布景、道具，周六来到学校一整天，没有足够精力的同学是无法从头到尾把一场戏演下来的。第二次是在教堂里演短剧，我当了一次主角。第三次是在镇里的剧团帮忙，没有演戏。我和大家一起搭建布景、替换舞台场景。这些事情听起来很简单，但真正要动起钉子、改锥，搬起几十斤的箱子，我还真受过几次小伤——幕后人员可不好当呀！身着一身黑衣在没有灯光的舞台上搬着东西跑来跑去，抑或是藏在幕布后偷偷观察演戏的进度，心里想念的还是在舞台灯光下迸发艺术火花的痛快淋漓。还有一次，我参加了学校一年一度的舞剧，最终却由于演出前突然发烧而无法参加准备了一个多月的演出，又一次深刻体会了“身体是革命的本钱”这句话的含义。

在课余时间，我还在一所小学里做过数学助教、帮助过有困难的人看孩子、在亚洲文化社团里宣传过中国的文化……每一项活动，不论对我自己是否有挑战意义，看到他人从中获得了或多或少的益处，满足的感觉就会从心底产生。

【我眼中的美国】

美国人很重视文化知识产权。书籍以及音像制品的价钱都很高。无论学校里要演什么话剧，只要不是师生的原创作品，都要与剧本的出版商联系，申请话剧的排练、演出权。演出结束后，所有剧组人员的剧本都要上交，以确保无人对剧本的版权进行侵犯。我认为书籍和音像制品的高价也是同样的道理。就算是从网上下载一首歌曲，也要交上99美分的下载费。免费下载？在美国还真没听说过。

美国人很喜欢投诉。有一件事，身边的朋友们都喜欢拿出来开玩笑：一位女士在麦当劳买了杯咖啡，开车时把杯子夹在两腿间被洒出的热咖啡烫伤。于是她一纸诉状把麦当劳告上法庭，说他们卖的咖啡太烫了。有人或许会说这位女士完全是无理狡三分，可或许正是因为生活中存在着这样、那样喜欢“挑刺儿”的人，商家们的服务才日渐完善。

美国人很重视青年人的独立性。这一点主要体现在孩子们外出打工上。我所认识的美国高中生朋友们，只要年龄在 16 岁以上，基本上都在校外至少有一份工作——不论是在餐厅、快餐店里做服务生，在超市里收银，在专卖店里卖衣服，还是课余时间在家长的工作单位帮忙，总是有一些事做，手头有一些自己赚来的“辛苦钱”。尤其是在长长的暑假，没有任何暑假作业的同学们谁也不愿待在家里消磨时光，平时冷清的商业街就热闹了起来——同学们在店铺里打工，挣了钱就又会在商业街花掉。这样一来二去，在一定程度上带动了周边的经济。但是话又说回来，对于我们中国孩子来讲，高中阶段还是先好好地学习吧。要独立，咱们不差那两三年。

美国人对宗教信仰很重视。大部分人都是基督教徒，但也有天主教、摩门教，甚至佛教等，宗教的种类很多。令我震惊的是，美国这种“基督文化”影响非常深。据我所知，单科罗拉多一州，就有两个基督教电台。一直以来，有关基督教的电影、电视节目在电视上非常容易找到，教会学校也越建越多。基督教的音乐、书刊就更不能以数量计了。小孩子可以看到有关基督教的动画片；年轻人可以看电影，听各种各样的教会音乐——而且保证足够前卫；年纪再大一点的，有深入研究《圣经》的指导书、指导影碟。对于很多人来讲，《圣经》是他们这一生当中最重要的书籍。而在我这个“外人”看来，基督教的种种已经成为了美国一个非常重要的文化产业，各个年龄段的人都可以从中找到适合自己的东西。同时，这个产业也极大地推动了美国经济以及慈善事业的发展。

然而，这其间似乎也有一个问题，就是宗教与科学间的冲突，信仰基督教及其相关宗教的人们，对《圣经》中的一字一句都会深信不疑。于是，达尔文的进化论被很多人看成是无稽之谈，他们怎么也想象不了自己是从猴子“进化”成的。教育部门“大胆”地将上帝创世纪这部分从教科书中删除，而只保留进化论的部分，这一创举被不少基督教徒贬得一无是处。最令我震惊的是，天主教的人们，在五十年前才把“地心说”放弃。面对这种情况，不少教徒科学家们在非常努力地尝试将宗教与科学联系在一起，给科学一个“宗教的说法”；不少相信科学的教徒们，也在试着给宗教一个“科学的说法”。相信会有一天，宗教与科学会找到它们之间的平衡点。

美国人日常生活中所用到的东西，不夸张地说，至少90%都是中国制造的。这样看来，美国政府让人民币升值的想法也是很容易理解的了。虽然是这样，美国语言专家却认为最重要的一门外语是日语，他们给出的原因是，中国虽然是一个出口大国，但出口的产品大多是再简单不过的日用品。说白了，中国的人力及原材料便宜。而日本是一个国际金融的聚集地，现代生活最需要的高端科技在那里蓬勃发展。听了这些话，身为中国人的我们肯定是有些不服气的，但是仔细想想，人家说的也是很有道理的。因而，要改变世界人对中国的看法，我们还是要付出极大的努力。

美国的残疾人事业做得很到位。无障碍设施处处都有——公共场所的门口都没有台阶或门槛，反而在门口几步之遥的地方，都有一个较低的大按钮，按下去门就会自动打开，给独自出行的坐轮椅人士提供了极大的方便；公共汽车上都有专为轮椅提供的大门及坡道，在需要时很快就可以打开；超市里有专为腿脚不方便的人们提供的电动购货车，老人及肢体残疾人们可以开着电动车，把购买的东西放到车前的筐里，既方便又省力；不论到哪里，残疾人都有自己单独的停车位，处于离大门最近的地点……在这一年里，我发现，所谓的“弱势群体”在美国并不处于弱势。有了齐全的硬件设施，各种各样的残疾人与正常人在一起上课、工作。

在我学习的美国高中里，我就见过肢残和盲人同学，还有不少智力残疾或精神残疾的同学。他与别的孩子一样，细细体验着美好的高中生活：肢残的那位同学还做起了其他同学的学习顾问；盲人同学在田径队里表现出色；有智力残疾和精神残疾的同学宁愿花好几年的时间，也要拿下高中毕业证……

美国课堂笔记

祖健|档案

今年16岁，毕业于北京市陈经伦中学。我于2010年9月4日作为一名留美交换生来到美国加州，开始了为期十个月的美国生活。我喜欢体育，擅长短跑、跳远、跳高、乒乓球和篮球。平时爱好羽毛球、滑雪、旱冰、高尔夫和咏春拳。可以说我是一个运动型的阳光男孩。我也酷爱读书，学习努力，在美国也取得了不错的成绩。我还参加了高中篮球队，体验了一次团队竞技的快感。

经过漫长的行前挣扎，9月4日，我终于登上了前往美国的飞机。我去的是一个小城市，叫克洛维斯（Clovis）。由于没有直达的飞机，我只好到旧金山转机。走出洛杉矶国际机场的那一刻，我明白了，我已经彻底离开了我的家人，我的同学，我的老师，只身一人。接下来的一年就要靠我自己了。OK！是我展现自己的时候了！

【上学啦】

早上五点半，我紧张地起床了，赶紧去冲了个澡，准备迎接我的上学的第一天。六点半，我和罗纳多出发了，因为姐姐梅根七点有一个教堂课，所以美国妈妈得送她，而今天是我们第一天上学，美国妈妈得跟我们一起去，所以我们也得走得早。正好，教堂旁边有一个商场，我们正好可以买一些我们上学需要的东西。我买了一盒水笔、四根自动铅笔、一盒铅、一个小本，这些东西就花了我 13.79 美元，约合 80 多块人民币，美国的东西可真不便宜啊！

梅根的课在七点四十左右结束了。美国妈妈载着我们驶向学校。路上美国妈妈告诉我们，昨天选的课还不是最后确定的，今天还要再选一次，然后打出课表，就可以上课了。

我们的学校不算很大，但到处都洋溢着欢乐的气氛。到了学校办公室，一个叫亚当（Adam）的老师接待了我们。她不胖不瘦，一头金发，脸上永远带着慈祥的微笑，这让我的紧张感顿时消失了，感觉非常自然。于是她带着我们选课，最后我的课表敲定了，有生物、英语提高、多样体育（每天一个体育项目，很刺激的）、高级代数、英语文学、美国历史、篮球队。而且鉴于我在国内刚读完初三，所以只能把我安排到高二，也就是二年级（sophomore），这让我感到无奈。而罗纳多分到了高三，以后我们没法一起上课了。选完课，我把一个带有京剧脸谱的中国结送给了亚当。她非常高兴，谢了我一遍又一遍。哈哈！真好！一系列事情都完成之后，一个当地学生开始带我们熟悉教室，他好霸气啊！一条超肥的牛仔裤，一个带有骷髅图案的黑色 T 恤，脖子上围着一条牛仔围巾，配上一头金色带卷半长发，头发里还插着一副墨镜，给人一种有威慑力的感觉。但他人很好，带我们熟悉每个教室，丝毫没有厌烦的情绪，真是不能以貌取人啊！

教室熟悉完了，正好这时是第三节课下课，接下来就看我们的了。我的下一堂课是数学课（高级代数）。由于熟悉了校园，我很快就找到了教室，只见门口站着一个穿着白色 T 恤，一头金发的老师，这就应该是我的数学老师了吧，我走上前去，做自我介绍："老师好！我是来自中国的交换生，叫我彼得就行，很高兴见到您！"老师很热情地说："哦，我知道你，欢迎你到美国来！"然后把我带进教室，给我找了个座位，是第三列最后一排。我坐下后，他就把我介绍给大家，突然，全班同学的目光都朝我聚拢过来，齐声说："你好！彼得！"我朝大家挥手致意，然后很绅士地笑了笑，很多人就开始向我做自我介绍，可惜我一个名字都没记住，不是我不想记，而是太难了，那么多个名字同时朝我涌过来，这感觉无法形容！

接下来大家就开始七嘴八舌地议论起来，“你们那现在有多少人啊！”“你们出行是骑熊猫吗？”各种各样的问题向我砸来，我只好一个个地回答。看，我就是这样在上学第一天扰乱课堂纪律的。好不容易开始上课了，可一上课更让我大跌眼镜。都高二了，刚学到二元一次方程，而且他们做题的速度超慢，通常是我答案都写出来了，美国同学还没看懂题呢，每当他们发现我做完了，都会大声惊呼，惊呼什么我都听不懂，然后又开始议论起来，没办法，我在无意之中第二次扰乱了课堂纪律。这节课我们只做了五道题，都是二元一次方程。我在美国高中的第一节课就这样在快乐中结束了。

接下来是午餐，我和罗纳多边吃边聊着这节课各自的情况，在我们吃饭的时候，有好多当地学生主动来找我们聊天，向我们介绍他们自己，美国学生都很外向的。吃完饭，罗纳多去找他的教室了，我就在校园里四处走走，令我吃惊的是，很多人都知道我了，走在路上，总有人喊我的名字，问候着我，美国真是个神奇的地方！

下午的课开始了，情况和上午的数学课差不多，他们的反应都好热烈！特别是在英语文学课上，这节课的老师是一个超级胖的女人。当胖老师向大家介绍完我之后，我后排的女生反应热烈得让我感到惊恐，她们争先恐后地向我喊：我是 XXX！我是 XXX！结果我仍然一个名字都没记住。只能保持着我特有的绅士微笑，一遍一遍地说：“很高兴见到你！很高兴见到你。”真不知道我是长得太奇怪呢？还是长得太帅呢？这真是个问题。

但当我结束了下午的两节课，也就是英语文学和美国历史后，我感到更多的是压力，因为上课就像听天书一样，有一半内容听不懂。这可怎么办？我得想想办法。

最后一节课是篮球训练，我因为是第一天上学，没有带篮球服，这节课只能看着，熟悉一下。这样也好，可以让我好好欣赏一下真正的美国高中篮球。这可是我梦寐以求的啊！他们更注重团队配合，而不是靠单打独斗，看来我要在这方面好好努力了！

到了下午 3 点 05 分，一天的课程结束了，也很轻松，作业也不多，可以说是非常圆满。第一天我就交了很多很多的朋友，我的下一个目标就是要记住他们的名字，虽然任务很艰巨，但是我会努力的！

【课堂上】

今天上生物课时我明显地感觉到了自己的进步，因为我已经能听懂老师讲的大部分内容了，这证明我的英语水平又进步了一节。而我今天也才真正发现了美国课堂的魅力所在。

在美国的课堂上老师和同学都非常放松。在今天的生物课上，我发现，有站着听课的同学（不是罚站），有躺在椅子上的同学，有把脚放在桌子上的同学，也有两人坐一把椅子的情况。就连老师罚同学都很有礼貌，今天上课的时候有一个同学老说话，老师管他好几次他都不听，最后老师好像急了，非常和善地说："请你出去好吗？"我当时吓了一跳，这是商量呢还是罚呢！结果证明是前者，因为那个同学面带微笑地说："当然可以！"于是，那个同学悠悠哉哉地晃出去了。我真的打心眼里佩服老师这样过人的忍耐力，那位同学可以称得上是惊人的厚脸皮了，要换是我肯定做不到以上的几种情况，也许大部分中国学生都不会。

今天上数学课也让我大开眼界，今天讲的是方程应用。其中有一道题是关于香蕉和梨的，刚念完题，老师就从她的包里拎出一个梨和一串香蕉，对我们说："看！就是这样的！"说完，她就放回去了。我突然觉得老师好可爱，希望这些东西不是她专门买的。后来又做了一道相遇问题的题，老师又像变戏法似的掏出两辆电动玩具小汽车，放在地上跑，但小汽车老不听话，老歪着跑，于是，让它们跑了一会之后，老师又放回去了。哈！我真是越来越喜欢美国课堂了！

下午的历史课是我今天最难忘的一堂课，这节历史课是"点号答题"，每人一个白板，一根白板笔，一个座位号，游戏就可以开始了。老师手里有一大堆题，每出一道题，知道答案的就写在白板上，不会的画个问号。老师开始点号，被点的同学答题，也就是举起手中的白板。答不上来扣一分，答对加一分。如果一个同学不知道或答错了，老师就接着点号，一共点三次，如果最后还没有答案就抢答。加的分对期末成绩有正面作用，所以每个人都很激动、很努力，我刚来一个星期，还什么都不知道呢！扣了分，多冤啊！只有我默默地祈祷，祈祷老师别点我的号。可祈祷没起作用，没过多久老师就点到我了，我只好无奈地举起了我的问号，可接下来，老师说了一句让全班同学都沸腾的话："给彼得加一分！"全班都达到沸点了，我也是，然后老师开始解释了："彼得刚上了一个星期的课，他敢于说不知道就值得鼓励！"我的天呐，这是什么情况？谁会对说不知道有恐惧感啊！不会是瞧不起我吧！但是，我还是打心眼里感谢这位老师，谢谢他的鼓励。

游戏还在继续，快结束的时候，老师竟然又点到我了，难道是老师改主意了，想把给我的一分再要回去？我又怀着忐忑的心情接了题，题的答案我居然知道！是因为这几天我回家看历史书的时候正好看到了这一段，我简直都快飞到天上去了，赶紧把我已经准备好的问号擦掉，在老师和同学们的注视下颤抖地写下了正确答案。"干得好！彼得！加两分！"老师的声音好像有点激动，他的话让全班同学第二次达到了沸点，我也是，这个破例可破大了！这样一来我就有三分了，天啊！我是今天得分最高的！

【有趣的返校节】

返校节(Homecoming)是美国学校特有的一个节日。在这天，我们要在老师中选出一个返校节皇后，在同学当中选出一对返校节国王和皇后。还有一个橄榄球比赛，比赛之后还有一个舞会，是非常有意思的一天。

放学后，老师的选秀活动开始了。我们在拉拉队员的夹道欢迎下进入了礼堂，礼堂被布置得很有味道，地上铺了一条红地毯，红地毯两边插着两排氢气球，礼堂四周墙上也挂满了彩花，一派喜庆祥和的气氛。

很快的，在橄榄球加油会后，老师选秀正式开始了。当老师们入场后，我们都傻眼了，参加选秀的一共有五个老师，我认出来的有两位，其他三个我不知道是否认识，因为打扮得太让人“心惊胆战”了，其中一个老师赤裸上身，只穿了一个粉色的小肚兜，戴着一个粉色的假发，穿着一条白色小裙子，而且还很胖。另一个老师差不多也是一样的打扮，肚兜，假发，裙子，很胖。当我知道这两个老师都是快要秃顶的男老师时，我被彻底打败了。其他三个都是女老师，这个是可以肯定的。其中一个披着虎皮斗篷，脸上画得花花的；另一个什么打扮也没有，本色出演，这个我认识；最后一个围着一条闪光带，这是我的数学老师。这个活动有三个裁判，坐在一个长条桌前，场面就像美国著名的电视节目《美国达人》！看着很正经，但过程就不那么正经了，选秀一共分两关，第一关是走台，也就是走猫步，看他们走得千奇百怪的，特别是那两个男老师，走到评委前面时还把裙子一掀，冲着评委扭屁股，别提多滑稽了。第一关过去，那个披虎袍的老师被淘汰了，场上剩下了四个老师。第二关是唱歌，依然是他们一贯的风格，唱成什么样的都有，有把乡村唱成摇滚的，有把摇滚唱成乡村的。但都有一个特点，就是都不在调上，就算没听过这个歌的人都能听出来他不在调上，你说有多神奇！最终的结果却是让人出乎意料的，那个粉色假发、粉色肚兜、白色裙子的秃顶男老师靠着一首被他唱得地动山摇的 Lady 嘎嘎的歌曲获得了 2010 年的返校节皇后！

随后，在橄榄球赛中间，我们又选出了学生中的返校节国王和皇后，碰巧，两个人都是我的好朋友！

体育：打开美国人心灵的钥匙

肖澍|档案

我是2007—2008年度的爱优生。去美国前就读于北京市人大附中。在美国就读于肯塔基州（Kentucky）路易维尔市（Louisville）当地最好的私立学校——路易维尔学院学校（Louisville Collegiate School）。我现在在美国明尼苏达大学（University of Minnesota）攻读经济学文学学位。一年的美国高中生活教会了我独立，告诉了我如何交友，如何看待竞争。同时，也感谢爱优生给我一个独特的机会，用大多数留学生没有的视角审视美国，了解它光环背后的一面。

说起来我与爱优生结缘还要感谢我的父亲。依稀记得那是个很平常的周日下午，父亲用很平淡的口气告诉我有个机会可以让我去美国念书。也许是当时还小，也许是对美国学校的不了解，我也很平静地答应了。没想到这样的平静却开始了接下来重重的挑战。

与刘教授的几次见面让我对这位满头银发却又精神无比、讲起话来慷慨激昂的台湾老人产生了无比的敬佩。一次聊天中，他教给我“priority”（意思是优先的，首要任务）一词，我一时茫然，不明其意，更不明白这词的含义。他说，到了美国处处都会有你不懂的词，这时候用耳朵记就是最重要的。不求第一次把它们都记住，但之后再听见就会慢慢地理解了。他还说，选择好“首要任务”也是在美国生存的关键，有取有舍，不断地丰富自己。这些年在国外不断地拼搏，坚持给自己制定目标和任务，也多亏了他的指点。

【爱优生文化营】

在去美国肯塔基上高中之前，我先参加了洛杉矶的爱优生文化营。也许是那时爱优生文化营刚被介绍到中国，也许是出于不了解，抑或是考虑想和家人多待上些时间，再或是因为三周千元的费用难以让所有人接受，当时报名参加的只有我们一行七人。比起台湾的五十人，韩国的七十人，日本近百人的团队，我们在爱优生文化营里显得微乎其微。但也倒是没有给我们“抱团儿”的机会，我们很少能见到彼此，大部分时间都是跟新结识的不同国家的朋友一起度过。

爱优生文化营说白了就是美国高中生活的压缩版。在这里我们不仅对美国文化、社会、学校以及学校课程有了全方位的了解，而且在学习生活过程中结交了来自世界四面八方的朋友，更开拓了我们对世界的视野。

清早起来去上课，下午回到宿舍完成作业，晚上就成了各国高中生用蹩脚甚至相互都不能完全理解的英文谈天说地、谈情说爱的专用时间。人家都说检验语言能力的最好方法不是考试，而是吵架。我也为了点小到已经记不清的小事和文化营当地雇来管事的人大闹了一架。虽然得到了不少法国同学的支持，但最终还是以拿到了两封爱优生总部发给我的警告信而告终。虽然给刘教授带来了点有惊无险的小麻烦，但也算是给我留下了不同的经历和感受。三周在洛杉矶的学习生活短暂而丰富，可以说爱优生文化营是国内高中到美国高中以及之后学习工作的必要台阶。

【篮球场上的对手与朋友】

如果说爱优生文化营是打开视野，适应美国的育婴房，那么离开明媚温暖的加州来到肯塔基则是婴儿迈出襁褓的第一步。路易维尔学院学校（Louisville Collegiate School）是一个全校加起来不到300人的学校，其中绝大部分学生出身于当地医生、律师一类的上层社会，而且他们当中有一半以上是从学校的幼儿园一直上到高中毕业。

当时我的英语还不够好，想要融入学校这样一个小社会要比任何一所公立学校困难得多。在我看来，打开美国人心灵的最好钥匙就是体育，因为在球场上我们不仅分享着共同的目标和信念，更重要的是我们面对着共同的对手。而对手便是磨炼友谊的最好工具。一年里，我参加了学校冬季的篮球队，春季的棒球队，随队征战肯塔基州的各个强队劲旅。在数不清的汗水与欢笑中我与队友的友谊日渐加深，终于留下了不可替代的记忆。

很多年过去了，那段在路易维尔高中的分分秒秒也只能偶尔与朋友聊天时，才能片段式的、零零碎碎的被拿出来炫耀一下。每每看到朋友的笑容、羡慕的目光，我对拥有这独特爱优生经历的虚荣心也得到了小小的满足。然而，那些不为人知的痛，那些青涩到想起来自己都会笑的小故事却又在虚荣心得到满足的同时，落上了时间的灰尘。

6英尺2英寸高的克里斯（Christophe）是从德国来的交换生。在别人眼中，他帅气、阳光、受人欢迎、聪明，甚至在那个班级平均分C的最难的美国历史考试中他居然拿到全班最高分A。

在来到美国之前，我还从来没有转过学。小学住校六年，初升高也进的是本校。所以从小到大，不能说在学校里尽人皆知，却也有着很广的朋友圈。在这样的暖房里成长起来，慢慢地也就没有了主动交朋友的习惯。刚刚来到一所陌生的美国学校，加上对陌生环境的畏惧，也就自然有了很强的不适应感。同样是国际交换生，同样是处于陌生的环境，克里斯却很受欢迎。凭借着不错的英语，冒失但又无谓的微笑，他很快就在新学校里小有名气了。

日子就这么一天天的过着，虽然开始时我和他在完全相同的起跑线上，可在这场心中暗自的较量中我却被落得越来越远。学校不大，这个活跃的德国大高个也就经常出现在各个角落。课上，老师喜欢听他风趣的言论；课下，他又在楼道里跟朋友聊起前一天晚上的派对；更是不时地有从角落里冒出来的低年级的小姑娘，用夸张的微笑和手势与克里斯搭讪、寒暄。就在我对他看来是那么遥不可及的时候，冬天来了，篮球赛季开始了。

虽然克里斯高出我将近两英寸，从小学就酷爱运动的我在篮球场上却是游刃有余。记得赛季开始之前我就与篮球队的多名队员有过交锋；除了队长之外，没有几个能成为我真正的对手。这样自然而然地我也就被光荣地选为篮球一队 (varsity team) 的一名“新秀”。与此同时，“大个子”克里斯却坐在了篮球二队 (junior varsity team) 的替补席板凳上。每天我们在同一个更衣室换衣服，却在不同的球场接受着不同的训练。三个半小时的训练虽然让人体力不支，但是每次回到更衣室我都像胜利凯旋一样心中暗喜，在我与克里斯的竞赛中，我终于领先了。

但是好景不长，赛季开始后的几场比赛，我们球队输了一半。我当时英语不好，不能完成教练的指示，也无法在比赛中及时和队友交流，打得也不尽如人意。一天比赛后，教练告诉我，我被调到了二队，原因是现在还不能适应一队的打法。一阵心痛过后就是无比的懊恼，倒不是因为被人踢掉的羞愧，却是因为痛恨又被拉回到与克里斯相同的水平线上。

来到二队，我发现克里斯已经和这里低年级的队员打成了一片。队员和教练都喜欢他的活泼开朗，克里斯也从当时的替补打成了首发。因为场上位置不同，我也能有机会和他同场比赛。奇怪的是，无论我如何努力进球得分，主场观众总是置之不理，而克里斯一拿到球他们就开始欢呼。观众越是欢呼，克里斯打得就越来劲；我也越发不愿意传给他球。可一味地单打独斗却让我越陷越深。每场球赛我似乎不仅在与对方竞争，也在试图与克里斯一决高下。

训练一天一天地进行，比赛一场接着一场的打，转眼来到了赛季的最后一场比赛，按照惯例，我们将迎战的对手是肯塔基国家日学校（Kentucky Country Day School）。

印象中比赛从一开始就焦灼地进行着，比分也在这场双方实力上下的较量中拉锯式的上升。我也在一如既往地带球孤军奋战，留下其余四名队友分工合作。场下观众也如坐针毡，纷纷为支持的队伍摇旗呐喊。不到最后一刻谁也无法预测比赛的胜负。

读秒器眼看就剩下最后的 30 秒，学院学校落后一分。

底线发球，我们掌握了球权。后卫运球到三分线，篮球在场中倒手。对方紧逼防守下，球传到了我的手里。我运球突破，左冲右撞来到了篮下。时间只剩下 10 秒，急于出手的我纵身一跃却陷在对方的防守阵中。内线三名防守队员同时把我封得严严实实，这时已经没有了出手机会。没有时间后悔，我做出了我的决定。球从人缝中被我传了出来，传到了我从来没传过球的人——克里斯的手里。随着蜂鸣器的响起，篮球应声入网，就像做梦一样，我们赢了。

全场观众爆炸式的沸腾让我和克里斯拥抱庆祝。第一次，我从篮球里学到了球场外的东西——信任和团队。也许有的时候给予帮助、信赖队友与得分赢球同等重要，同样值得尊敬。

从那之后，我心中和克里斯的较量缓和了不少，我也努力尝试地去融入，与他成为了朋友。之后我们还联手共同赢得了学校的物理实验比赛。他一直受到老师和同学的欢迎和重视，我也从那时开始努力尝试变得宽容和友善。

【从艺术到社区】

我在路易维尔其实也算是全面发展。在打篮球的同时，我还报选了学校的艺术课。之前早已听过说，同样是画苹果，中国老师就是一笔一笔地按步骤教学生画，而美国老师会让学生自由发挥等等讽刺中国教育的话，真的到了美国却也不得不赞叹人家对艺术的投资和对创新的重视。

艺术楼是与主教学楼分离的独立建筑，教室里除了各种尺寸型号的画笔、质地不同的颜料、最新苹果电脑与摄影摄像设备之外，剩下的就是散落满地的学生留下来的作品。没有任何正式的关于美术绘画技巧的授课，而一学期给我的任务就是完成一个个人代表作品选集(art portfolio)，并在每幅作品完成后撰写创作过程和灵感来源。在感性创作的同时，我们又有了理性思考和文字记录的机会，这在来到美国念高中之前是闻所未闻的。

艺术课不仅给予学生最自由的创作空间和最齐全的美术设备，而且还经常举办各类艺术活动。有时是参观艺术博物馆，有时是请当地艺术家到课上座谈。有一次，我们被当地小学邀请，用壁画装饰餐厅。一天下来，我们让光秃秃的餐厅有了适合小学生的气氛，也让小学生在就餐的同时对艺术、对色彩与自然有了更身临其境的感知。

“赶场”上课

郑壮壮|档案

上完高一以后，还没完全自立的我因为种种原因决定参加爱优生项目去美国高中学习一年。作为标准的“小留学生”，来自父母、老师从小到大对我的做人、品德上的教导让我和美国的接待家庭以及学校的老师和同学相处得十分融洽。而一年的交换时光，体验美国文化的生活不仅给我留下了很美好的回忆，还让我对中美文化的不同、美国生活甚至人生都有了新的认识。

开学了，我没有感到有什么不适应，不过还是难忘第一天入学时的心情。

走进教学楼满眼都是来去匆匆的外国人，顿时感到自己十分渺小，有一种不入流的、孤独的感觉。但是，很快我就能融入进去了，我知道我也是美国帕斯科高中的一员，我也和我的美国同学一样忙着“赶场”上课。

【自由选课】

我所在的学校里，学生一天可以有 10 节课，从早上 6:50 到下午 5:00 的“零”到

第九节课。因为每节课持续一小时，所以被他们称为第一小时至第九小时。他们在问你的课程时都是问，“你第五小时是什么课？”虽然理论上可以有十节课，但绝大多数人每天只上6到7节课，只有少数人持续到第八节。他们有的只因为以前落下了课程现在需要补，有的是因为不幸运！当然也有可能像我一样同时修两个年级的课，所以课程特别多。

还有一种情况与中国的学校不同，就是选课自由。当然，你不能选一天全上同一次音乐课，但你能选一节合唱课，一节交响乐，一节爵士……我行进乐队的一个朋友就是这么选的！当然了，每个学生都有必修课要学，想毕业就得在高中四年学完必修课。所以有些人拖到最后就不得不一天之内上好几节课！

在美国学校里还有一件特别的事。由于学生是自己选课，所以学校不能保证你每节课都能连着上。很有可能你选的某门课只在第九小时有，而第八小时没课，或好几门课之间都隔着一两个小时，这属于很正常的事。因为课程表多种多样，但课程或上课时间是固定的，一旦这种情况发生，学校会安排一种新课，叫做“开放小时”，就像我们中国学校的管理班或自习课，你可以提出申请去图书馆或电脑室学习。我在下半年就会有一个开放小时。很多学生受不了一天有几个开放小时，他们会有两种选择。第一，把开放小时变成上课时间，去上其他的课；第二，干脆删掉你开放小时后的那节课直接回家！我发现大多数学生会选择后者。

据我观察美国实行这种“赶场”式的上课方式，其实是一种节省！想想看，如果在中国，多收50个学生就得多安排一个教室，多请一个老师。但在美国不同，你可以给他们一节自习课让他们一边等着去！当然这还和美国教育环境十分宽松、学生没有高考压力、没那么多课程必须学，甚至没人拿上学当回事等等其他因素有关。但确实节省了校舍和投入！

美国学校里有顾问，他们帮助学生换课，还做许多管理工作。

【“挣”学分】

以上说的都是课程，接下来再介绍一下美国学生上课的表现。我所学的大部分课程都是毕业必修课，美国学生也必须要通过才能毕业，所以上这些课的同学都比较认真，基本类似中国学生——如果不看坐姿和一两个淘气学生的小打小闹的话。但也有例外，比如金融课就会比较乱，而且一看那学生的样子就不是刚刚学会如何乱的，而是已经养成习惯了。为何会这样？其实原因很简单：想通过一门课，要修够学分，但有一部分学分不是来源于考试或测验，而是来自各种各样刚开学时做的“问答卷”。这种卷子的问题都是关于兴趣爱好。不可思议的是，这些问题竟然有如此多的花样，能让我们每天做这种小卷子一直持续两个星期，之间还掺杂着老师带着大家讨论这些问题，一节节的课就那么晃过去了！

还有一部分学分来源于作业。最不能理解的是，如果你的家长参加家长会，你也能得到分数。就这样，还有的家长不来呢！如果哪天老师检查作业时发现你穿着学校主色颜色的衣服你就会得分，记笔记也会得分……好玩吧？最好玩的是每个老师都有自己不同的给分方式。总之都是想方法给学生加分。如果以上这些分你都拿到了，居然还缺 10 分、20 分的才能通过，之后还有两三个每份 100 分的考试卷等着你呢，有的还是开卷考试……如果你仍然无法通过的话，老师还会降低标准……如此令人啼笑皆非的学习情景，是培养人才还是制造蠢才？当然这只是一部分玩闹性质的课程。我所学的必修课里也有一些需要能力及勤奋的，不能把美国的课都想成这样。

美国学校有很多俱乐部，学校每年会给这些团队拨钱，重要的、流行的、学校的王牌队拨的多，相反就拨的少。我们学校拨钱最多的是“橄榄球”队。美国大部分学校都是如此。橄榄球在美国十分流行。听说有些高中的主力队员甚至能拿到工资！我参加的是行进乐队，也算拨钱多的了。费用包括表演用的队服、T 恤衫、乐器及各种道具。有时训练得晚了还管饭！这些都用的是学校拨的钱，当然前提是你得出成绩！相反也有社团拨钱少些的，但也足够给队员做件队服穿得美美的。

【参加国际象棋比赛】

国际象棋是我坚持学习了几年的业余爱好，到美国参加比赛的感受又有不同。

我接触的美国棋童水平总体来说较低，多数孩子的父母并不关心孩子学棋的成绩，一切顺其自然。其实我发现不仅仅是国际象棋，美国的学生参加任何一种课外活动，不管成绩多么优异也享受不到（他们好像也不需要享受）中国特色的“特长生加分”、“推荐、保送上好中学”的政策。而另一方面，不管成绩好坏，只要你愿意，各种社团活动都可以参加，既不必担心成绩不好被淘汰，也绝无“参加课外活动影响学习”之担忧。

在美国参加国际象棋团体赛，比赛规程和国内一模一样。我成绩好碰到强手的几率自然大，但比赛中还是能看到初学者“练棋”的情景，不拍钟的、乱走子的、瞎记录的……当然也有棋力真强的，特别是一些上初中的小孩儿。他们本身脑子快，又有很多业余时间下棋，水平就是不一样。我们队有一人就 1:3 输给了一个初中生！其实比赛前我还跟队友们说，和小孩下棋，要注意靠稳取胜。他们虽然聪明反应快，但年纪小性子急，一般坚持不了很长时间，那帮哥们儿一个个点头说是。可等到真比赛时，稀里哗啦，中套的中套，喂子的喂子。比赛要算集体分，我一人孤掌难鸣，唉……

还有一个感受就是比赛中体现的“科技含量”。我看见一个老师带来的笔记本电脑中安了一个复盘软件。只要打开它，就会出现一副棋，用鼠标移动棋子复盘，电脑会自动思考计算，分析对方的意图和潜在威胁，甚至给棋手提出建议！我当时都看傻了。一般棋手最多能思考到 8 到 9 步，而用电脑复盘，棋手所有的算盘都经不住电脑强大的运算能力。这等于现场有一个优秀的老师，而且是不仅仅会复盘分析的老师！我现在理解世界冠军为何会输给电脑了，有一天电脑真的会超过人类？

还有个好玩的事——“人出名就是麻烦”！我发现有好多人都认识我了，还有两家美国人邀请我去他们家下棋，一家我只是认识，另一家则从来没见过。当然我表现得彬彬有礼。因为虽是小小的比赛，毕竟这里就我一个中国人，我特别想给我的祖国争光啊！说到排名也有意思，在美国下棋的学生都有一个排名，是在学生界的排名。我因为上周参加了个人国际象棋比赛，所以也有等级分啦！起评分是 1000 分，我现在有 1440 分。那次比赛我总排名第三，前两名都 1500 分左右，不过他们都下了很久，在美国“记录在案”网上显示的已经下了 300 盘左右，而我一共只在上次比赛时下了 5 盘棋！所以我比较有信心，我觉得我实际水平分数应在 1900 ~ 2000 分，而满分是 2400 分。

融入美国校园圈

向世璇|档案

通过爱优生组织，我有幸考取并获得了赴美留学一年的机会，就读于华盛顿州三城市高级私立天主教高中。直至今日我仍旧深感荣幸与自豪。初到美国，我总是先用微笑和热情试着去打动别人，这让我对各方面的新鲜事物都适应得很快。

我所在的学校是美国西海岸华盛顿州三城市高级私立天主教高中。我的高中虽说总共才有一百多名学生，师资力量不强，校园也有限，但设施齐全，整个学校是贵族宗教制传统教育。通常，美国私立高中会比公立高中更加能关注到每一个学生的性格特点，从而因材施教，培养每一名学生的发展方向，而我又恰恰成为了这所高中的唯一一名来自中国的学生，这不但帮助我大大地提高了与别人用英语交流的能力，而且又让我在美国的生活丰富多彩。

直到现在我还记得第一天到学校报到的场景。一个从外面看上去不大但格外干净、亮丽的校园，一片硕大的绿油油的草坪和橄榄球场，这些都让我的心跳加速。想到这片净土就要成为我高中时期新的归宿，心中顿时涌现出一股激动之情。可能是我过于专注，一时没有反应过来面前走过一位胖胖的光头老人。他其实就是我高中学校的董事长，在他身边还有学校的女校长，他们大笑着用磕磕巴巴的中文“你好”向我打招呼。其实不只是他们，几乎每一个和我第一次见面的美国人，都会很亲切地主动向我用中文问好，这使我倍感亲切。

因为这所学校的师生不多，所以在我还没到之前，几乎所有老师和学生甚至家长都已经知道了我的大名，这让我惊叹不已。我们学校其实更像是一个大家庭，所有人都相互认识，记住他们的名字对我来说是个挑战。我辛辛苦苦地练习了接近一个月才逐渐把大家的名字叫熟。想象一下突然有 130 多人在一天之内向你做热情洋溢的介绍，而你在第二天却尴尬地忘得一干二净的场面。

我逐渐开始融入我的美国校园圈。

【痛并快乐着的学校生活】

学校生活最痛苦的莫过于我被要求上一节名为英国古典文学的课程。对于当地学习非常优秀的美国生来说那都是一颗炸弹，一触即爆，何况是对于来自中国的我。在美国学古典英国的莎士比亚是一种巨大的折磨，但我向它发起了挑战，在接受痛苦的时候，我也渐渐地在校园里找到了属于自己的快乐。

和同学们在体育课上一起运动、玩耍和闲聊的时光是我一天之中最快乐的。有时候我们十几个人一起在草坪上踢球、玩飞盘、扔橄榄球、聚餐，等等。下半学期我还选修了一门颇为有趣的射箭课，它在我心目中成为了我最爱的一个运动放松课。可见美国学生的课程和兴趣之广泛要远远超过中国的孩子们。

我在美国学校还积极组织过一次友好的乒乓球募捐赛，每人交 5 美元参赛，一共 30 人参赛。我们把募捐来的钱都捐给了当地的慈善组织。最后经过激烈拼杀，我拿到了冠军。说到这我也不禁地笑了，作为中国人，别的可以不好，但乒乓球一定要打得好，能为祖国争光我特别开心，学校的每一个人也都上前祝贺我。

我所在的高中还有一个教学思想，就是向学生灌输对于天主教的培养。在学校里几乎每一个人包括学生、老师和校职工，大家都有着统一的信仰。这样就让我的学校又铺上了一层宗教色彩，而就是这样一种非同于国内高中的气息吧，令我感觉到我的美国朋友，美国老师给我带来的温暖。他们喜欢和我开玩笑，喜欢大笑，喜欢搞怪，喜欢主动帮助别人，喜欢做他们想做的事，他们在我心里都是可爱、快乐的人。而每当周五的来临，学校从早上直至中午都不会上课，所有人齐聚在室内的大堂里，准备参加一周一次的学校传统天主教弥撒。每当这时，学校都会找些学生提前布置好大堂，再邀请一位天主教牧师来主持弥撒。虽然我每周都会参加弥撒并认真地听着大致相同的弥撒祈祷，但每一次我都能够体会到每个人的虔诚与弥撒仪式本身所散发出的那种神圣感。

【有信仰的生活】

我在美国的家庭成员都信仰基督教分支——基督东正教教派。每天在家吃晚饭，大家欢聚一堂等着开动之前都先要手拉着手，闭上双眼，再由爸爸或儿子来感谢上帝并默念一句“阿门”作为结尾。像这种仪式我在美国的每一天都经历着。再有就是我和我的家庭每个周日都要去教堂度过，从早上到晚上，一直在做祷告、读《圣经》和唱诗歌。这是他们的习惯也是传统。我刚开始去教堂的时候充满了好奇，问这个问那个，所有的人都毫不夸张地说我刚来就提了成千上万个问题，他们有时甚至只能对我笑着说：“孩子，只有上帝耶稣才能回答你的这个问题。”我记得我曾经问过一个问题，说：“为什么你们要信仰上帝？为什么你们能够做到在你们人生中的每一个星期日都放下手头的事，不管再忙再累也会前去教堂祷告？”我当时得到的答案是：“因为相信，因为耶稣在指引着我们，是他创造出万物，是他让人们有喜怒哀乐，也只有他才是人们的救世主，是他的至高无上和爱使我们相信。”那天晚上在我听了这一席话之后，我躺在自己睡的床上看着窗外，默默地想，这大概就是这样一种不可战胜的信仰所带来无穷的力量吧！

【最有价值国际球员】

因为我从小就热爱踢足球，所以来到美国，我也不忘自己对足球的那份狂热与痴情。利用空闲时间我参加了市里最大的一所公立学校的足球队选拔。因为美国人的男足踢得并不是世界顶尖的，所以选拔的时候，我满眼看到的都是一张张墨西哥裔美国人的面孔。当时，一共有近百人参加选拔，经过两天的筛选，我有幸地被球队选中并成为了球队的主力前腰。球队只有我一个黄皮肤的球员，可见我们球队的国际化程度，从而也可映射出美国真的是一个无可争议的多元化国家。

至此之后，我每天下午放学就坐车来到足球场进行训练，每次的魔鬼训练虽然都在敲打着我，但我感觉这是我自己想要的一种快乐。站在绿茵场上，带着球和同样热爱踢球的来自不同国度的朋友一起狂奔，每一次进球都抒发着我对足球的喜爱。经过一个赛季的比拼，我们代表这座城市拿到了华盛顿州的州高中足球赛的冠军，而打进了七球十个助攻的我也获得了球队内的“最有价值国际球员”的称号，这让我难以忘怀。在踢球的同时，我还慢慢地学会了许多简单的西班牙语，这成为了我可以与人交流的又一语言了。在每次比赛之前，我们都齐刷刷的站成一排，一同与场内的观众站立并望着一个位置，那就是在缓缓升起的美国国旗，我总是偷偷地观察着每一个人的眼神，那充满着希望与活力的眼眶中，我看到的是一个令所有美国人都无比自豪的国家，在每一次国歌声刚落之时，很多人齐声高诵“美国美国”的声音，由此不难看出美国人对于自己国家的自豪与骄傲。

【我的爱国心】

在美国，当思维成直线的美国人在问我很多关于中国的很敏感的问题时，我从内心就会涌起一种爱国情感。在我看来，大多数的美国人都不了解中国，他们只知道中国在慢慢地崛起，而只有那些真正到过中国生活的美国人才知道中国的斤两。

举个例子，比如说我的美国爸爸总是会提到中国，因为他对中国非常有兴趣。可起初他对中国了解的并不多，他还曾经问过我，在中国有没有电视可看。虽然一开始我听到这个问题有点懵并略有生气，但我很耐心地向他介绍了有关中国的国情。他在听我简述时会时不时地瞪大眼睛并用尽一切感叹句。其实，像这种并不真正了解中国的美国人很多。

就我观察，在美国能听到的有关中国的消息很少。我在美国经常翻翻报纸，不时地看看美国有线电视新闻，所看到的画面令我大吃一惊。在播报关于中国国情的新闻时，画面上都是中国八十到九十年代比较落后的旧视频和旧照片，这也难怪部分美国人确实对中国的了解不像是中国人对美国了解的那般深入。作为一名来自中国的交流小大使，我几乎给每一个我遇到的美国人讲述着我的祖国。我还给我的美国家庭、我的美国朋友、我的美国同学们带了我从中国精挑细选的带有中国气息的传统礼品。与此同时，我也收到了来自他们给我的礼物与祝福，这样的传承和传递让我心情畅快。

在美国的交流历程，我收获了太多太多，远远超过了我上面所说的这些简略所述的点滴和用时间来衡量的这一年。美国的风土人情，热情洋溢都让我淋漓尽致地感受到了什么是美国人独有的性格特点和他们享受式的丰富生活。我经历的纯美国式的生活，我的美国接待家庭，我的美国朋友们，我也要感谢你们，是你们让我过了多么青春快乐的一年，是你们让我体会到真情没有国界之分，是你们让我不虚此行。这段人生中不可被复制的经历我将难忘终身。

加拿大边境的高中生活

杜旭 | 档案

我叫杜旭，是2009—2010年的爱优生交换生，在美国期间就读于纽约州和加拿大边境上的一所中学——沙托盖中心学校(Chateaugay Central School)。

我的经历也许和别人不太一样，因为我住在可以说是一个鸟不生蛋的美国小乡村，离家最近的超市也要花20分钟的车程。所以加拿大的蒙特利尔就成了我经常去的大城市。蒙特利尔的建筑与街道极富欧洲风情。因为受了加拿大魁北克人说法语的影响，就连我们学校同学的名字很多都是法语的。

纽约州北部很冷，冬天从10月份一直到第二年的5月份，不夸张地说，去年5月初这里还下了一场暴风雪。我这一年最大的成绩就是参加了科技奥林匹克竞赛并取得了一枚银牌。最开心的事是我过生日时美国爸妈带我去蒙特利尔听了朗朗的音乐会，并见到了大名鼎鼎的朗朗。

【学习不是生活的全部】

想必大多数人都会认为美国的学校好像快乐的天堂一样，我们中国人这么聪明，学起来一定会很轻松的。的确在学术上我们中国学生占了很大的优势，通常美国人在花 10 分钟做第一道题的时候，我们已经完成了第五道题。但在美国高中的很多学科考试并没有时间限制，他们注重的是一个学生是否掌握了知识，而不看重一个学生做题有多熟练。反而我们国家的教育过多地注重了考试，使得学生需要在课余时间多做练习才能在考试中取得好成绩。

这样看来美国学校的学习对我们来说应该是易如反掌，可为什么又会是紧张的呢？因为想要进入美国人的圈子，就要参加丰富多彩的课外活动。平时大家都选不一样的课，所以很难交到要好的朋友，但课外活动就不一样了。像我去年参加的科技社团，每周都要为学校做塑料瓶和纸的回收，这样大家自然而然地就成为了好朋友。如果进入了体育队，那就更靠谱了，体育队的同学都亲得像哥们儿似的。比如我们学校虽然下午两点半就放学了，但真的两点半就回家的同学就是那些一天不来上学也不会被注意到的“学究”。

我还参加了一个学校的专业合唱团，每周三和周五早上七点半就开始排练，一直到八点半学校开始上课为止。平时放学后，我还会参加社区服务，给我们学校的花园剪杂草，帮小学低年级的学生看自习，给小朋友们讲故事。要是赶上演出音乐剧的时候就更忙了，有时候排练能到晚上的八点。这样的学校生活能不紧张吗？

在国内只要在学习上用功、努力的人就会被认为是勤奋的人。但在美国学校，一个勤奋学习但不参加课外活动的人也会被认为是懒惰的人。虽然说生活离不开时时刻刻的学习，但学习并不是生活的全部。在学校学习之余，积极参加一些社会公益活动和有趣的社团，才能使一个有知识的人展示并利用他的知识。我们所学的知识和生活是紧密相连的，如何运用它们才是我们作为一个青年人要实践的。

我参加了一个公益活动叫做“信赖于生命”(Rely For Life)，我们筹集善款给美国癌症协会，他们会用筹集的钱去做研究，这样越来越多的人会得到治疗。听起来这是一个很麻烦的工作，但是当我真正尝试去做的时候，并没有想象的那么困难，而且和朋友们一起举办筹集善款的聚会让我结交了很多朋友并渐渐提高了社交技能。

所以，每天保持着积极的心态是融入美国生活的一个捷径。美国同学做事的时候都很积极、热情，每天好像有用不完的精力。有一天我请教一位同学，他说："很简单，如果我们不热心地投入每一件事，事情都做不好，而且会觉得事情变得更困难。"我想了想，觉得很有道理。

【这里需要简单的头脑和自信】

我来美国接触了不少美国人，他们绝大多数都有一个共同点，也是和我们中国人不太一样的，就是他们头脑都很简单。这里说的简单不是说他们的智商不高，而是他们想事的方式很简单（straight-forward）。我记得刚来美国的时候，我和邻居家的孩子很快成了朋友。有一次我请他吃我从国内带去的萨其马，他不是很喜欢，很直接跟我说了。当时我很尴尬，他居然就这样直接说不好吃，如果是国内的朋友一定会碍于面子说好吃的。但现在想想，他们美国人好像都是这样的，不是只针对我一个人。美国人喜欢直来直去，把他们真实的想法表达出来，所以很容易和他们交朋友。

美国妈妈曾经给我看过一份调查，说美国人不是最聪明的人，但却是全世界最有自信的人。自信是一种人格魅力，每个人都会拥有，但我们要把它展示出来。其实有时候当我们做演讲的时候，我的材料和演讲内容并不比美国学生的差，但是他们给我的感觉就是他们拥有这个演讲台，那种自信是从字里行间到言谈举止散发出来的。这让他们在演讲台上魅力四射。

AYUSA

· 家庭篇 ·

飘在马里兰

王潇潇|档案

土生土长的北京女孩。17 岁那年背井离乡来到美国马里兰州的一个小山沟里做了一年的高中交换生。一年里我经历了种种风波，体验了美国各个阶层的家庭生活，还好最后也算是“Happily Ever After”。在学校里，我成立了自己的中国文化社团，招揽成员无数；短短一年的时间里加入了三个 National Honor Society。平时偶尔给美国同学辅导功课，在学校里画画壁画，给音乐剧化装、画布景，生活还算多姿多彩。现在我在美国休斯顿莱斯大学学习数学经济分析，统计，辅修商学和金融建模，为了梦想忙碌而充实着。

为什么我说是“飘在马里兰”呢？因为在美国作交换生的十个月里，我一共换过四个接待家庭，从美国马里兰州的最南边一路飘到了最北边。

【第一个家庭】

我的第一个美国接待家庭是一个黑人家庭。这户人家有爸爸、妈妈、小弟弟和一位同父异母的妹妹，我的美国妈妈在 16 岁的时候生下了第一个孩子，在生下第二个孩子之后美国妈妈就和那个男人分手了。

生活在这里的黑人都不在意生育问题。在我就读的学校里面设有一个“婴儿日托中心”。学校里有很多怀孕的女生，她们是大着肚子来上课的。有的女生每天早晨先把她们的孩子放在“婴儿日托中心”，然后再去上课。等一天的课程结束之后，她们再把孩子接走。当我发现后着实吓了一大跳，这个学校怎么会给学生准备“婴儿日托中心”呢？后来我想明白了，如果这个学校没有“婴儿日托中心”，那么这些有孩子的女生岂不就得辍学了吗？而且据我了解，这些黑人家庭大多是单亲家庭，他们不结婚就可以有孩子，两个人开心就在一起，不开心就不在一起。这在中国是绝对不允许的，这也许就属于文化差异的一个方面吧。

我的美国姥姥非常热情，心态也很年轻，她经常会把我拉进厨房教我做饭。我们总是一边做饭、一边聊天儿，有的时候还会一起跳舞，别提有多开心了。我的美国弟弟上小学，人也特别好，放学以后总会缠着我让我跟他玩儿，我也特别喜欢他。

每次我那个 16 岁的美国妹妹回到家里，我都会觉得很害怕。因为我从小就没有见过黑人，如果她表现出凶狠的样子，我就会怕得不行。每天美国妹妹的好朋友都会接我们上学、放学。可是，这个女生开的车总是在路上来回摆动，不断地换道、超车，不停地加油门、踩刹车，感觉就像是在路上蹦一样。每次从她的车里出来，我的腿都会抖上一阵子。我把这件事情告诉了妈妈，还把照片通过邮件发给她看，妈妈为此非常担心，认为我不应该和这样的人待在一起。我的心里也开始打鼓了。

美国妹妹的那些朋友管我这个接待家庭叫“party house”，就是“聚会的房子”。因为这些女生每天晚上都不回家，就住在我的接待家庭里，她们和我的美国妹妹挤在一个房间里面。天天聚会，又闹又吵，害得我没办法学习和休息，每天都得被她们折磨到夜里一两点钟。有的时候，我正在房间里写作业，她们一下子冲进来，还跑到我的床上跳舞。我很无奈，因为是刚到美国，我也不好意思跟她们说“不”，我只能忍着。

因为这个美国接待家庭和那些女孩们的经济条件都不太好，家里都没有电脑，我就成了“电脑供应商”。刚到美国，谁不想跟远在中国的父母上网聊聊天呢，但是她们一直用我的电脑，我一点办法也没有。

后来，我和美国妈妈说了我的苦恼，我告诉她如果再这样下去，我根本无法学习。美国妈妈说，起初这些女孩儿是轮流到各家住，她不希望自己的女儿到处跑，所以宁愿这些孩子每天住在自己家里。和美国妈妈谈了以后，我知道这种局面是很难改变了。

渐渐地，我发现她们是一个小帮派，她们还有自己很特别的标志性的手势。她们告诉我，如果在学校里有人敢欺负我，就让我说我是她们帮派里的，然后做这个手势，别人就不敢再碰我了。我当时听了觉得挺可怕的，当然也没有尝试过，也没有机会去试验，因为学校里的人都知道我是美国妹妹家里的交换生，没有人敢欺负我，大家见到我都会疯狂地跟我打招呼，这让我觉得又可笑又可怕。

我记得有一次美国妹妹带我去参加一个同学的生日聚会，还没结束，就有两个男孩儿打了起来，接着，就变成了两拨人在打架了。我的美国妹妹和她的那些朋友们也全都冲上去了，我更害怕了。当时我一直往后退，看着他们，也不知道自己应该怎么办。后来，我的美国妹妹带着我溜了，刚一出来我们就看见警车开了过来，幸好警察没有抓我们。这真是一次可怕的经历。

就在那段可怕的经历之后，我就开始考虑换家庭了。因为我美国接待家里的妈妈、姥姥还有弟弟都对我特别好，我很舍不得他们，也不知道该怎么和他们说，当时心里非常纠结。于是，我就做了一个表格，列出了我要留下来的原因和我要离开的原因，左边写上我要走的原因——主要是美国妹妹和她的朋友们都是坏孩子，如果这一年我和她们在一起混，肯定对我的影响很大，也不知道她们会做出什么出格的事情来。第二是没有学习时间，虽说我不是那种整天学习的人，但也不能不让我学习呀，如果跟他们在一起，我肯定一点儿学习的时间都没有。第三是我所在的学校环境不太好，很多女生都怀孕了，而且几乎每天都有打架的事情发生。再有就是接待家庭的经济条件不好，有的时候晚上家里都不做饭。有一次，我饿得不行了，就跟美国妹妹说了，她就给我炸了几根洋葱圈，我当时都快哭了。

表格的右边一栏，是我可以留下来的原因，一个是因为美国的妈妈、姥姥和弟弟。还有一个是我在学校“混”得特别好，我刚到学校的第一个星期，就成为校园的小名人了，大家都认识我，都和我打招呼，当然这都是因为我美国妹妹的原因。还有我是学校媒体中心的助手，老师们都非常喜欢我，老师们知道我要走了，还建议我住到老师家去。再有就是学校社团的一堆小领导了，我也特别舍不得他们。

当时，我请教了很多人，包括中国首席代表刘修廉教授、美丽老师、我的爸爸、妈妈和美国的朋友们，他们都说我应该离开。综合了一下我的想法和大家的意见，我决定离开这个家。

临行的前一天晚上美国妈妈为我开了一个“送别会”。当我把离开的决定告诉美国妹妹的时候，她马上哭了，我没有想到她会哭得那么厉害，脸都哭肿了，当时我竟然有种对不起她的感觉，那天晚上我们很晚才去睡觉。第二天早上美国妈妈给我做了一顿丰盛的早餐，因为美国妈妈知道我喜欢吃水果，就特意给我买了很多水果，做了一个大果盘，我知道平时这个家里很少买水果。虽然我很感动，但是为了我的前程，我还是走了。

通过第一个美国接待家庭，我学会了取舍，知道了要学会理性地思考是非常重要的。我知道在做重大决定的时候，理性思考比感性思考重要得多，千万不能感情用事。每次回想起这件事，我都会认为当时做了一个非常正确的决定。因为如果当时我不走的话，就体会不到那么多丰富多彩的美国生活了。这次的经历告诉我，做任何事情，尤其是在做决定的时候要分清主次，要知道什么是最重要的，要多向有经验的人、多向长辈请教。

【第二个家庭】

我的第二个美国接待家庭是在马里兰的中部，是个临时过渡家庭，我在那里住了一个星期，不上学，也没事可做，我就天天在家里背单词，每天出门遛狗，剩下的时间用来看电视，日子过得挺滋润的。说实话，当时我不是很着急，我不知道接下来等待我的是什么，等待就是了。我觉得这种心态得益于我来美国之前的那段经历。因为我几乎是所有爱优生里最后一个有美国接待家庭的人，那时候都已经8月底了，9月1日就要开学了。我记得刘教授和我说过："等待也是一个学习的过程，等待之后，就可以更从容地面对人生路上的挫折。"所以这一次我没着急，索性安然地享受这难得的休假。

一个星期以后，我到了第三个接待家庭，是在马里兰州的最北边。这个家庭里有爸爸、妈妈和一对很可爱的双胞胎。我经常帮他们带孩子，那两个小家伙儿特别喜欢照相，他们可以连续摆出很多姿势。

【第三个家庭】

来到一个新环境，我告诉自己必须尽快适应这个新家庭、新学校。我每天早上5点45分起床，一边盥洗，一边做早餐，然后去坐6点30分的班车。我的新学校非常好，学习进度也比原来的学校快两倍，我使劲追赶落了两个月的课程，当成绩慢慢赶上来之后，我加入了学校的羽毛球队，每天下午放学之后都要进行训练，回到家里还要做家务，所以当时整个人忙得都快不行了。这也是后来和美国家庭出现矛盾的重要原因。

我的家务是打扫厨房和卫生间，每天我都要清洗厨房的碗筷和水池。我的美国爸妈有个坏习惯，他们经常会把吃剩下的饭菜、整壶的茶叶直接倒在水池里面，美国妈妈也会把土豆皮直接削到水池里。这样一来，我每天都要一把一把地从水池里面往外掏，然后再清理洗碗机。当时我觉得自己特苦，从早到晚没有一点儿闲工夫。既要学习，又要训练，参加学校的各种社团活动，回到家里还要做家务……慢慢地我开始佩服自己了，能把这么多事情安排好，还真有些成就感呢。

但是，凡事总会有两面性，因为我太忙了，所以很少和美国爸妈交流，和他们的关系就不是很好了。产生矛盾的真正导火索是一次“中国聚会”。

我的美国爸妈邀请了另外一个爱优生全家来聚会。当时我的心情别提有多激动了，做了一大桌子饭菜款待客人，大家一起聊天的气氛也很好。可晚饭后，我的美国妈妈背着我和大家说，我只是临时住在他们家，只住一阵子就走，可我当时自己都不知道这个情况。那一家的美国妈妈问我是否愿意搬到他们家住，我听了以后一下子惊呆了，知道我的美国爸妈不想要我了，觉得别提多郁闷了。

我反思了一下，和这个接待家庭的关系确实没有处理好，也许是最初自己太忙了，和他们很少有交流，他们要我的原因是他们有两个孩子，希望我帮他们带孩子，教孩子们学中文。最终是我的忙碌让他们失望了。事已至此，别无他路，我只能无奈地开始找新的接待家庭。美国爱优生项目规定不能和说同样语言的人住在一起，无奈之下，我又换了一个没有中国爱优生的美国家庭。

在从第三个美国接待家庭搬出来之后，我好好地反思了一下，刚开始感觉不对劲的时候，例如晚上他们不叫我吃饭，外出也不和我说一声，把我一人留在家里等等，出现这些问题的时候我没有想过自己做错了什么，其实出现的一切问题都是有原因的。问题来了的时候要先想想是不是自己做错了什么，先找自己的原因，也许自己改变了，问题也就会消失了，事情就会好转了。当然还要学会换位思考，多想想对方的感受和需求。

【第四个家庭】

我的第四个美国家庭里有两个和我年龄相仿的女孩儿，我们几乎每天晚上都要聚会。就算在家里我们也闲不住，我的美国妹妹经常带着我玩转圈儿。虽然天天在一起玩儿，但是我们之间还是有一些矛盾。一两个月以后，我发现美国妹妹开始不喜欢我了，也不经常带着我玩了。当时我很困惑，虽然有很多自己的事情要去做，但我想还是应该多参加美国家庭的活动。每天我们在一起玩累了，美国妹妹就睡觉了，可我还要学习到很晚。我觉得我找出了问题的原因，一定是我跟她玩得还不够，还要继续跟她多玩儿！可几天下来我发现情况并没有好转。终于有一天我向她诉说了我的苦恼，我说："我感觉你和我在一起不是很高兴，是我做错了什么吗？如果我哪里做错了，你马上和我说，我可以改，因为我还要在这个家住好几个月呢。"令我吃惊的是，她竟然说是因为我和她玩得太多了，她没有自己独立的空间了。其实我也不愿意拿出这么多时间来玩儿呀，真是哭笑不得。就这样矛盾解决了。

关于家庭矛盾，我还有一个不得不讲的经历。有一次，我和接待家庭一起开车去华盛顿游玩，当时我们是在去往白宫的路上，美国姥爷说两个妹妹一点儿也不尊重老人，他要搬到中国去，因为中国人非常懂礼貌，非常尊重老人。我的美国妹妹却说，不能去中国，没看出中国有哪里比美国好！我听了心里很不舒服，但是为了不破坏和谐的家庭气氛，我当时并没有说什么。没想到我的美国妹妹紧接着又说中国政府、中国历史如何不好，我听了以后很气愤，实在忍不住了，就在白宫门口和他们大吵了一架，我一边大声说着还一边哭着。因为当时正是来到美国的第五个月，我很想家，又听到他们说中国的坏话，实在接受不了。

当时美国爸爸也生气了，他说："你直接找你的社区主任，让他给你找个新家庭吧！"又一次听到这样的话，我的心像针扎一样疼，感觉像到了世界末日一样。在回家的路上，大家都觉得很难受，很尴尬，谁都不说话。当时我就反思了一下，觉得这件事情是我的错了，我太易怒了，太小心眼了。为什么我会变得这么敏感呢？突然，我想到了也许是文化冲击的原因？到家以后，我马上找出了《爱优生手册》，书上记录了"文化冲击"的内容，其中说第二阶段大概会出现在第五个月左右，学生会出现易怒，沙文主义者，就是盲目的爱国。天啊，我觉得这说的就是我呀！我赶快去找美国爸妈，希望和他们沟通一下，我们说着各自的想法，说着说着大家都哭了，这时候我才明白他们特别不愿意让我走。就这样，问题又马上解决了。

因为有了这次沟通，我和美国接待家庭的关系越来越好。真要好好感谢这次沟通，让我们之间所有的隔阂和误解一扫而光。

相处的艺术

周华威|档案

我比较开朗，喜欢跟别人聊天，喜欢打岔。对于各类电子设备感兴趣。平时喜欢各种运动，喜欢玩玩游戏，听听歌。我很快会在美国伦斯勒理工学院读化学工程专业。

如何与美国接待家庭和谐相处？如何尽快融入美国家庭的生活？我的经历教会我许多和人相处的艺术。

我的第一个美国接待家庭，看起来很和谐。我的美国妈妈是一个台湾人。在我到达之前，她在台湾的弟弟得了唇癌，美国妈妈要回台湾去照顾弟弟。而且，美国爸爸又非常忙。所以，有一天他们告诉我，他们基本上丧失了接待我的能力了。听到这样的消息，我对他们没有任何抱怨。我知道，他们的家庭确实遇到了很大的困难和挑战。因为他们自己的孩子也需要送到别人家，请别人帮忙照顾。

我的第二个美国接待家庭，是我在社区主任家住了一个星期之后，把我接走的。那个时候，我已经找了一个多月的接待家庭。当这个家庭的爸妈来接我的时候，我非常感动。

综合我的个人经历，我认为，在与美国接待家庭相处的过程当中，最重要的就是真诚。因为在你刚刚步入美国的时候，英语肯定不是很好，甚至会在很多时候犯各种语法、单词错误。有时候接待家庭会给你指出来，这并不是接待家庭想挑你的错，而是他们对你很真诚的一种体现。我认为这个时候，你不要去反驳他们，因为他们是很愿意帮你的人，让你拥有一段非常美好的美国生活，为你留下一段非常美好的记忆。所以，在你与美国接待家庭接触的时候，尽可能地面带微笑，让他们体会到你内心很温暖的感觉。

在与接待家庭相处的过程中，千万不要说谎。做错了就是做错了，美国人一般不会与初来乍到的外国人有过多的纠缠。比如你不小心把杯子打碎了，而你又不承认，这就很无聊了，一旦被发现，接待家庭很可能会把你直接从家里“踢”出去。而那时，你的生活状况将会变得很窘迫。做错了事情就要尽快道歉，不道歉，问题就会像个绳结一样永远解不开，所以请千万不要说谎，要学会道歉。

在与接待家庭相处的过程中，要学会心存感激。对于接待家庭来讲，他们不以牟利为目的，反而会为交换生做很多事情。比如，有的接待家庭会开车送你上学、接你放学；有时候会为你做饭；有的家庭还会带你出去玩。要知道他们所做的一切，都不是他们必须做的。所以我觉得，每一位爱优生都应该感激接待家庭为你所做的一切，因为是他们敞开怀抱迎接你的。所以对于接待家庭为你所做的一切，我们都要心存感激。

在与接待家庭相处的过程中，要多了解接待家庭的生活习惯和他们所定的家规细节。当你刚开始进入美国接待家庭的时候，难免会犯错。对这个问题，有一个比较好的解决方法，就是你先去问清楚，家庭里有什么规矩、每天都应该做什么等等，这是对接待家庭非常尊重的体现。这样，他们也会非常高兴地给你介绍，比如你需要把你的房间打扫干净等。同时，在与他们相处当中，要有比较良好的素质和习惯。比如，你不能光着膀子，躺在沙发上就睡了等等。

与接待家庭的父母相处的过程中，他们会像朋友一样和你说话，但也会要求你非常尊重他们。比如当他们向你提出一些要求，例如一起逛街、外出游玩等，请不要随意拒绝。因为，这可是与家庭沟通的良好时机啊！

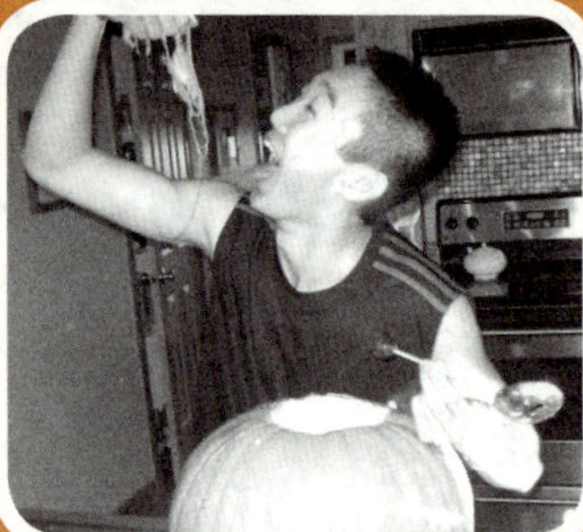

Happy Halloween!

福

甜蜜的美国胖家庭

潘登|档案

2006年在首师大附中就读高一，报名参加了爱优生交换项目。经过一系列培训，2006年8月底前往美国俄勒冈州的伊利根高中(Irrigon High School)就读高二，英语课获得了“学年全A”的奖状，加入了学校的乐队和合唱队，担任女生篮球队经历，做了洗车、募捐等社区服务。2007年6月，回到北京，继续在原来的高中就读。目前是清华大学新闻与传播学院的大二学生。

我用两个字来形容我的美国接待家庭：Sweet和Fat。Sweet，代表着甜蜜和幸福之家；Fat，代表着肥胖、富态之家。我的美国接待家庭在肯塔基州，是全美国最“肥”的一个州——肥胖人数最多。我的美国爸爸既是工程师又是当地的牧师，他喜欢生物、地理和历史，我们俩经常对一些有争议的历史问题进行探讨。我的美国妈妈是一位营养师，能做很多既营养又美味的菜肴，这正是我不断增肥的原因所在。我的美国妈妈是特别伟大的母亲，因为她收养了三个无家可归的小女孩，让她们在美国有了一个温馨的家。

其实在美国并非只有不具备生育能力的家庭才会领养孩子。我的美国妈妈从中国领养了三个小女孩，淮春辉是美国妈妈在中国淮南领养的，所以就姓淮了，“春辉”的意思是，希望她能够像春天一样生机勃勃地生长。春辉特别聪明而且有点早熟，我和她之间的矛盾最大，我曾经试图与她说中文，但是她已经听不懂中文了，感觉非常遗憾。

而美国妈妈领养的第二个小女孩左手患有先天性的残疾，被领养之前她住在孤儿院里，听说那里没有那么多基金或者没有一个能够给她做手术的良好条件，后来经过美国妈妈爸爸的努力，这个小妹妹已经在美国做了手术，她的手已经恢复了健康，能够正常使用了。

还有一个小妹妹叫姜秀航，她非常可爱，和我最亲了。美国妈妈特别喜欢中国的文化，所以当她领养第一个中国小女孩的时候，就已经爱上了中国这个国家。她特别喜欢中国的历史，尤其喜欢中国的那些仕女图，她说中国古代的女性都非常有气质。美国妈经常开玩笑地说她要把这三个中国小女孩培养得落落大方、东方韵味十足。

我的美国家庭是信奉宗教的，他们有着严格的规定。要求女孩子只能穿裙子，一生中任何时候都不能穿裤子。他们相信上帝让你成为了一个女孩，你一定要表现出女性的特点，如果穿裤子，就有了男性化的特点。另外规定女生一辈子都不能剪头发，他们认为身体发肤，都是父母赐予的，不能随意去动。他们还有一个很有意思的说法，他们相信上帝会托梦，如果信仰足够强烈的话，就能治愈身体上的疾病。

在美国交换的这一年我与接待家庭相处得非常融洽，我总结了“建立好家庭关系的几个要点”。

第一，充分的准备。来到接待家庭之前要做好充分的准备工作，在去美国之前最好能够与接待家庭通一次电话，听听彼此的声音。可以准备一下各个节日的礼品，因为美国人非常注重节日，例如圣诞节和各个生日聚会，他们都会非常希望你能够带一些具有中国特色的礼物送给大家。

第二，要善于交流。到了美国以后，大家都会有些不适应，甚至比较害羞，因为生活中所面对的都是陌生人。所以，我为自己制订了一个计划——每天抽出一个小时与接待家庭中的一人聊天。记得一天早晨，美国小妹妹来到我的房间，用中文说了一句早安，当时我的心里暖暖的，那一天我用中英双语给她讲了好几个小故事，她开心极了。

第三，要学会用网络沟通。几乎所有的美国人都有一个网络交友账户，所以我到美国之后也申请一个Facebook（美国的人人网）的账号，这样就可以与美国家庭和学校的老师同学更好地交流了。

第四，遇到事情要多尝试。初到美国肯定有许多事情都是你之前从未碰到过的，不管是在美国学校还是在美国接待家庭，这时应该充满好奇地、努力地去尝试新鲜事物。记得在万圣节的时候，美国家庭都会做南瓜灯。看着南瓜里面全是瓤，我就不想继续做了，但是一想起一定要好好尝试这个原则，我就坚持了下来。果然，最后的成品得到了美国全家人的夸奖。还有一次美国妈妈为我做了一道我从未尝试过的墨西哥菜，这个时候我就勇敢地去试了试，然后告诉她我的感受，这是非常重要的尝试。当然了，还要努力做一些让大家高兴的事情，我虽然厨艺不好，但还是试着做了一些中国饭，在感恩节那天是我给美国全家做的饺子。大家一边吃一边夸我做得好，美国妈妈还说要跟我学呢，一家人吃得可开心了。

第五，要明确美国的家规。我的爱优生地区管理员非常负责任，她与我的美国接待家庭提前打好了招呼，并且询问清楚美国家里的规定，例如需要做什么家务、哪些场所不可以去等等，还为我列出了一个“爱优生明细”。所以我非常感谢爱优生地区管理员在这一年里对我的帮助！

这就是我甜蜜的美国胖家庭，虽已成往事但将铭记于心！

入乡随俗

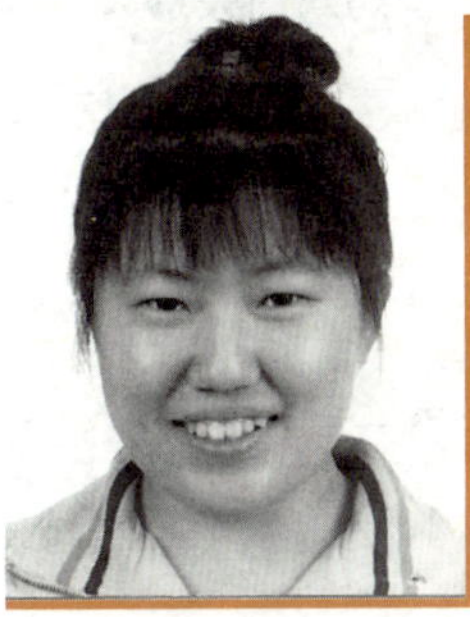

邓雅心|档案

我是一个活泼开朗，喜欢音乐，喜欢和别人交流的北京女孩，其实梦想并不遥远，我们每个人去努力了，就会离梦想更进一步。我当年在美国作交换生时在佐治亚州，如今我已经是一位大学生了，下次当我再和大家打招呼时，相信我已经开始读博士了，加油！

作为爱优生的这一年我收获了许多，我申请到了向往已久的大学，考上了音乐制作专业。了解了美国的一些规矩、礼貌，原来在中国的时候没有养成的习惯，没想到在美国养成了。我想这是我为实现理想走出的至关重要的一步。因为我有自己的目标——做一名音乐制作人，所以我认为美国的这一年没白去，从音乐很活跃的美国学到了很多东西，离梦想更近了一步。

我生活在亚特兰大市南部的一个黑人聚集地。我的美国接待家庭是一家黑人，美国妈妈是一位画家，美国爸爸在纽约一家公司上班，因为美国爸爸单位离家很远，所以他每个月只回几次家。家里还有两位可爱的美国小妹妹以及两位其他国家的爱优生。

我的美国接待家庭让我懂得了“家”的含义，每天我都不在自己的房间待着，而总是和美国家人在一起。不管学习有多忙、与同学玩得有多晚，每个星期我要抽出一天的时间与美国家人在一起。

其实我在这个美国家庭也有一些不便，主要是出行的问题。亚特兰大是一个特别大的城市，很多建筑相隔都很远，所以每次出门都要和美国接待家庭商量着来。

一年下来我积累了很多经验，还想为以后出国交换的学生提几点建议。首先是入乡随俗，美国接待妈妈曾经接待过不少爱优生，但她说我是唯一一个喜欢吃奶酪的孩子，别的同学一见到奶酪就说“太恶心了”、“太难吃了”，这样一说，一下子就和美国妈妈的关系远了。

另外要注意社交，美国人不会把自己关在房间里不出来，他们特别喜欢社交，喜欢和别人交往。另外要注意常说礼貌用语，“请”、“谢谢”这样的词一定要经常挂在嘴边，其实习惯了以后不是很难说出口。

最后就是忍耐，其实世界上会有很多时候不如意，不像在自己家里一样想怎么着就怎么着，碰到事情就先忍一忍，大家一人让一步。

上网的风波

陆静娴|档案

我是南京一中实验中学的学生，2009—2010 年我在美国亚利桑那州 Ora Valley 读了一年高中，爱优生的这一年经历将作为我一辈子的财富，我现在美国 South Puget Sound C.C. 大学学习。

我的美国接待家庭是摩门教，平时的家教很严。我到了美国之后，美国爸爸就向我介绍了很多家里的规定，比如他要求我只能每周六的晚上上网，而且只能上网一个半小时。我很惊讶，问他如果学校留作业需要上网该怎么办？美国爸爸不假思索地说：“平时如果有家庭作业需要用网络的话，你必须有老师的签字，或者有可以用来证明的东西，只有这样你才能上网。”接着美国爸爸依然一脸严肃地说，“记住，不能用你自己的电脑，一定要用美国妈妈的电脑，而且只能到厨房的餐桌上用”。我一脸的茫然地听着，不知道该如何是好。

在我到美国的第二个星期，也就是在美国高中开学的第三天，我记得那是个星期三，因为摩门教那天有活动，美国爸妈和哥哥姐姐都出去参加活动了，我一个人留在家里写作业，因为作业需要，我必须上网查资料。

到了晚上八点二十分左右，美国爸妈从外面回来了。美国爸爸看到我正在上网非常生气，他一边很严厉地说着，一边强行地把我的电脑关机了。我当时不知所措，因为我的作业还没有写完，刚才写的东西还没来得及保存，我也很气愤。美国爸爸说，家里面有规定，八点以后不能上网，即使是作业没写完也不行。但是不管我怎么说，他就是不理我。因为这个美国接待家庭有一个规定，那就是不许吵架。美国爸爸用两只眼睛瞪着我，美国妈妈和哥哥姐姐在旁边也不说话。我觉得特别委屈，就一直追问美国爸爸，但是美国爸爸连一句话也不多说了。没办法，我只能冲回自己的房间里了。

美国家庭里还有个规定，晚上八点钟以后不能打电话。所以我有了委屈却不能向别人倾诉。我刚到美国，语言也不是太好，又能找谁说呢？那天感觉特别憋屈。

第二天我到了美国高中学校，赶紧向同学借了手机，打电话给我的社区主任，把昨晚的事情讲给她听，当时我的英语还不太好，我就慢慢说，力争把事情说得一清二楚。社区主任听了以后说："你先平静一下，我尽量跟你的美国爸爸沟通沟通吧。"

那天下午一放学我就回家了，在回家的路上我左想右想，觉得应该主动和美国爸爸沟通一下，因为我还要在这个家住很长时间呢，如果现在就闹别扭，不愉快，那今后的日子该怎么过呀。我觉得美国爸爸可能昨天太着急了，人在生气的情况下容易做出鲁莽的事情来，也许今天的情况会好一点。想着想着我就到了家门口，我暗暗地给自己鼓了鼓劲儿，推开了家门。

我一进门就叫美国爸爸，他马上过来迎接我，满脸是略带害羞的表情，有些不好意思地对我说："请你到厨房来一下。"我跟着他走进了厨房，没想到他非常诚恳地向我道了歉，解释说他昨天很急，说宗教家庭规矩很严格，他们每一个人都是严格遵守的，是我们很难想象的那些，等等。我们那天下午谈了很长时间，我也和他敞开了心扉，沟通之后的感觉真好！

我们在一起聊了很多，后来我们还定下了每个星期有两天的时间，也就是每个星期三和星期五的晚上，我和他聊两个小时，一是为了加强沟通，另外还可以帮助我提升英语听说的水平。

在美国的十个月里，有很多开心的事情，但也会有一些碰撞和不愉快，我觉得我和美国接待家庭以及社区主任就好像是三角形的三个边一样，要时刻保持平衡。

一封家书

崔炤玮|档案

我是北京市十一学校高二年级的在读学生。抱着“宅久了得出去换换气儿”的想法参加了爱优生项目，折腾过了一个大洋到了曾以为尽是游戏人间、肆意青春的美利坚。在交换的日子里，乐呵过、伤感过、拧巴过、激情过，真正独立地用脑子想事了。出国有风险，自己做的决定咱就不该、不能、也没地方后悔，“奋斗”和“知足”，与大家共勉。2010 年夏归国后曾担任爱优生行前培训的讲师和爱优生薪火传承会的策划与主持。

亲爱的爸爸妈妈：

今天白天我去滑冰了，摔了好几跤，但不是很疼，相反觉得很幸福。其实在这里天天都很幸福，美国接待家庭对我非常好。现在美国姐姐在屋里和男友躺在床上看电视，让我都不好意思回到我和姐姐的卧室，真怕打扰到他们。美国妹妹还在熬夜唱歌，她最好的朋友现在也住在这里，美国妈妈、爸爸和弟弟都在睡觉。只有我一个人在开着冷气的客厅，守着电脑发呆，一只大肥猫跑过来吓我。已经凌晨一点了，我的脚心又开始渗凉气了，看到我的膝盖上那一大片青紫，突然觉得没有人来关心我，心里很空虚、很寂寞。

今天和你们电话聊了很久很久，还给你们发了 100 多张照片，让你们了解了我在美利坚奋斗的美丽日子。

妈妈看到照片后说："新买的衣服真好看，你不要担心花钱，想买什么就买什么，女孩子在年轻的时候穿什么都好看，在妈妈年轻的时候没有臭美过，你就抓紧时间打扮打扮吧。"说得我好温暖。

我对妈妈说："谢谢，谢谢，我一定会好好花钱的！"

爸爸看到照片说："你个臭皮蛋不是说食量变成原来的 4 倍了吗，看着也没胖多少啊。你带着金色的假发变成洋妞了，真美。小丫头还真能折腾。"还说，看来美国的空气质量就是好，吃了那么多好吃的也不长痘痘。

我对爸爸说："是呀，也不看是谁生的闺女。"爸爸居然很厚脸皮地承认了自己的好。

妈妈一直在对我说，中国的女孩子出去要自重，不可以随便谈恋爱。还说，素颜很好看，不要老拿化妆品去伤害自己的眼皮。还说我出去最重要的是学习，要把成绩弄好，和美国同学以及美国家庭都要相处好。

我想说，请你们放心吧！你们的女儿知道该怎样和男生保持距离，我会把素颜留给自己最亲的人看，你们更要放心我的学习，我在这里从来没有把自己当成交换生。我很努力，我觉得我在国内都从来没跟自己在学习上那么较过劲，不知道为什么我的学校作业有很多很多，一天满满的 7 门课，书包很沉很沉。虽然很累，但是感觉很充实。

你们看，我学英语的文言文不是很好；我对论文的主旨完全没有把握；烹饪课、英语课、美国历史课、生物课和戏剧课要背的生词特别特别多。尤其是那个烹饪课，晚饭中色拉、点心还分三个盘子，所画的图没有什么区别；在这边我每天都要花很长时间画画，特别特别费脑细胞，想创意，熬夜调色彩，但是我还是硬着头皮参加各种考试，憋出各种作业。

你们看看我的成绩吧，开学还不到三个星期，我的各种数学作业和考试加起来的平均分是 103 分，满分是 100 分，我的成绩是 A+；我的英语一直是满分；美术课上我的画都很好看；美国历史课最费脑细胞了，可我第一堂课考试就拿到了满分，还有附加题加分；烹饪课我真的很努力很努力，周四的记单词测验我拿到了班里的最高分；而且我的周五烹饪小组还做出了最美味的薄煎饼（pancake），就连切西红柿的照片都上了学校的网站；戏剧课上我的脸皮可厚可厚了，大家在一起疯闹得特别开心。你们看我还接受了校电视台的采访，他们还要专门给我做个展板挂在学校里。我比日本、也门爱优生的表现要好很多，算是给中国人争气了！

我同美国家庭和美国朋友相处得也很好，在学校走廊里经常会有很多人和我打招呼，有的同学还送给我礼物。他们在学习上也很帮我，还有很多人约我出去玩。中午吃饭的时候，我们这桌围坐了很多人，特别热闹，非常好玩。在这里还真没有对我不好的人。

美国姐姐对我特别的好，我们两个经常换穿对方的衣服，我们还一起买东西，早上她开车送我去上学，她把我们两个的衣服都洗好了，我什么都不用做。每天早上她还叫我起床。

美国妹妹对我也很好，我们一起坐校车回家，她把我送给她的皮卡丘画钉在墙上，还老跟我穿相配的衣服。她非常喜欢我送给她的动漫光盘，她说她熬了好几个晚上才把它们看完。

美国弟弟是很难被搞定的一个人，但是我们两个关系却很好，每次他玩游戏的时候都会问我要不要看，要不要一起玩。我和他玩起来从来不让着他。美国妈妈叫他去扶姐姐站起来，而他走过来拉的是我的手，而不是他亲姐姐的手。我们一起在他的门上和墙上贴贴画，一起打游戏。

美国爸爸很有内涵，但却像个老小孩，最近我老有被他偷拍的危机，上个星期他就偷拍了张我特糗的照片，还传到了他的Facebook（美国人人网）的家庭相册里。他很耐心地听我说话，我给他看北京的相册，看到圆明园，我就给他讲八国联军一把火烧掉那里的历史，讲台湾是中国的一部分。我也会看他收集的各种钱币，发现他居然有中国一百年前用的印着孙中山头像的各种面值的钱，而且是崭新的，甚至还包括中国的冥币。

美国妈妈特别耐心和细心，我随意说的话她都会记在心上。我随意提起过米浆（rice milk），她听到了就在网上找了很久，还特意让人把米浆寄到家里，就是为了让我能喝上我想喝的东西。她还问我要不要刮毛（shave），要不要打耳钉，想不想吃什么东西。每天她对我的衣服只有“好看” 和“超级好看”两种评价。每天早上出门的时候美国妈妈都会给我一个大大的拥抱，让我快乐每一天。每天放学回家她还会问我过得怎么样，一天都干了什么，要不要吃点心等等。我还记得接待家庭全家一起陪我去打耳钉，因为那是个值得纪念的日子。

关于美国接待家庭对我的好，我说也说不完，总之你们的女儿很幸福，或者说你们的女儿知道该怎样调整好自己的心态，看东西、想东西、记东西只记最幸福的。因为我也不知道生活在一个陌生的地方，还有什么办法能让自己过得更好。

我想跟妈妈说，妈妈，您新买的衣服很好看，回家我要霸占啦！以前总是您陪我逛街，买这买那，花很多钱却只给我买，从来没有想过给您自己。不要跟我说周末是您最难熬的时候了，好好跟我爸享受你们的二人小世界，再甜蜜、青春一把，多出去玩玩。

我想跟爸爸说，看您前一段时间不去工作，而是去玩、去疗养真好。您给我写的信我都留着呐，看到照片里的您又瘦了，如果 1 米 80 的人体重 60 公斤还往下掉肉的话那可就不对劲了。我知道您吃得很多，可还是不胖，我觉得问题就出在您抽烟上。我在家的时候，您总是躲到阳台、躲到厕所里抽，总之是躲到没有我的地方偷偷去抽烟。不要以为我不在家了，就没有人管您了。出去应酬的时候少喝点酒，您对酒精过敏，如果您后背上再起小红疙瘩，您女儿我可就给您挠不到了，也没有一个任性的女儿没礼貌地鄙视每一个让您喝酒的人，跟他们急，然后帮您挡酒了。别那么辛苦地工作了，大骨头佬，给我好好长点肉吧。

长到这么大，我发现最亲的还是你们！你们的女儿用了一个月的时间长大了很多很多。

我用了一个小时的时间打下这些絮叨的文字，只是想告诉你们，不要担心我啦。

不孝女上

我的邻居弗比先生

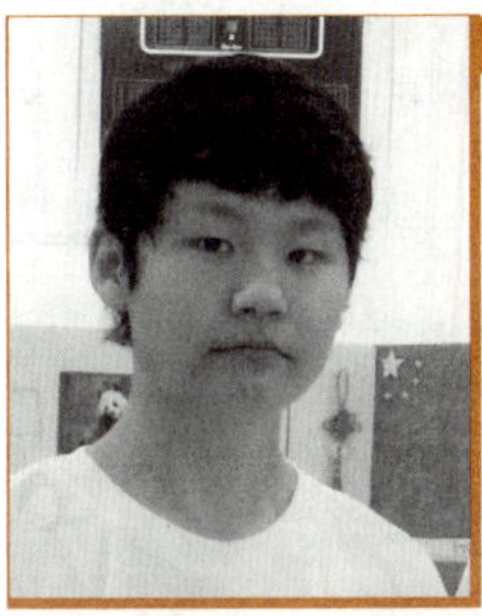

孙中国|档案

我是北京师范大学附属实验中学的学生，是一个非常喜欢交朋友的北京大男孩，酷爱老北京的美食，向往自由的生活状态。在参加爱优生项目之前，我刚从北京实验中学初中毕业。现在的我已经是一名美国学校的高中生，感受着美国自由的生活气息、活泼的校园氛围。大家都说我皮肤白得像个女孩子，这下在美国我可以痛痛快快地享受阳光的沐浴。让太阳来得更猛烈些吧！

冬去春来，光阴如梭，转眼间已经是2011年4月了，还有一个多月，我就要为我一年的美国交换生生活画上句号了。虽然我所在的地方是一个小镇，但是当地人都是正宗的美国人，这一年里，我看到、听到，也学到了很多美国文化，而令我感触最深的一点，就是美国人之间的邻里关系了。正如《圣经》里所说的那样“爱你的邻居和朋友就像爱你自己一样”，美国人用自己的行动向我诠释了这句话。美国的邻里关系深深地打动着我。

说到邻里，我不得不说那个令我最难忘的邻居了——弗比先生。第一次见到他是在2010年的10月份，是在一个周五的下午，我寄宿家庭的妈妈把我叫了出来，说有一个邻居想要见我。第一眼见到他，没觉得有什么特别的，一个很平凡的老人，怀里还抱着几本书，架着一副老花镜。但我后来发现，他其实是一个很热情的人，握着我的手，用力晃了几下，向我介绍他自己，说话大大方方让人心生好感。他说他以前去过两次中国，一次是在七十年代，一次是在九十年代，他说他对中国文化很感兴趣，并且被中国的高速发展速度深深震撼，他说中国是一个了不起的国家。这时，他把怀里那几本书递给了我，我往封面上一扫，不由得一愣，上面写着“汉语基础”，原来他想把这些书送给我，希望我能教教我的家人朋友说一些简单的中文，这几本书应该会帮到我。我连忙道谢，满心欢喜的收下了这些书，不单单是因为它们会对我有帮助，更是因为弗比先生的热情让我心里暖洋洋的。自此以后，每当我在院子里打球或者散步看到他遛狗时都会热情地打招呼，渐渐的，他已经成为了我心目中隔壁的“张大妈李大爷”一样的角色了。圣诞时我还收到了他的贺卡，贺卡里夹着 10 美元，又让我高兴了一把。虽说在中国时我和邻居们的关系也很好，但是美国人要更加热情，而且他们待人十分的真诚，一栋房子是一个小家，一个居民区则是一个大家，这样来形容美国的邻里关系再合适不过了。

时间转眼就到 2011 年 3 月了，天气转暖，我和弟弟们也经常出去玩了，几乎每个礼拜都能看到弗比先生，聊聊家常，逗逗他的狗，嘘寒问暖，在我眼里他不仅是我的好邻居，同时也是我的朋友，我的爷爷。

3 月 16 日，一个平静的下午，我正在享受着闲暇时光，突然一位住在隔壁的邻居来访，她带来了消息，弗比先生在上午九点，在家中走完了人生最后的一段路。震撼，深深的震撼，感觉昨天刚见过他，怎么今天就走了呢？心里更是难受得很！回到自己的房间，看到那几本静静躺着的汉语书，还有他给我的贺卡，贺卡上歪歪扭扭地写着“中国”两字，两行清泪还是忍不住淌了下来……

那天以后，我再也没看见过他遛狗。遗憾的是，我没能参加他的葬礼，但是我永远也不会忘了他，那个热情的美国老爷子带给了我太多的温暖，甚至我都没有刻意去在意过，直到他逝去，我才感到那是多么的难能可贵。弗比先生，一路走好！

AYUSA

· 看病篇 ·

病中杂记

张依若｜档案

我是2010—2011届的爱优生，毕业于北京市八一中学。在美期间就读于田纳西州戴尔斯堡中学12年级（Dyersburg High School, TN）。我热爱各种运动，倾心于阅读各领域的书籍。有创作强迫症，快门与笔杆子停不下来。挚爱闯荡旅行，对民族与异域文化抱有浓厚兴趣。

人们往往在生病的时候才会知道，健康是多么的弥足珍贵。

有一天我在美国接待家庭里，突然变得特别懒，家里的活动也不想参加，只愿意睡觉，而且越睡越困。美国妈妈过来看我，问我是不是有什么问题？我当时心生疑虑：不参加活动就是有问题了？于是我很轻松地解释说，有时候在家享受纯纯的假日生活也是挺不错的选择。

事实证明，有时候成年人的生活经验是非常具有参考价值的。当天晚上我就感到一阵晕眩，右边耳朵有些疼痛，起初也没有在意，以为是上火或者得了风寒感冒，就给自己泡了一杯感冒冲剂，然后早早地睡了。

第二天早晨我的耳痛加重，并且还出现了轻微耳鸣的情况，我虽然心里很害怕，但还是不停地安慰自己过几天就能好，不能这么娇气。于是我假装无恙地上学去了，一整天的耳痛让我上课都受到了影响，一边饱受耳痛、头晕的困扰，一边担惊受怕，担心会不会好起来。好不容易熬到了放学，身体还是不舒服，于是取消了原本定好的运动，打电话给美国妈妈请她接我回家。美国妈妈问我要不要去看医生，我说，“不用了，休息一下就好了”。到家之后美国妈妈给我量了体温，还好没有发烧，她嘱咐我照顾好自己，然后急忙忙赶去开会了。家里就剩下我一个人，我感到身体发冷，于是披个大棉被翻箱倒柜找合适的药。以前生病在家都是爸妈给端茶倒水，拿来合适的药直接吃了。而当我第一次独自面对这种状况时，忽然发现自己对中药、西药一窍不通，对什么样的常见病该吃什么药完全没有概念，心里很惭愧，缺乏必要的生活经验。我找出带来的药和相应的说明书仔仔细细地阅读，“药到用时方恨少”啊，思来想去，我战战兢兢地选择了一种消炎药吃了下去。可是当我看说明书时可被什么“副作用”、“不良反应”吓着了。

吃过药后我裹了三层棉被睡下，可是耳朵还是很疼，辗转反侧，睡不踏实。此刻想起了爱优生培训时往届前辈说过的生病没人管，身体心灵双重伤害，引发想家情绪的故事。我倒是没有为此想家，只是在心里默默叨念着，盼望自己让我快点好起来吧。迷迷糊糊半梦半醒地躺了两三个小时，还是持续耳痛。我很不放心，不知道自己得了什么病，又不敢打电话问北京的爸妈，只好在恐惧下以睡觉度日。一整夜我没有真正睡着几个小时，已没力气起床。没有掉眼泪，不是因为坚强，而是被吓傻了。

终于熬过了一夜，清晨感觉好多了，起码耳朵不痛了。我暗暗松了口气，美国爸妈问我感觉怎么样，我微笑回答说没事了。谁知刚到学校不久就感到耳鸣得厉害，右耳根本听不清声音。这下我又慌了，在学校电脑上查看我的症状，看到有的网友说耳鸣了好几个月也没有好转。我的心彻底瓦凉瓦凉的，毁了毁了，万一我以后听不见了怎么办？还学什么英语啊，先变残疾人了！一上午的课我都没听进去，一味地胡思乱想。午休时我终于决定给美国妈妈发短信说自己想去看医生，美国妈妈倒也很贴心，立即给我预约了一位熟悉的医生。午饭后不久美国爸爸就来接我，来到一个小诊所，嘱咐我保险信息卡一定带好。我顾不上疑惑什么大医院、小诊所的，一股脑把所有的症状翔实地统统抛给医生。医生直接拿个观察器查看我的耳朵，他马上说“你的耳朵发炎了”。我松了口气，“发炎是不是没什么大事？”然后我追问医生何时能好。医生说给我开些药，按时用药，五天差不多就好了。匆忙之间我也没敢问以后我是不是还能听得见。

回家之后我立刻拿出刚开的药，一瓶口服，一小瓶滴液。看了几眼说明我就赶紧用药。滴液是抗生素，每六小时一次；瓶装的是消炎药，每天两次。洗澡的时候还要用耳塞堵住耳朵不能进水。查到这病是中耳炎，一般都是小孩儿才会容易得。我还是很紧张，不安地询问美国爸妈这病是不是很严重。他们说应该不是很严重，可能用几天药才会好。然后玩笑我说周日的时候就觉得我不对劲，原来是身体在对抗病毒，所以非常疲惫老想睡觉。

第二天上学时我在和各科老师闲聊中悻悻然的“无意”提到我耳朵的困扰，他们表示很理解，安慰我说没事的。没办法，本身就是全英文，我还只用一只耳朵在听，上课听讲着实特别费劲，只好希望老师谅解一下以免误会我上课不在状态。

用药一天后丝毫没有感觉好转的迹象，右耳还是听不见。之前一直是被吓傻的状态，也没顾得上告诉亲友。但越是难熬我就越不能告诉爸妈，我不能想象他们隔着太平洋为我担心的画面，这对他们来说太残忍了。可我的心一直悬着放不下来，只好拜托国内的朋友问问他们认识的医生。我担心美国人不放在眼里的小病在中医学上会不会特别严重，会留后遗症什么的。

用药两天后我依然没有感觉好转。这几天上课也不安稳，总是想起网上那些可怕的评论，担心自己再也听不见了。英语老师在课堂上可能看到了我纠结的表情，直接问我是否感觉还好。在午休期间还带我去医务室要了些棉花，堵耳朵防止耳鸣噪音，教我了一些睡觉时舒服一点的小技巧。她跟我说她儿子长年患这个病，所以她特别能理解我的感受。而且我还是一个人在外，她担心我会因此想家什么的。我被感动得稀里哗啦的，眼泪憋了好久才没有流下来，“谢谢”这个词说了不下三遍。

我也不知道为何那么神经质，在所有的人都说没事的情况下，我还是不放心。并且觉得另一只耳朵有些痒，害怕也被感染，到时候双耳失聪就不可想象了。于是我再一次提出想看医生，美国妈妈非常理解，放学后带我去看了全镇最好的耳鼻喉科医生，听说很多人会慕名来小镇求医。

这个医生是个印度人，头上戴着头巾，是美国妈妈很好的朋友，所以也算是走了个后门。印度医生检查了我的耳朵之后，直接递给我一个装水小盆放在耳旁，然后拿他的仪器钻进了我的耳朵，后来才知道是高压水枪。利用高压充水把耳朵里的脏东西冲出来，俗称“洗耳”。洗耳的过程很难受，像是脑袋被灌水了，印度医生一直在说没事的一下下就好了。美国妈妈还上来握住我的手，让我感觉很温暖。洗完耳朵之后还真是舒服多了，耳鸣似乎也好转了。医生把小盆拿给我看，吓得我够戗，吸出来的东西是深色块状，他开玩笑地说那些是虫子，其实就是耳垢，我没想到小小的耳朵里能装下那么多恐怖的耳垢。后来护士给我打了一针抗生素，打的时候疼得我嗷嗷叫。印度医生说我的病已经有一段时间了，感染得挺严重的，不过打过针后两天之内就会好了。确实是一针见效，一系列治疗之后我顿时感觉耳朵清新了很多，听力也恢复了。印度医生看在熟人的情分上说不付钱了，交个打针钱就可以了。我和美国妈妈都非常感激他，都说他人太好了。后来了解到这位医生的预约费就要 150 美元，更不要说治疗费了。

又用了几天滴液之后，我痊愈了。医生分析我是因为过敏导致的，常年生活在大城市，不适应小镇的草木蚊虫气候环境，吸入了一些过敏物质，耳鼻喉都是相连的，也就是我们所说的水土不服吧。

通过这次的经历，让原本以为自己长大了、能够面对困难了的我恍然意识到，只身在外随时会发生一些意想不到的事情。而只有十几岁的年纪能成熟到哪儿去呢。谁也没有独自生活过，况且是我这样连基本家庭日常用品常识都没有的孩子，我们需要学习、经历的还很多。现在回头看来，当时自己惊慌失措、胡思乱想的心情真是哭笑不得，一颗不成熟、经不起刺激的心灵昭然若揭，根本没有招架突发事件的能力。

同时我也更加深切地体会到，一个人在异国他乡除了强大的心理素质之外，健康的身体也是必需的。且不说医药费昂贵，单单是身体虚弱导致的力不从心，所引发的各种思乡、想家、孤单的情绪就会如洪水猛兽般将你淹没。我自己熬一下也就过去了，痊愈之后才轻描淡写地、极其小心地、不带任何色彩地告诉父母。我想每个独自在外生活过的人，每每想起曾经高烧窝在被窝，没人照顾、没人煮粥、没人给自己喂各种药却强颜欢笑地跟电话那头的父母说自己很好时，都不免红了眼眶。这是人之常情，最好也是最简单的解决方法就是尽量不让自己生病，健康饮食，坚持锻炼，提高身体素质，生活规律，不熬夜。即使偶尔生了病，也要告诉监护人，不要自己憋着让所有人都不明白发生了什么。随身带好自己的信息表、保险卡也是很重要的事情，以防万一。身体是革命的本钱，别拿自己的健康开玩笑。

后来陆续听到其他同学提到生病时没人管、特别难过的经历，抛开文化差异不讲，其实照顾好自己是即将成年的我们必须学会的一项技能。父母总不可能一辈子端茶倒水跟在我们身后，我们是该自己承担起这份艰巨而必修的责任：为了自己关注健康，为了家人保重身体。

AYUSA

·法律安全篇·

意外成为“恐怖分子”

崔佳佳|档案

毕业于美国印第安纳大学布鲁明顿分校（Indiana University, Bloomington）。2005年参加爱优生高中交换生项目，第一次跨出国门。在参加这个项目之前，我是个性格比较内向的学生。在一年的交换生生活中，我遇到了很好的美国接待家庭，也交到了很多来自世界各地的好朋友，让我变得很乐观、开朗。当然，在这一年里我也体验到了生活中的酸甜苦辣，从失败和错误中成长起来，变得更独立和成熟。

我是2005年的爱优生。在美国，我有一个和我关系非常要好的姐姐，她的名字叫安娜，是来自西班牙的交换生。我们俩做什么事情都在一起，整天形影不离。我们俩一起经历了一件惊心动魄的事情，我把它叫做“非常冒险的经历”。它涉及了当今美国最流行的话题——恐怖分子。

那是在美国洛杉矶区科罗拉多时间的2006年4月2日，这个事件的起因是一张小小的贺卡。

我的姐姐安娜要去加州看一个朋友，我就好心地给她写了一张贺卡，在贺卡的信封上，我写了这样的玩笑话，“不要打开，这里是个炸弹，嘣！”现在我才明白什么叫做“天时、地利、人和”，到了机场之后，安娜正好把那张贺卡放到了行李箱的最上面，所以，一打开箱子就被检查人员看到了。当时就吓到了警察人员，他们叫来了三方警察，三方警察在误以为安娜是恐怖分子的情况下，把安娜拉出去审问了一番。最后，警察了解到原来是一个小小的玩笑，才把安娜放出来。

美国的警察，是非常人性化的，他们带我去训话的时候，非常和蔼可亲。我一进去，他们就先把我安慰了一番，叫我别紧张，只是聊天儿而已。聊天儿结束了，我看警察叔叔也挺和颜悦色的，就觉得应该没什么事了。但其实不然，警察是按照无情的法律去执行任务的，最后他们还是给我定下了一条罪名，叫做“谎报爆炸性武器罪”。

之后是六个小时的“联合会议”。这时，一位热心的警察对我说，“你不要怕，我就送你到这里，你先在这边坐着，等一会儿有人来叫你，按个手印就可以出去了”。听了警察的话，我踏实地坐在那里等着。可一等就是六个小时。等我出去的时候，已经是夜里一点多了，我的美国接待家庭和社区主任（CR）一直在门外等待着。

在一个星期之内有两位好心的律师接了我的案子，在他们的帮助下，我顺利地与法院达成了协议，可以通过八个小时的社区服务来解决这个问题。这八个小时的社区服务是在我们最熟悉的、也是最神圣的地方——教堂里完成的。教堂的清洁工很热情地给我和安娜安排了工作。真是有惊无险，最后还算是以一个很好的结局了结了这个案子，现在已经彻底没事了。

这件事情提高了我的法律意识，我觉得法律是非同儿戏的事情，大家要时刻把它放在心上，尤其是已经到了 18 岁的朋友。同时，这件事也让我深深地感受到了对社会的责任。感谢爱优生组织对我的帮助，感谢所有人的理解和鼓励，让我能平安地渡过难关。

开学第一天学到的

李思睿|档案

很多人在年轻时都曾梦想过可以一个人挎上背包，独自闯世界。我很幸运，经过层层筛选和培训，我成为一名爱优生，将住在美国人的家里，在美国读一年高中。就这样，17岁的我开始了追梦之旅。

开学第一天给我印象最深刻的是美国高中里那些严格的制度。刚入学的新生必须填写一长串的表格，其中包括了诸如疾病、疫苗注射、毒品检验等多项内容，不仅有详细的说明，还有专门的校医给我进行核对检查。细致的程度，让我只有用细致（meticulous）这样的词去赞美。

美国人十分严谨，他们针对学生应尽的责任和应遵守的规定，有专门的文件进行详细的说明。而对于家庭、教师，甚至对于学校自身，都有相对应的单独文件进行责任义务的叙述。如此严明、详尽的校规让我敬畏不已，让我有一种神圣不可侵犯的感觉。我认为这才是真正的法律，严明的法律是凌驾于任何人之上的，给人一种尊严、威望的感觉，这就是为什么美国人不会轻易地去触犯法律的原因，这样才达到了法律的效果。

都说美国是一个自由的国家，我很认同这一点，但这是被法律所限制的自由，不管怎样的行为一旦触碰了底线就会坠入深渊，这里没有绝对的自由，只有被限制的自由才称得上自由，这是悖论，却也是不争的事实。

记得我在中国上高中的时候，之所以我会像一个标准的好学生那样去做，是因为我对班主任的敬畏，对校长威慑的敬畏，而不是像现在这样对法律的敬畏。真正的教育是让学生学会怎样去感恩，怎样去回报社会，这也是为什么感恩在这个国家是永远的美德的原因。

法律的存在让人们敬畏，教育的目的是为了使人学会感恩。这就是美国的高中给我上的第一课。

做一个全面发展的学生，而不要成为一个书呆子。可能我永远不可能成为闪光灯下诸如科比之类的佼佼者，也许很多年之后我会成为一名花钱买票，置于闪光灯之外的看客，但谁会甘愿在宝贵的青春中留下一抹空白呢？所以我选择了加入篮球队，青春的梦想终于在此刻站在了闪光灯之下，兴奋之余我还必须怀着感恩的心去感谢给予我帮助，提供给我如此机会的人们，因为你们的选择让一名即将 17 岁的青年开拓了眼界，学到了很多世事哲理，让我有一天可以梦想照进现实，相信那一刻阳光会很明媚。

AYUSA

·宗教文化篇·

有一种信仰叫希望

张依若|档案

我是2010—2011届的爱优生，毕业于北京市八一中学。在美期间就读于田纳西州戴尔斯堡中学12年级（Dyersburg High School, TN）。我热爱各种运动，倾心于阅读各领域的书籍。有创作强迫症，快门与笔杆子停不下来。挚爱闯荡旅行，对民族与异域文化抱有浓厚兴趣。

如果你问我中国文化和美国文化最大的差异是什么，我会说是宗教。在我来美国之前，可以说对宗教一窍不通，从来没有读过《圣经》。直到我作为一名美国高中交换生，亲身生活在美国家庭，尤其是生活在最能体现真实民风的美国南部小镇的时候，我才开始真正了解宗教文化。

我发现宗教文化无处不在，当我漫步在教堂的时候，当我和美国家庭及朋友聊天的时候，当我在学校上课的时候，很多细节都能让我感受到宗教文化对美国人的深刻影响。这也许就是我眼中的中西方最大的文化差异吧，我对此产生了强烈的好奇感，并且引发了一连串的深度思考。为此我查阅了很多资料，细心地观察生活中与宗教有关的点点滴滴，还特意咨询了美国妈妈。

美国南部有一片横穿国土的基督教密集地带，正好覆盖我所在的长方形田纳西州，我所在小镇的居民大多是虔诚的基督教徒。以前我认为所有的教堂都是在正中央悬挂着十字架，两侧墙壁上会挂满十七世纪的油画，圆顶上会有哥特式的彩色玻璃窗。

事实证明，在亲眼看到、亲身体会到之前，什么时候都不要说你知道。记得我第一次去教堂是在来到美国第二周周日的上午。我和新认识的朋友一起走进了一个小教堂，中央小舞台上摆放着各种乐器，两侧是幻灯片投影设备，后面是一排排的折叠座椅。听说里面有一个很正规的教堂，只有在举行重大活动的时候才会启用。在场的大多数人都是附近社区的邻居和他们的孩子。三四个虔诚的教徒在舞台上弹着吉他，唱着朗朗上口的歌曲，歌词大意表达了对上帝的敬仰，倾诉着虔诚的心意。全体起立跟着一起唱，有几个人将手高举，眼睛闭紧，身体有规律的跟着节拍摆动，像是在感受上帝的福音。没有人嬉笑，没有人走神，音响声音很大，曲调浑然而成，在这种气氛下，我顿时感到全身像被洗礼了一样，不知不觉地也跟着哼唱起来。接着牧师手捧《圣经》站在舞台中央，给大家讲《圣经》的故事。投影仪上展现出所讲述的要点和这个故事所表达的精神，不少人拿出随身带的《圣经》，翻到所对应的地方开始一条一条地记笔记。之后牧师请上了几个小朋友分角色扮演故事中的人物，在孩子们的表演中引得大家一阵阵大笑。最后这些孩子会每人提一个小篮子，绕场一周将篮子递给在坐的观众，大家会把钱放在篮子里，我问了旁边的人才知道这些钱将用于修缮教堂以及供应食物和活动经费。我偷偷地观察了一下，每个人大约在小篮子里放一百美元。周日上午的活动大约持续了一小时，朋友问我感觉怎么样？其实我也说不清自己的感受，心中充满了对各种问题的疑惑，只回答她说歌曲很不错。

之后的周日我又去了一次教堂，晚上的活动在另一座楼里，有教室、小体育馆、活动室和小餐厅。朋友告诉我，她的好朋友几乎都是在教堂里认识的。来教堂的孩子们会先在体育馆玩一会儿篮球或橄榄球，然后聚集在小餐厅里吃饭，每周有两个家庭轮流给大家提供晚餐，吃饭前会先念一小段祈祷的话，大概内容是感谢上帝赐予大家这顿晚餐。孩子们一起进入教室，牧师会给每人发一本《圣经》，然后牧师为大家讲述《圣经》的故事。当我第一次手捧原版《圣经》坐在教堂的地上听牧师布道的时候，感觉很新鲜。

这里的牧师不像电影里演的那样身穿黑白长袍，戴着十字架，他们穿的是普通的T恤和短裤，他们也有自己的专职工作。

《圣经》包括了一些基督教公约，比如不能杀人放火，对待万物要怀着一颗感恩之心等等。里面还有很多上帝的故事，告诉人们上帝在遇到各种各样问题的时候都会怎么样去对待，怎样解决问题。我特意观察了一下在场的孩子们，他们一改平日里的嬉笑顽皮，眼神中透出的是专注和认真。我不禁有这样一个疑问：是什么力量让孩子们如此相信上帝呢？

我回到家里还是百思不得其解，我主动和美国妈妈聊起了这个话题。美国妈妈告诉我，每个人出生的时候，基督教徒父母会请牧师在教堂为孩子做洗礼，向上帝介绍新的生命，以接受上帝的护佑。等孩子四五岁的时候，每周日会学习教义课程。美国妈妈说着说着就笑了，她说那么小的孩子其实也理解不了这些，但是会从小开始每周去教堂。这时美国妈妈反问我，“是不是就像中国的佛教或者儒学？”我说：“在中国有宗教信仰的人不是很多，我觉得儒学不算是宗教，它更偏向一种道德哲学理论。”

美国妈妈的提醒引发了我的思考，看来我要重新定义我脑海里“宗教”二字了。可能是受历史课本的影响，之前一提到“宗教”二字我总觉得是禁忌，是压迫，是封建社会的产物。此刻我开始意识到，就像很多美国人不了解现在蓬勃发展的中国一样，我原以为的宗教太狭隘，远远不是当下美国人生活中的宗教。其实教义中有很多是教会人们做人做事的道理，树立良好的道德品质。这不就和儒学的初衷是一样了吗？从小我们学习“克己复礼”、“己所不欲勿施于人”，遵奉孔孟为圣人，以《论语》为基本道德标准守则，仁义面世以创造和谐社会；而天主教教义中“善行”高于所拥有物质的一切，若是犯了不可饶恕的七宗罪（傲慢、妒忌、暴怒、懒惰、贪婪、贪食、色欲），将会遭受地狱残酷的惩罚。我们遵循着善良的原理法则和道德标准，修身养性，如果犯了戒条，还没等天下大乱遁入地狱，先会受到自己良心的谴责，更加痛不欲生。于是完善的自身道德体系逐渐形成，我们学会了约束自己，成为一个正直的人，达到了上帝或者孔子的目的。其实宗教也是一种哲学啊。

之后我又去了几次教堂，我对宗教的态度明显改变了。我把教堂经历当作一项文化课题去研究，仔细观察和分析大人、孩子们参加宗教活动的状态，包括他们的衣着，甚至表情。

我发现有时候教堂就像一所社区活动中心，人们会不定期地组织青少年进行户外活动，举行慈善晚会或者个人音乐会，他们还会带领孩子们参加各种夏令营、俱乐部的活动。我能真切地感受到孩子们在教堂活动中散发出的喜悦光芒，和与小伙伴们结下的深厚友谊。

我的美国接待家庭的一大爱好就是参加教堂活动，两个美国妹妹在每次去教堂之前都会兴奋很久。于是我总结出了这样的结论：美国孩子受教育的主要途径除了家庭和学校，还有很大一部分来自教堂，教堂教会他们热爱生活，随时随地保持灿烂的笑容和一颗充满希望的心。

最近一次去教堂是在一个周三的晚上，那是我印象最深的一次。小镇上一个 15 岁女孩被毒蛇咬伤，不幸去世。牧师带领大家一起为女孩哀悼祈祷，愿她在天堂一切都好。之后牧师的一段话让我很受感染，大意是这样的："没有人知道下一秒会发生什么，也可能那就是你生命的最后一秒。请想想如果这是你生命的最后一秒，在你面对事情、面对家人朋友的时候会怎么做？生命中随时有可能出现一些不幸的事情，也许会发生在你身上，也许你会问'为什么偏偏是我？'，你有理由伤心、沮丧一阵子，这很正常。但请你相信上帝，他在掌控着一切。请珍惜你身边的家人和朋友，上帝会帮助你的。"几乎在场的所有人都哭了，包括开朗的女生和高大的男孩，有的甚至泣不成声。接着牧师说："现在请拥抱你身边的朋友。"大家抱作一团，轻拍后背，擦着眼泪，互相鼓励。这样的场景很难不让人动容，即使不认识那个女孩的人也会为她流泪祝福。

有时候我会在心里轻轻默念着希望以后怎样怎样，现在我才顿悟，其实这就是一种祈祷，我没有向上帝祷告，我是在寄托于一种希望。此刻我理解了，其实每个人心中都有自己的信仰，只不过有的名叫"上帝"，有的叫"释迦牟尼"，有的叫"希望"。曾经听过一句话："上帝不会给我们过不去的坎儿。"在我的眼中，教徒只是把希望、把一切正义美好拟人化为上帝。本质上我们中西方文化没有什么不同，信仰和美好的愿望是不分国界的。我们在痛苦的时候坚信生活会好起来，遇到困难的时候我们相信一定会渡过难关。这是一种积极面对生活的心态，这就是为什么信仰有引领生命的力量。

宗教在美国人的生活中无处不在，小到有人打喷嚏时，身边的人都要说一句"上帝保佑你"，表达上帝会让一切好起来的愿望。每天上学、上班前家人会互相祝福对方拥有美好的一天。遇到惊喜和惊讶时人们总会叫一句"哦，我的上帝！"

我去过几个邻居家，几乎每家都会在显眼的位置摆放一个小天使。美国大学里有宗教研究系和就业慈善机构。书店里会有宗教书籍专栏。"对不起"和"谢谢"是日常生活中最常用的两个短语。正是因为人们看到了世间存在的不幸，在同情缅怀之余会更加珍惜自己的生活，存有一颗感恩之心。"许多非洲人因为饥饿奔波而死，而我有丰盛的食物与舒适的住处，感谢上帝在赐予我美好生活的同时也希望受难同胞早日脱离贫困。"善良和爱心就是这样积累下来的。

我在美国中学选修了英国文学课，学习中世纪的文学作品，其中大量主题是关于宗教社会的，和现代宗教形成了鲜明的对比，这让我更加清晰地看到宗教文化发展的历史长河。从欧洲宗教统治者禁欲主义到文艺复兴迸发的启示，从薄迦丘的《十日谈》到乔叟的《坎特伯雷故事集》，让我更加深刻地了解了宗教的起源。就像我们中国的儒学虽然距今已有两千多年的历史，但一直以来仍在不断地被扬弃继承、发展创新，不断地适应着时代的号音。

从误解到理解到感悟，西方宗教文化带给我了无限启发。感谢有这样深入美国当地生活的机会，能让我深刻地了解美国文化的重要部分。这也让我成长，以更加成熟的心态面对生活，以崭新的观念看世界，随时随地拥有一颗感恩之心。

我感受到的文化差异

何难｜档案

目前就读于北京十一学校高二年级出国班，是爱优生2009—2010届的交换生，在美国伊利诺伊的富尔顿交换了十个月的时间。我认为这次爱优生的经历对我产生了巨大的影响，不仅仅是语言能力上的提高，更重要的是对事物的看法也发生了一定程度的改变。在与美国接待家庭相处的一年里，我意识到了这段经历的重要性，这些都是在课本中学不到的知识。

十个月前满脸稚气的我如今已经成长了很多，十个月的时间转瞬即逝，却留给我丰富的经验与教训。

在美国交换的这一年中，我流过汗，流过血，终于从一个小男孩成长为一个能适应发展需要的青年了。回顾刚登机时那幼稚的面孔和到美国后茫然无助的心情，我发现自己真的长大了。而美国这个多元化的国家留给我印象最深的就是年轻人的独立与包容，这一点让我从各个方面都有所体会。

【宗教家庭】

我的美国家庭在一个只有2000人左右的小镇上，和很多爱优生一样，我在十个月的时间里一共有过两个美国接待家庭，这让我非常开心，不仅丰富了我的人生阅历，而且还体验到了美国社会不同阶层的家庭生活。

我的第一个接待家庭是个临时家庭，一位慈祥的美国妈妈和一位热心的美国姐姐，我在这个家庭只住了三个星期。这三个星期对我来说很难忘，不仅让我渡过了语言的难关，并且还积攒了人脉，这些都为我日后的美国生活打下了基础，做好了铺垫。

这是一个十分忠诚的基督教家庭，家里除了工作以外谈论的都是《圣经》和耶稣，甚至她们的工作也有一部分是在教堂里进行的。也许因为这个小村镇宗教气氛相当浓重的缘故，也可能是因为美国姐姐上的是一所基督私立学校学习了牧师专业的原因。也正因为如此，她们经常会有不少教会的朋友来家拜访，因此我也认识很多人。我们每个周末都会按时去教堂做礼拜，我也借此机会认识了我们的牧师斯科特先生，他是我之后很长一段时间的好朋友。

去美国之前我就听说过基督教，但总以为那是庄严、肃穆的事情，听着牧师用单调的语气讲经说法，背枯燥的古英文，我永远不会想去尝试。但在美国我的想法很快发生了改变，这完全是因为斯科特先生。在我第一次见到他的时候，他居然微笑着用中文说了句“你好”，接着又用中文唱了一首歌，后来才知道他到过中国。

宗教活动没有我想象中的那么枯燥。教堂的二楼是一个巨大的会场，里面到处都是乐器，每次礼拜都要唱几首通俗的流行歌曲（当然都是赞颂耶稣的），然后才开始布道。而牧师在做礼拜的时候也不是很呆板，他那妙趣横生的话语总是引来哄堂大笑，更像是一场戏剧。他用自己的亲身经历告诉我们经文的意义，这让枯燥无味的经文多了一份现实意义。

教堂有很多活动，例如每周三下午都会有青少年组活动，教堂会提供食物和水，让所有同龄的孩子聚在一起，以聊天的形式讨论几句经文的意思，讨论人生哲理和一些更深入的话题。圣诞节和复活节前后还会有大大小小的募捐和表演活动。这次海地地震，教堂也组织了捐款、捐物活动。美国教堂不仅仅是一个宗教活动场所，更是一个育人、交际、培养爱心、拉近人际关系的地方。值得一提的是教堂的一切开支都是由人们日常捐赠的钱来维持的，教堂没有硬性规定每人需要定期交多少钱，而一切食品和饮料都是免费的，多出来的一部分钱由教堂牧师决定捐给社会慈善机构或需要帮助的人，其中的一部分捐款提供了一个排球队的早餐，剩下的一点才是牧师的工资。这样一个教堂，人人都很友善，乐于奉献，但并没有因为我不是基督徒就对我有看法，相反的， 他们总是说他们很高兴我能去他们的教堂，跟他们一起聊天吃饭。我想这就是美国文化中的包容吧。

后来由于美国姐姐的工作原因，我不得不换到第二个家庭。这个家非常热闹，除了美国爸妈之外，还有两个美国小妹妹和一大堆动物。最棒的是这两家离得很近，所以我还可以经常与第一个美国接待家庭联络感情。

【文化感悟】

美国人是比较独立的，大多数人不会也不愿意跟别人黏在一起，因为他们明白每个人都有自己的事情要做，都有自己的路要走，所以经常看到在课间还打打闹闹的好朋友上课铃一响就立即分开，毫不留恋，各回各的班里上课。中午吃饭时也多是“随遇而安”——今天想和谁坐在一起就和谁坐在一起，并不是总跟着一个人或一群人在一起。这也是为什么在美国交的朋友很多，但好朋友却很少的原因。在学校里我经常会听到这样一句话，“你是我今天最好的朋友！”那里每个人都有自己的想法，都有自己一天的计划。他们绝不会为了迁就别人而耽误了自己的事情。即使别人盛情邀请，他们也只会说一句，“我很想去，但是我得……”这是能被一般人接受并理解的，毕竟人人都有自己的事情，但在中国可能就看成了一种自私的或不识抬举的表现。

我曾听说过美国人说话很直率，不愿意撒谎，但我看到的并不是都这样。由于要尊重、顾及他人的感受，美国人并不总说真话，而是试图对每个人都很友善。但这样的结果是，你并不知道美国人真正的想法。感觉人和人之间有一层看不见的膜，既保护了别人不受伤害，也隔开了自己和其他人，再加上美国人的独立性很强，朋友之间的依赖性不大，友谊纽带也就不那么强韧了。

美国人的包容性很强，美国本来没有什么自己的文化，或者说美国文化就是世界文化，是世界各国结合在一起的产物，其特色就是多元化，对各国文化都会有取舍。我所在的村子是个荷兰村，村民一半以上有荷兰血统，但我的一些美国同学家里祖父母是从德国、法国移民过来的，学校里一位学姐家里还有一个从亚洲领养来的小女孩，而我的第二个家庭的母亲有意大利血统，这种多民族融合并不罕见，但村里的人相处得非常和睦，大家并没有因为自己的种族而自卑或瞧不起别的血统的人。虽然不能说在美国种族势力不存在，但大部分人还是怀着一颗友善的心，愿意看到不同的文化，学习新的知识，长长见识。

说起土生土长的美国文化，那就要数快餐文化了。肯德基、麦当劳，还有各式各类的快餐店随处可见，人们只需要停下车探出头来订餐再到下个窗口取餐就可以了，连车都不用下。这样一来的确节省了不少时间，却牺牲了人们的健康，很多人因此得上了肥胖症，引起社会许多个人和团体的不满，很多人在反对快餐，但快餐以它的速度优势和低廉的价格仍占有很大市场。在家庭中，由于女主人忙于做家务和带孩子，很少有时间做饭，因此大部分时间我们都是出去买比萨饼或麦当劳回家吃。中午，妈妈也因为大女儿贝利吵着要去麦当劳玩玩具而不得不带着我们一起去麦当劳吃午饭。在学校里，午餐大多也是油炸食品，营养大部分都在沙拉和水果中摄取。其实这种情况也是有原因的，美国的蔬菜价格远远高于肉类。

记得有一次我在家里开聚会，准备为客人们做四道中国菜，三菜一汤，我当晚去超市采购，看到账单我都惊呆了——一共 80 多美元，要知道，这些只是普通的家常菜，在中国下馆子吃一顿顶多花掉50块钱，在这里居然是中国的10倍还多。很多人即使想吃得健康也没有这个能力，只有买那些快餐来吃。在快餐背后隐藏着的是美国的“快”文化。

【我的三点建议】

我想和大家一起分享我的一些经验和教训：

第一，不管之前你的性格是内向还是外向，只要成为爱优生就必须学会善于表达、与人和睦相处的能力，不爱说话是万万行不通的。第二，要学会独立，不能什么都依赖家长，在美国不能总给北京的父母打电话，包括选课、买衣服等等事情都要自己拿主意，拿不准的可以多和美国爸爸妈妈商量，这样可以更好地融入美国家庭。第三，要多记录，通过笔和相机记录下让自己激动、感动的瞬间，这是一笔很宝贵的财富，例如相片、日记、博客等等，我就是因为没有坚持下来，以至于到现在还经常追悔莫及，这对于长大以后的回顾和反思都是非常重要的。

在美国做交换生的经历，解开了很多我之前对美国的误区。我这才发现，美国是奋斗者的天堂，是懒惰者的地狱，更是对迷茫者的机遇和挑战。在这样一个国度中，我需要足够的实力，需要勇气和毅力，更重要的是一颗开放的心。我将用余下的高中时间积累实力，攒足勇气，敞开心扉来迎接未来的世界。

了解差异，尊重不同

苏一尘｜档案

现在在UCLA就读大学三年级，主修商业经济学，辅修数学。我于2005—2006年参加爱优生项目在美国田纳西州Chattanooga市做了一年的高中交换生。我在田纳西感受到了与国内文化甚至是与美国东西海岸文化天壤之别的美国保守派文化。那一年的经历拓宽了我的视野，赋予了我一个新的视角，一个包容的态度来看世界各个文化与宗教。我觉得这种视角让我受用终生。

我的美国家庭在田纳西州，我在那里生活学习了一年。我的最大收获就是全方位地感受到了美国生活的特点，不光是语言、人种、服装，我觉得还有对生活的态度、思想以及信仰。

【生活态度不同】

首先我想说说美国人的生活态度。在圣诞节的时候，我和我的美国接待家庭发生了很大的冲突。我上的是一所基督教会的私立学校，在第一个学期我努力地想适应美国高中的学习。

我到这个学校一上课就发给我一大堆书，这些书在学校里是看不完的，必须回家接着看，这样才能完成学校的功课。但是，我的接待家庭不喜欢我这样，他们不想让我在家做作业，希望我每天都能和他们一起玩，我也在努力去这么做。

有一次，我和美国妈妈有了一些冲突，美国爸爸就过来和我谈话。在交谈中，他不经意地说出一些和我思想中根深蒂固的教育完全不同的说法。比如，我的笔用完了，他们就会全家六个人一起陪我去超市去买；我的头发长了，我想要去剪头发，他们就会全家人一块和我到理发店去，他们就在那里等着，弄得我很不好意思。但是如果他们谁的头发长了，要去理发，我也得跟着去。有时候全家人去逛商场，逛了一天，什么都不买，我也得去。

我把这个苦恼和朋友说了，有些人建议我带一本书，在他们逛街的时候，我可以在一边看书。但是等我这样做的时候，接待家庭就说："你以后不准带书，你必须跟我们一起逛，你带书就是在拒绝我们。"我觉得这种做法特别不可思议，就问他们为什么要这样做。美国爸爸说："这是家庭生活，是非常必要的家庭生活，你来美国是来体验美国文化的，就应该跟我们逛商场，学习不是那么重要，重要的是体验家庭生活。"我告诉他这样做是很浪费时间的，可以一个人干的事情，为什么要大家一起陪着干呢？美国爸爸说："我们做事情不是为了事情本身，而是为了大家在一起更快乐。"当时我觉得很困惑，不知道应该怎么办。

在圣诞节之后，大约从 2 月份开始，去逛商场的时候我就不带书了，而是硬着头皮和他们一起逛。到后来我觉得也挺好玩的。虽然在中国，如果不买东西的话，我肯定不会拿出一天的时间逛商场，但是在美国，我就尽量地去体验美国当地的文化，因为就只有这么一年嘛，问题也不大。

【了解宗教文化】

很多人认为，中国人和美国人最大的区别是生活态度不同，我非常赞同，但是我觉得这并不是最根本的，通过一年的体验，我认为影响最大的是人们的思想和信仰。

我所在的田纳西州几乎人人都是基督教徒，他们都十分虔诚地遵守着十项戒律和耶稣所教给人们的东西。人们不光约束自己的行为，而且精神也被牢牢地统治了。是否是一个基督教徒，不取决于他所做的事情，而取决于他是否追随耶稣，是信还是不信。信就是天堂，不信就是地狱。一开始我理解不了这些，后来我意识到这就是一种差异，我觉得我应该去了解它，所以我读了《圣经》。虽然我不会去信教，但是我想了解他们这么做的道理。

在去美国之前，我和美国家庭通过电话沟通过几次，他们告诉我，美国爸爸的爷爷正在医院里面住院，不久就要去世了。我刚到美国的时候，天天要去医院看望，因为这是我第一次经历这样的事情，觉得特别意外。不久美国爸爸的爷爷就去世了，他们一开始也哭，但不是哭得特别伤心的那种样子，不像我们电视里那样哭天喊地的。当时我不是很理解，这么亲的人去世，为什么不是那么伤心地哭呢。我把我的想法和美国爸爸说了，美国爸爸向我解释说，他相信爷爷现在是跟上帝在一起，爷爷一点也不痛苦，他摆脱了疾病，美国爸爸还说为他爷爷高兴呢。我逐渐对他们的思想有了一定的了解，觉得他们的这种想法也挺好的。我很感慨，中西方文化真是太不一样了。

美国对待不同的信仰和思想都会有宽容的态度。我去过一些不同教派的教堂，那些牧师说的理论确实都不一样，而且都说自己的是真理。所以很多美国学生说，不能听一个就去接受，应该有一颗包容的心。

我也接触过一些从华盛顿州来的自由主义者。他们是无神论者，他们强烈地抨击田纳西传统，他们崇尚自由，极力反对基督教对人的束缚。我觉得这还不是最特别的。有些后现代狂热追随者认为，自由是无限的，他们否定一切的既定规则，想要消灭一切传统。

有时候我觉得这些差异太大了，但我却不应该去拒绝了解这些东西。到了美国一定会遇到很多差异，我们不用都接受，也不应该都接受。我们要做的是尽可能地去了解，读一些后现代的书，翻翻宗教的书，等我们了解了之后，就能更理解和尊重这些差异，也有助于彼此之间的交流。

Pays

KINGDOM HALL
of
JEHOVAH'S
WITNESSES

VERO

Coca-Cola

Ride The
CALIFORNIA

第三章

爱优生电台

Xiaoyu' Radio

教育是慢工出细活的过程

2007 年，美国旧金山
刘修廉教授
爱优生项目的中国创始人

小雨：刘教授，作为“爱优生”的中国创始人，您当时的目标是什么？

刘教授：1972 年 2 月 4 日我从台湾来到了美国洛杉矶，我当时还是 24 岁的一个青年人，进入研究所工作后，很快成家、立业。小孩子一个一个生出来以后，我发现怎样把下一代教育好是做父母的最重要的职责，也就是人们常说的“一代更比一代强”。这句话表明了中国人的生活态度。所以我在美国忙了三十多年，我感觉教育是最重要的。

我在 2003 年 2 月和爱优生创办者约翰·F. 威尔姆先生一起到北京参加了一个国际教育会议，还参加了一个展览。当时我就觉得中国年轻才俊非常多，但是没有一个到美国去的桥梁。我记得第一届爱优生贾含灵讲过，“爱优生是一个桥梁，把我原来一个点的生活变成一条线，一条线又变成一个面，我将来会织出一个立体的人生”。所以，我觉得“爱优生”只是一个桥梁，我愿意做搭桥铺路的工作，能够把这个项目及早地引进中国，先让一部分年轻才俊的 15~17 岁的小孩子有机会参与，这是我在 2003 年的时候想做的第一件事。

国内有很多交换的项目，但是在宣传和组织方面有很多不切合实际的地方，我觉得既然爱优生是美国第一个交换项目的机构，应该让国内正确地报道这个项目。

第三点是我个人的回归，因为我回到中国，已经将近 60 岁了。我觉得在我退休之前能够给自己的国家，给炎黄子孙多创造一点机会。所以，我一回来，就建议我们的总部给“宏志生”全额奖学金，连零花钱都给他们准备好。今年已经是第四年了，我们已经有三个学生获得全额的“宏志奖学金”。比如有一位拿到全奖的叶天生，他只参加了五个多月的“爱优生”交换项目，澳门理工学院就给了他四年的全额奖学金，还有每个月大概2000元的生活费，虽然澳门不大，但是他会有一个完整的大学教育，我觉得爱优生为他奠定了很好的基础，他知道这些都是别人给他的，所以他会有一颗感恩的心，将来回馈社会。

我觉得学生们通过我这个“桥梁”出国学习，等将来他们回到中国，能够感恩家庭，孝敬父母，回归社会，甚至对国家有所贡献，这是我对爱优生学子们的最大希望。

小雨：听说“爱优生”这个中文名字就是您起的?

刘教授：是的，当时我到北京市教委说到“A–Y–U–S–A”，负责人说任何到中国的项目都应该有个中文名字，我当时想了想，我们非常爱惜中国的优秀学生，同时在世界上也行得通，我们也很爱惜美国的优秀学生将来到中国做交换生。

小雨：所以，您就起了一个“爱优生”，这么恰当又好听的名字。您能不能举几个例子说明，中国的孩子需要做哪些准备，才能当好这样的“中国文化小大使”？

刘教授：我深信每一位参与“爱优生”项目的孩子将来都会有一个非常好的发展。所谓“成功”和“不成功”，只能说十个月成功，或者五个月成功，我希望学生参与了，就变成一辈子的成功。

有一位学生叫金洋子，她是15岁参加的爱优生，当时她的父亲和她为是否参加这个项目纠结了两三个月，要参加还是不参加，参加有什么好处，或者参加以后有什么危险，必须要付出哪些代价，等等。

小雨：金洋子当时在北京四中上学，北京四中几乎是北京最好的中学了。

刘教授：是啊，我非常清楚在一所优秀的中学能够得到什么样的资源。这样一个好学生，能在十五六岁的时候去国外交换，会对她塑造完美的人格起到很重要的作用，让她的人格更健全，对人生的态度更积极。我觉得十个月换来这些收获非常了不起，更何况她可以完全了解美国的家庭、学校、社区、文化，她在美国学校也选修了美国历史课，参加了美国政治课辩论的活动，又参加了演讲课程，她回来后的英语简直就跟美国人讲得一样流利。她甚至参加了美国当地的英语辩论比赛，拿了好几项的第一名，这些都是令人兴奋的事情。如果她不参与，一辈子都没有这个机会。如果参与了，她就会打下一个非常强的基石，如果想在上面建起楼房，就要看她是在哪个区域上，要起多高。

在这个项目（爱优生）刚被引进中国的时候，部分家长不是很了解，也发生过学生逾期不归的情况，或者是在参与期间发生一些问题。比如两个爱优生学生在美国打架，他们很快就都退学了。还有个别学生在精神方面无法适应整个环境、事物、语言的转变，造成心理上的负担过重，无法正常地学习和生活，只能被送回来。

小雨：您认为什么样的中学生适合参加爱优生项目？

刘教授：在爱优生网站上或者北京联合国教科文的资料上都会提到，要求学生品学兼优，要有很好的适应能力。要尽量在心理上融入当地的接待家庭，如果他们吃汉堡包，你也吃汉堡包，就不要想着你北京家里的拉面有多好吃了，这样会非常痛苦。你千里迢迢地来到美国，旅途那么远，看到胖胖的美国妈妈，一个大大的拥抱，就多了一个美国的家。因为这些美国接待家庭是不收费的志愿者家庭，都有良好的记录，大部分人都非常热心，既然有心来接待你，如果你开诚布公的话，就会很快地融入。当然，青少年和爸爸妈妈之间不可能没有摩擦。我看到北京的爸爸妈妈在送孩子上飞机前都会有摩擦和不能沟通的地方。所以到了美国仍然有可能会发生隔阂。

小雨：这是青少年成长发育的一个必经阶段。

刘教授：“自古英雄出少年。”青少年有很强烈的愿望，不要爸爸妈妈管，不喜欢听父母唠叨。他们只希望父母给一个范围，自己可以去充实，想要大家看看他自己有多强。所以十五六岁这个阶段，如果品学兼优、英语沟通的能力强、有兴趣去挑战一个全新的美国环境，就可以来参加这个项目。

小雨：您的意思是说，如果想参加“爱优生”项目，之前需要做很多准备，包括英文、品学兼优、生活习惯等等。

刘教授：其实，从教育的角度来看，在孩子一岁至三岁的时候，就应该开始培养孩子个性的完整性。上了幼儿园开始培养合群、互动等各个方面的能力。因为小学的功课还不是那么多，孩子可以唱歌、跳舞，参加很多活动。但中学之后，学生就没那么自由了，天天做卷子，准备升学，因为中国的教育给学生的机会比较窄。不像美国可以选择任何一种方式，甚至不到学校里念书，跟学校申请一下，都可以在家读书，老师给你一段一段功课的指标，不去上学，照样可以中学毕业。美国的教育很活泼，有多种方式。但是在中国，学生必须从早上一起来就坐在教室里开始自习，然后上几堂课，下了课又要自习，还要再做功课。一个初三的孩子甚至要学到晚上 12 点，压力太大了。

我常常和东方的孩子讲，美国的孩子不是不念书，基本上在美国小学四年级的时候，美国的老师就开始启发孩子的独立思考能力，学习认识自己。我认为认识自己是非常重要的。美国的学校经常会邀请社会上不同的人给学生做演讲。如果一个学生想要读医科，他就会注意什么功课要达到什么标准，才能够完成他的志向。所以孩子在学习的过程中一直是接触社会的。在学科、知识层面各个方面的了解就像滑滑梯一样，上上下下，方向也在不停地变换。差不多到高二的时候，孩子们就很清楚地知道将来要做什么了。美国也有很多学生在高中毕业后直接去工作，他在学校学木工、学修车，马上就获得了一个社会职业的技能，毕业以后可以马上去找工作。在美国每一个小孩都会觉得很骄傲，一人一个样。不管你是上哈佛大学的也好，是社区大学毕业的也好，他们都很高兴，所以美国是多元化发展的国家。

我同意教育的重要性，如果一个孩子想改变自己的命运，知识就是一种力量。要把时间投入到学习中，而且要活学活用，不能死读书。所以想参加爱优生的学生在小学的时候就应该开始养成良好的生活习惯、读书习惯，上了初一再加强英语学习。如果希望 15 岁参与爱优生，大概在 11 岁的时候就应该开始加强英语了，语言不是很容易就可以学成的。

小雨：您对中西方的文化都很了解，您认为中国的孩子多大到西方去上学比较合适，从而既不会丢掉东方学到的东西，同时又能融入西方的文化？

刘教授：中国学生什么时候接受西学，这个问题从清朝末期就已经开始讨论了，中国也曾尝试着送幼童到美国去，或者到欧洲的其他国家。我认为 15 岁的孩子几乎已经完整地了解了自己母国的教育系统，母语的作文已经达到了一个相当的程度，同时又掌握了英语的工具，这个时候如果用一年的时间到美国去，我常常用简单的例子来形容就是“左右开弓”。他原来是用右手写中文，现在他的左手可以写英文，而且可以跟他的右手一样灵活。文化是语言的后盾。孩子的英语不只是在书本上念的，他还参与了一年跟美国人完全一样的生活。中国的爱优生甚至比美国的孩子还要优秀，因为这些爱优生都是精挑细选出来的。这个交换生项目真的是一个千载难逢的好机会，如果孩子具备了这样的能力，又有这样的条件，只因为爸爸妈妈的不放心而被放弃，那是非常可惜的。我每年都看到这样的爸爸妈妈回头再跟我讲他们有多后悔。但是没办法，过了这个村，就没有这个店。因为这个项目对孩子的年龄有限制。

小雨：我听您和爱优生们讲过，他们就像一粒一粒的种子一样，散布到世界的各个角落，这是您的理念吗？

刘教授：我在给第二届爱优生做行前培训的时候，为他们播放了一部电影《传承》。电影讲述了在拉斯维加斯有一个孩子碰上了一位非常严厉的老师，这位老师很有启发性地让学生们去做一个项目。这个孩子就开始观察旁边生长的环境，说如果我撒播一颗好的种子给三个人，三个人又撒播种子给另外三个人，如果这三个人里面又有两个撒播了三颗种子。用这样几何的方式，一颗种子就可以马上传到上万，几十万，几百万。所以，这是一个理念。爱优生看了以后，都说爱优生被美国的接待家庭接受，不管是相同的观点还是不同的观点，只要用乐观的、诚实的、开诚布公的态度与他们交流，就会发现可以收获很多。内心的感激，变成了一个感恩的心态，就变成了一种传承。

小雨：爱优生所在的接待家庭和美国学校是怎么被选出来的呢？

刘教授：这个项目要求学生填写二十多页的报名表，写一封给未来美国爸妈的信，父母写一篇对孩子参与这个项目的期许的文章，北京联合国教科文的一个评语和所在学校的评语，加上我面试的结果，把这个学生的整体档案送到美国的一个区域。我们把美国分为 11 个地区，每个地区会有专门的社服人员。美国接待家庭可以在电脑上查看学生的基本资料。接待家庭看过以后觉得这个小孩跟我的家庭很适合，他喜欢钓鱼，我们也喜欢，他喜欢钢琴，我们也爱好音乐，这样由美国接待家庭选择学生。学生不知道会被哪个美国接待家庭选中。

选择好接待家庭之后，我们再看当地能不能入学，是上公立学校，还是私立学校。如果是上私立学校，学校会给爱优生奖学金。如果学校原来收一万美元，可能只收爱优生五千美元。私立学校有私立学校的优点。整个过程很复杂，要一层一层地去核对。所以美国接待家庭的安排一般需要 90 天、120 天、150 天，甚至 180 天才会完全定下来。有的接待家庭安排好了，隔了一阵子又可能会有变化。我们也知道美国经济经常会在几年间发生变化。

今年有一个家庭本来都安排好了，但是美国接待爸爸忽然心脏病发作过世了，美国妈妈还是接收了这个学生。当然这个中国学生也会想“原来我有一个美国爸爸，但是现在美国爸爸没有了”，心里会有点不舒服。这个学生去了以后发觉这个家庭非常适合他。

很多的中国家长都会特别担心孩子。像美国中学有抽烟、喝酒的现象，如果同学让他抽烟，他知道应该说“不”，他不抽。如果孩子具备了这样的判断能力，父母应该很安心地信任孩子，让他到美国来。

其实美国不是一个很自由的国家。例如今年有一位家长感觉我们的爱优生管理制度太霸道了，不许孩子用手机，摆到寄宿家庭的厨房案台上，平时不可以，周末你可以用。这是因为美国的一些家庭认为小孩在手机上讲他的母语，跟其他来到美国的中国学生天天打电话，这是一个极度的浪费。因为你来美国只有十个月，你十个月天天磨你的嘴皮子才会达到流利的水平。如果你每天还要花一个小时或者半个小时讲中文的话，你的语言水平就不会提高得很快。我讲一个很简单的例子，18 岁参加，回北京还是会有中国的口音，所以我常常做一个训练，我让我的同学的舌头能不能伸出一个 V 字形。结果有一年一个女孩的舌头伸出来是 W 形。她来美国三天跟我说，“我觉得我的肌肉讲英文，已经活动开了”。三天就有这种感觉。所以 15 岁参加，不管男孩女孩回去讲的英文几乎就跟美国生的下一代华人讲的一模一样。所以在传承会上你可以看到 15 岁去，16 岁回来英文讲的是什么调。17 岁去，18 岁回来，他讲的英文是什么调。很明显可以分出来。

小雨：十个月的经历会改变孩子的一生！

刘教授：如果一个小孩子准备好的话，两个月他就会觉得已经改变了一生。

小雨：您对这次参与“爱优生”的学生会有哪些希望呢？

刘教授：我今年有一个学生叫刘博森，她刚到美国学校时，跟校长讲“我要成立一个中国文化社团”，基本上在美国中北部的学校是根本不可能的。结果她花了一个多月的时间成立了，而且马上有第一次的活动。已经有二十多个美国本地的小孩参与。在这个项目上，她在推广，美国也派了一个指导老师给他。所以，她在这个活动里面学到好多东西。因此，对于我今年整体“爱优生”的期许，第一，现在在美国的学生，你们尽量把你们的母语暂时搁置在旁边，因为你的时间太宝贵了。第一个法则是，你必须要知道你在人生的哪一个阶段，长阶段、短阶段，一分钟，或者一年，你要做什么，你的目标是什么，清清楚楚地把它列出来，分秒必争，走你自己的目标。因为，十个多月时间参加爱优生的项目，你是做美国高中学生交换项目，你用的是美国语言、吃的是美国食物、看的是美国各个颜色皮肤的人。你接触的是美国文化，你念的是美国历史、美国政府、美国的社会。甚至我们讲有一个学生学美国家庭保健的，她还会有一个电子娃娃带回去照顾一两个星期，让她感受一下。所以，你为什么还要把每天做的什么事情打电话给你北京的爸爸妈妈、同学去讲。这个就是很大的时间运用上的不恰当，你可以把你的心得用英文写下来，写日记。你的英文可以越写越棒。然后，将来你留下来，你可以传子传孙的，让他们看看上一代在求学的过程，他能够克服这样的困难，他的心路历程。这比你把这些打电话浪费半个小时讲了这个礼拜的事情要好太多。所以，我期许同学们第一个还是做好计划。

第二，听得清清楚楚。你看今天副校长在讲什么，他讲的任何一个英文，你把它学习到，变成你自己会讲。另外，你从他头脑里哪一个组织细胞散发出来，他后面的知识层面有多大，你才知道你在求学过程中怎么跟着这个老师往前推进。

第三，大声讲出来。你跟人家沟通，你不能像蚊子一样，你必须要跟人家讲得清清楚楚，让人家知道你想讲什么、你的主题是什么、你第一个重点是什么、你的层次是什么、你修饰语是什么、你的惊叹号在哪里，非常清楚地表达出来。

第四个，我在国内讲的，要介绍你自己。因为你是一个文化大使，你对《论语》，你对中国文化什么都不知道，中国的儒家思想、中国历史，甚至北京最近几十年改革开放的事情，你一无所知，你出去人家问你，你怎么跟人家当文化大使呢。所以你要把你自己介绍出去，把你的背景介绍出去，把你身为一个历史古国的国民，中国的文化遗产能够散发出去。到了美国我就说，你要很清楚地知道你自己。所以我说，你们自己最重要，分分秒秒都用在你自己身上，你不要去管别的学生。别的学生好也好，不好也罢，那是他们的事，你也管不住他，你为什么不好好利用你这一分钟、半小时时间。所以，我就跟学生们讲，虽然美国电话费很便宜，但是你们互相之间不要打。不用打电话的原因不是不让你们联络，我更期望你们建立一个你的网页。你的网页有照片，有英文，有中文，把你所有东西都摆上去，你不只让你的好朋友看，别的人也可以去分享你的信息，这个才是真正的交流。39 个人有 39 个网站，中国有上千的学生可以看他们的信息，这个是不是造成一个信息爆炸的传递？所以我对小孩子有很多期许，我也希望他们的爸爸妈妈能够了解，而且想得更深远。你们的小孩已经不是你们自己拥有的。这是美国的观点。美国的小孩生下来有社会的责任、国家的责任、人类的责任。如果没有我打给爸爸妈妈的电话，也是好消息，如果我打了，可能是小孩子犯规了。

小雨：您希望爱优生通过这一年的美国体验将达到一个什么样的水平？

刘教授：来到美国，经过十个多月以后，他们的第一个感觉就是这个世界真大。而且这个世界是属于他们的。他们会觉得生命的价值观一下改变了。每天早上一起来，会感觉精神焕发，觉得每一分、每一秒都是要去学习的。美国的人种不一样，美国是一个不同文化的大熔炉。你想要了解美国主流的文化，又想了解墨西哥的文化，这里又有别的国家的交换生，他的家乡在哪里？你的根是很不容易让别人了解的。所以你就知道旁边那个交换学生的根跟我的根一样不容易了解。所以，你的心就会慢慢地打开了，变成了一个小宇宙村似的生活了。知识是非常广阔的，你要知道用各种方法，用新科技的方式、思维的方式、逻辑的方式去获取知识。读书和你生活的各个方面在这个复杂的体验中，找出一个系统。这真是一个育人工程。十个月的时间只是让你开门见山、登堂入室而已。回来以后，那才是你要用一辈子去钻研的。

平衡中西教育的优势

丁红宇

原北京联合国教科文组织协会副主席

北京市教育委员会国际合作与交流处处长

小雨：请您先简单地介绍一下爱优生国际交换生项目。

丁红宇：参加爱优生项目的学生基本上是在国内读完初三或高一时走出国门，进行为期一年的交流活动。他们会住在美国人的家庭里，成为美国家庭中的一员，与其他成员一起上学、旅游、做家务等。这种方式的初衷是想培养学生的国际视野、国际意识、国际交往能力，以及日后参与国际竞争的能力，使学生在不同文化、不同价值观念、不同民风民俗的环境中知道如何寻求自身成长的道路、如何寻求事业发展的方向。

小雨：为什么叫“爱优生”（AYUSA）呢？

丁红宇：“爱优生”是从英音译过来的。A是学术（Academic）、Y是一年（Year）、USA是美国。总体来说就是“在美国学术方面交流一学年的活动”。

小雨：您能不能举个例子说明中国学生在美国的生活情况？

丁红宇：比如我曾经见过的一个学生，她是北京回民中学的，尽管我们再三与她强调，到了美国，应该对美国的文化、当地的风俗习惯有所了解、增强自己独立生活的能力。她也做好了充分的准备，但是到了美国的第二天，美国家长送她去上学，就把她带到一个十字路口，对她说，“从这里开始，你可以坐车，也可以走着上学，我们就不管了”。那个学生没想到情况会是这样。

小雨：您的意思是说这是美国人教育孩子的一种方式，是吗？

丁红宇：是！美国人认为她是高中生了，应该有能力自己找到上学的路。这个学生当时觉得很吃惊，但是最后她还是找到了。我见到的另一个学生是在德国，我们当时在德国汉堡开会，那个学生是从德国的斯图加特赶过来的，她自己倒了三次火车才找过来，那时她才到德国一个月。孩子们适应得很快。

小雨：您认为中国学生们的这种体验对他们今后的发展会有哪些作用呢？

丁红宇：肯定是有好处的。实际上，有很多中国孩子在出国前是很腼腆的，不敢说话的，但回国以后他们会滔滔不绝。回来的学生们会自己成立学生会，自己组织活动。

小雨：参加这样的活动，我们中国学校的老师、校长和同学们，他们的看法是什么呢？

丁红宇：凡是参加过这个项目的学生有 99% 都是很满意的。因为这个项目开展了许多年，从 80 年代开始到现在已经有二十多年了。当然也会有个别学生因为种种原因，对这个项目不是很满意。主要的原因是对本身的文化交流的理解上。中国的家长送孩子出国，一般会选择说英语的国家，尤其会选择美国和英国。因为这些国家比较先进，既能学习英语，又能开阔眼界。这是家长们普遍的要求。但实际上，我们这个爱优生项目并不是去美国的大城市。美国的大多数人都住在中小城市，把美国所有大城市的人口加在一起，只占到总人口数的 1/3。这样一来对中国的学生就会有一个反差，尤其是对北京的学生。北京现在到处是高楼大厦，已经成为了国际大都市。可到了美国，可能是单门独户、可能是农村小镇，这就会形成一个很大的反差，学生们就会觉得有问题。美国接待家庭确实有交流和沟通的问题。按这个项目的正常情况来看，孩子们应该能够吃饱，不会挨饿。可是有个别学生去了美国之后，中间可能有一段时间沟通得不是很好，再加上吃不惯西餐，导致学生在吃饭的时候没有喜欢吃的东西，饿了的时候又没到饭点。所以个别孩子是想吃的东西，美国接待家庭没有准备，而准备的食物中国孩子又不喜欢吃。

小雨：如果能坚持一两个月，熬过过渡期就好了！

丁红宇：对，就是这样！特别是在这一两年就已经形成这样的规律了。一般是在第一个月的第三周开始，大概星期三、四、五、六，有这么一段会很难受。然后到第三个月的时候会强烈地想家，过了这三个月以后，就应该没问题了。

小雨：北京联合国教科文组织协会主办的这些活动与目前比较热门的暑假、寒假游学活动相比，它们的共同点、不同点是什么呢？

丁红宇：共同点是学生们都有机会通过自己的眼睛、耳朵、思想去观察、聆听、思考完全和我们不同的文化背景。不同点是这种短期的游学活动不能深入到美国的家庭和学校。如果仅仅以旅游者的身份只能看看热闹而已，并不能真正地了解外国文化是什么样的。而我们这种比较长期的项目，可以帮助学生更多地了解美国的教育制度、文化、法律、风俗习惯和宗教等内容，可以说是真正地体验外国文化。

小雨：有一位家长说他的孩子英语不太好，这次是勉勉强强地考过了“爱优生”的英语测试。家长特别希望通过这个项目能够大大地提高孩子的英语水平。至少在回来以后能够在考试时取得好分数。您怎么看？

丁红宇：对学生英语的听、说、读、写，以及理解等全面的能力绝对是有帮助的。但是对考试的成绩有多大的提高，还是要看具体情况。因为中国的每一个考试都有自己的命题方式、答题方式，还有很多技巧。我们中国人考托福、考 GRE 都能考很高分。我们的学生出去以后只要适应一段时间，他的听课、阅读、理解是没问题的，和别人交流应该是没问题的。

小雨：您认为中西方的教育方式最大的不同点是什么呢？您刚才提到了美国人把孩子放在十字路口就不管了，这在中国好像是不太可能的一件事情。

丁红宇：中西方在教育理念、教育哲学的层次上是不一样的，具体到一些教育方法也是不一样的。西方主张人是独立的，每一个人都有自己的权利，这是神圣不可侵犯的，即使你是老师、父母、医生、警察，你都要尊重对象（学生、孩子、病人、犯人）的权利，更不用说其他更平等的人，也都是一样的。我曾在一个美国家庭住过一段时间，家里的孩子一岁多，可能还不会走路。美国家长就在地板上铺一个毯子，让孩子一个人在那里趴着。美国家长认为这样可以锻炼孩子的脖子、脊柱，因为他要往上抬头，他们是这样的一种思想。我们中国的想法恰恰相反，我们中国更讲究亲情、呵护、关心、传承，上一代如何无私地照顾下一代。这一点反映在教育上也证明了我们无微不至的关怀，使得孩子们在基本技能、基础知识方面比较强，再加上我们汉语、汉字的优势，形成了我们中国学生在智力方面特殊的优势。而西方独立的能力、独闯的能力、创新的能力是比较强的。

我们中国的老师爱护学生的方式就是帮助学生把什么事都要找到一个答案，中国是这种集中思维。而西方更多的是一种发散思维，让学生自己去探索，过程是主要的，对结果并不是很在意。这是我个人体会的中西方教育的各自优势。实际上，我国的基础教育有很多好的地方，西方也在向我们学习。例如，国内评论最多的就是考试。我了解到俄罗斯从2003年就开始举行共和国的统一考试。美国也是，州立考试越来越多。当然，我们中国的数学、科学也是外国学校效仿的地方。同样，我们也应该学习西方的创新的能力、独立发现问题的能力、思考问题的能力和解决问题的能力。我们中西方应该互相学习、互相借鉴。这就是我们举办这个项目的目的。

小雨：美国家长与孩子之间的沟通方式，有没有中国家长可借鉴的地方？

丁红宇：美国家长普遍都很尊重孩子的意愿，哪怕孩子还在很小的时候。而中国的大多数家长都会把自己的梦想让孩子去实现，家长没有完成的事情让孩子去完成。这种情况在中国太普遍了。美国的家长很尊重孩子的选择。比如中国的孩子在路上走着走着，突然停下来，看见一样东西想要玩一玩，家长就会马上把孩子领走。而国外的家长会很有耐心地等着，让孩子在那看，让他玩。即使要走了，也会耐心地与孩子沟通，征求孩子的意见。

小雨：在国内确实是这样，这样的事情我自己也经历过！

丁红宇：是啊，国外的家长在孩子说话时都会显得很尊重，很少批评孩子。中国则是两个极端，或者溺爱、或者严厉地批评。我个人对于孩子的教育方面，并没有花过多的时间去研究，因为我从事的更多的是不同文化之间如何理解、沟通。研究这种沟通在教育上、在国家的发展上、在世界的和平事业中有何意义。

小雨：所以每一位家长对自己的孩子都要格外地尽心！

丁红宇：是！家长要挣钱，不能不工作，又不能工作得太多，而把孩子耽误了，这是很矛盾的。需要在各自的非常个性化的条件下找到一种平衡。

任军

北京市教育委员会国际合作与交流处学生交换项目官员

小雨：您觉得这个项目（爱优生）开展以来，出现的最大的问题是什么？

任军：通过我们的了解，以及与美国总部的沟通，我们感到项目执行中存在一些问题，但主要的问题还是中西文化的差异，表现形式是在我们对西方的文化以及教育背景这方面的差异。特别是参与项目的学生和家长了解的不是很多。

今天在总部，我也和他们的项目主管谈到了这个问题。中国的学生和家长对美国社会文化的了解比较单一，可能还是通过一些影视作品等形式了解到的，当然，互联网的开通使学生获取了大量的信息，但这只是停留在一般认识上。学生没有设身处地的到美国亲身体验美国的学习和生活，势必会产生文化和教育差异的碰撞。面对差异时如何解决，如何适应？我想这只有在学习和生活环境中体验，必须本人到了美国，参加了这个项目，经过自己的几个月，到一年的项目实践你才会深刻地了解到西方文化与我们中国的传统文化之间的差别，你才能寻求到解决问题的方法。我觉得学生到了美国后最大的问题就在于此。比如项目安排的美国城市均为中小城市，有些是小镇，学生到了美国以后，他们所在城镇、生活环境、住宿家庭和在北京生活的情况差异很大。

作为来自中国首都的学生，初到美国后心理会有极大的落差，比如我们有的同学去了林场，是个小城镇，住宿以林业为生的家庭，小镇就他一个来自中国的学生，住宿家庭有多子女的、有单亲家庭，他们所面临的环境和家庭既新鲜又陌生，可想而知一个十六七岁的孩子要如何面对，如何减轻心理压力，融合进去。

我们开展这个项目的目的就是要锻炼学生在美国的自理能力，自立能力，培养他们独立思考、学会与人沟通、善于交流的能力，以及面对问题和困难时寻求解决的能力和勇气。我高兴地看到所有参加项目的学生在初到美国和在美期间，尽管会有这样或那样的问题，但都能勇敢面对，充分沟通，独立解决，求同存异，很好地处理了这些关系，完成交流项目。这就是进步，这就是收获。也正是我们开展这个项目的最终目的。

随着每年项目人数的逐年递增，项目管理逐渐成熟，面对出现的一些交流生在国外的问题，作为北京市主管教育及留学工作的部门，有必要对低龄留学生进行留学前、留学中的相关引导，使其能够安全、顺利地在国外学有所成。同时应该认识到交换生这种个人行为，也是教育兴国的重要途径之一。

崔香顺

北京联合国教科文组织协会办公室主任

从2004年起，崔香顺就专职从事和学生、家长、学校和刘教授的对接，大部分学校选送的爱优生都是崔香顺老师和学校进行磨合、沟通下选出来的，一旦学生在美国交换期间发生了任何事情，几乎是同时与崔老师和刘教授联系的，最重要的一点，学生在完成一年的交换之后，需要回到原来所在学校继续上学，也是崔香顺老师代表北京联合国教科文组织协会去和各个会员学校提前签协议。

小雨：听说您在北京联合国教科文组织协会很早就开始负责爱优生的项目了？

崔香顺：是的，我从 2004 年开始负责爱优生项目。负责中美合作的协调，项目的宣传，协议的签订以及爱优生学生在美期间的跟踪服务，等等。

小雨：我知道有很多学校参与了爱优生的推荐选拔，学校的反响怎么样？

崔香顺：学校的反响还是非常好的。2004 年第一届共有 14 位爱优生，我刚接手的时候，这 14 位爱优生已经在美国了，我参与了协调和解决爱优生在美国出现的问题，总结他们的心得体会，组织家长会和报告会等。第一届有北京潞河中学、北京十二中、北京八一中学、北京丰台实验学校、北京五十七中学等学校都积极推荐学生参与爱优生项目，第二批就有 30 位爱优生学生顺利赴美生活学习。

小雨：您认为爱优生容易出现的问题都有哪些呢？

崔香顺：主要是沟通问题，和自己亲生父母之间的沟通、和美国社区辅导员之间的沟通、和美国接待家庭之间的沟通、和美国学校的老师同学之间的沟通等等。

小雨：我知道绝大部分爱优生是非常成功的，但也有个别不成功的个例，您能大概介绍一下不成功的原因吗？

崔香顺：有学生身体上的原因，如果身体出现问题并且短期内不会治愈，美国医生就会建议回到亲生父母身边治疗；有学习成绩方面的原因，爱优生规定如果三门功课不及格就要被取消项目资格；有行为表现的问题；还有沟通不畅的问题，最可惜的就是因为沟通问题被取消资格，中西方文化差异很大，等问题很严重了才意识到，绕了很大的圈子通过北京的父母、北京教科文、美国爱优生总部、社区主任，再到美国接待家庭，一大圈下来，本可以学生直接和接待家庭沟通的问题已经到了无法挽救的程度，实在是可惜。

酸甜苦辣十个月[1]

詹一
2006 年的爱优生，原就读于首都师范大学附中，爱优生时在 Moreno Valley, CA，大学是在美国明尼苏达大学（University of Minnesota），现在在美国读研究生。

小雨：你到这个学校的第一天感觉怎么样?

詹一：因为这是一个新的学校，到处都特别新，同学老师们也都很热情。这个学校的规矩是不许吃东西，不许喝水，而且也不能听随身听，但是你在课上可以随便说话，说和课堂有关的话，学校非常支持你对课堂上老师所讲的东西发表你的意见和一些不同观点。

小雨：你经常到这个图书馆来看书吗?

詹一：我每天早上上学之前就会来这里看书，因为还有十多分钟的空余。

小雨：十多分钟都要看看书?

詹一：因为教室是提前两分钟开门的，要不就要在门口站着。

（一行人走进教室）

---

1 2007 年，在第一次随北京教委爱优生考察团赴美考察时，我们一行到了旧金山詹一所在的学校和寄宿家庭，这也是北京市教委第一次零距离了解爱优生的生活学习情况，所以大家的感触都很深。作为记者，从见到詹一的那一刻，我的采访机是一直开着的，走到哪录到哪，这次对我来说也是机会难得。回北京之后，我编辑制作了一期节目，真实地反映了在美国的小留学生的生活和学习情况，因此还获得了国家广电总局当年的青少年节目一等奖。本文为节目精选内容。

詹一：这里的教室都是每个老师自己拿钥匙，他们上课前两分钟才会开门，如果来得早就要在外面站着，所以不如来图书馆学习。

小雨：你每天上学是坐什么车呢？

詹一：因为在这里没有校车，所以我就要坐公交车。

小雨：公交车方便吗？

詹一：方便，但是要走一段比较长的路。

小雨：要背着这么沉的书包走吗？

詹一：我全当减肥了。

小雨：减了几斤？

詹一：没减反而还长了几斤，我住的那个美国家庭喜欢做意大利菜，他们每天做特别好吃的东西，还做一些汤呀，意大利面，一些墨西哥的食品，还有那种鸡肉卷。我都吃胖了。

小雨：你多长时间过来找一次校长？这次是第一次吗？

詹一：这次不是第一次，因为这里有不同的校长，这个校长我昨天刚见过。我参加了一个放学之后的英语班，需要确定一下名单，所以我现在去找他帮助一下。在这里要想去校长室，需要先与他预约一下，校长就会定一个接待时间。

小雨：你经常过来找校长、找老师解决问题吗？

詹一：除了找这个校长，我还会经常去找老师答疑。

小雨：校长经常在校园里和学生交谈吗？

詹一：对，这里的校长要管的事情很多，不仅是行政方面的，还要管理学生。看到学生在学校里有什么不正当的行为，例如接吻什么的，校长就会去阻止。

小雨：我刚才看到有的同学打手机电话，这个不限制吗？

詹一：上课限制，但是课间不限制。校长有时候会骑自行车在校园里面巡逻，有意思吧！

小雨：学生中谈恋爱的多吗？

詹一：有很多，但是你要看什么样的学生在谈恋爱。有些学生是好好学习的，他们每天都会刻苦学习，自己管理好自己。这个学校也有学生会。

小雨：你觉得美国的教学方法和国内的有什么不同吗？

詹一：这里的教学方法是一种阶段性的教育，你每天去交作业，老师就会给一个学分。不像国内，你上课老师就给你一个。美国这里是每个老师负责一间教室，自己负责教室里的东西、卫生、布置、学生等等一切，还有电话、电脑什么的。每个老师不动，学生跑来跑去上课。

小雨：你选了几门课？

詹一：这学期我选了六门课。

小雨：是自己选的吗？

詹一：刚才您看到的那个老师，就是学校里专门帮助学生选课的。我们先和他说自己的意向，他会把必须选的课选上，另外按照我们的兴趣去选择选修课。

小雨：你选了哪六门？

詹一：我在他的帮助下，选了化学、微积分、健康、历史、经济和文学。

小雨：微积分？在这里高中就学微积分了吗？

詹一：我觉得这是一个微积分的入门，因为我选的是大学预科的课程，会讲一些大一的内容。

（一行人走进实验室，里面正在上课）

詹一：我们会穿一个非常奇怪的围裙，戴一个像青蛙一样的眼镜，如果你不这样装扮，老师是不会让你进入实验室的，而且进实验室不可以带任何的笔、本之类的东西，只能在那里做实验，非常严格，我在这里选化学课的时候，大概第一周的时间都是用来学习实验室规则的。刚开始来的时候我觉得这里的化学实验室很像一个大厨房。

小雨：怎么会有厨房的感觉呢？

詹一：因为在国内的实验室一般都会有一个隔板，一个人一桌，但是这里都是连着的，所以特别像一个厨房。每个人都可以看到其他人在做什么，因为这里是要求两个人一起合作，就是培养同学们的团队精神。

小雨：你刚到这个学校的时候语言方面能适应吗？

詹一：我来得比较早，是在开学前两周来的。在刚来的第一周，语言是很不适应的，当时我特别难过，想哭，但是后来觉得哭也没有用，还是要好好学习，我向我的美国家庭学说英语，而且我的同学们也非常热心地帮助我，吃饭的时候他们经常帮助我纠正发音，再教我一些新的东西。

（在詹一就读的这所美国高中学校里，和大学的形式差不多，学生们需要跑课。）

小雨：你怎么看美国老师不动，而让学生去跑课？

詹一：我觉得这样会好一些，因为在不同的课堂老师会用到不同的东西，而且不同的老师会有不同的个性，他们需要有一个空间去展示自己的个性和自己的教学方式。在这里，所有的课程虽然用的是一样的课本，但是老师会采用完全不一样的教学方式，像刚才我们在图书馆见到的那位老师，她的教学方式就是活泼型的，上课的时候大家可以一起跳舞，一起唱歌，而我以前那位老师就是安静型的，上课的时候我们就是阅读。

小雨：你觉得国内上课的方式有什么好处呢？

詹一：在北京的好处……我觉得北京的教学方式，是在人口众多的情况下必须实行的一种形式。

小雨：每个班的学生都很多？

詹一：对，在北京一个班是 45 个人，在这里最少的时候只有 10 个人，像我选的最多的班是 35 个人。

小雨：你的午饭是怎么解决呢？

詹一：有的时候我自己带午饭，有的时候在这里买，是 2.25 美元一份，包括一份主食，一瓶果汁，一袋牛奶，一份水果，还有一份零食，薯片之类的。

小雨：吃得饱吗？

詹一：吃得很饱，而且还能留下来一点当加餐。

（在参观校园的时候我看到这里同学们的发型都是五花八门的。）

小雨：学校对穿着打扮没有要求吗？

詹一：同学们要个性，每个人都不同。

小雨：学校怎么控制学生？如果学生玩游戏该怎么办呢？

詹一：学生拿一个小卡片，也就是用一个通行证才能上网，学校有网管，学生自己不可以安装任何东西，不能上什么样的网站。比如说，你不能去聊天，那是绝对不可能的，学校已经屏蔽了这些网站。

小雨：说说你来美国之后的感受。

詹一：我觉得来美国做交换生首先要自信，不能自己打击自己，否则的话自己会在这里越来越悲观，要清楚自己想干什么，来这里不是与别人吵架的，也不是来攀比的，而是要为自己的将来做打算。要多去体验，要做好准备，随时都会遇到一些文化上的差异，每天都会接受一些新的东西，不要说不，对一切都要先尝试一下，之后，如果不好可以不再理它了，但是一定要试。这就是我最大的体验。

另外还有一点就是，一定要勇敢。要勇敢地向别人介绍自己，他们才会把别人介绍给你。

（爱优生项目中国首席代表刘教授也向詹一提出了问题。）

刘教授：以你现在的程度你认为你在北京所做的准备充分了吗？

詹一：我觉得不太够，因为我之前是比较注重书面上的一些东西，比如说，我会应付一些特别头疼的考试，而忽略了口语，这一点是让我非常后悔的，口语是一个非常重要的东西，我建议以后的爱优生学生来美国之前都要加强口语。

刘教授：我记得你 SLEP（美国中学英文测试的一种）考试在 56 分以上，在北京算是成绩相当好的学生了。

詹一：因为我只注重书面考试而不注重口语，这是很不好的。

刘教授：在北京的时候我建议你们用“空中英语教室”，听并和自己讲，而不要只去看，你都照着去做了吗？

詹一：我是一月份才和爱优生签约的，从那以后我每天都听“空中英语教室”的光盘，每天早上听三十分钟，我觉得它对我的听力帮助很大。

（下课了，几乎所有的同学都走出了教室，我们也来到了操场。）

小雨：学生们在课间都会做些什么呢？

詹一：大家一般都去自己的小柜里取下一节课的课本，然后赶快跑去下一节课教室，因为必须在下一节课铃响之前到达教室，要不然就会被记录一个相当于国内处分的东西。如果满三次的话，就会有一个比较严重的处罚。

小雨：课间7分钟跑得过来吗？

詹一：在这个学校，虽然每个教室的距离比较远，但我觉得学校设计之前还是有考虑的，对我来说五分钟就够了。最远的教室是从刚才那间到最远的主楼的第一间。

小雨：大概要走多长时间？五分钟？

詹一：对，五分钟。

小雨：因为你是自己背着书包，省去了开柜子取书的时间？

詹一：对。实际上大部分学生走来走去都是很悠闲的。

小雨：你觉得在这里读书最困难的是什么？

詹一：最困难的是老师会留一些发散型的作业，让我们去想、去讨论，说出自己的观点，这是我们在国内比较欠缺的。比方说，我们在历史课上学习到了“独立战争”，当时老师留了一个作业，让我们讨论战争对美国的影响，我们可以从任何一个方面去说，可以做任何的比较。说错了也没有关系，老师就是鼓励我们去想、去表达。

小雨：你觉得你在这里读书的优势是什么？

詹一：数学，美国人的数学真的很不好。

（这时，詹一指着一位女老师）

詹一：这是我们学校戏剧课的老师。

小雨：你在上这个课程吗？

詹一：没有，我曾想加入她的戏剧团，但是和我其他课的时间有冲突，所以后来就退出了。因为这个剧团每天都要活动到晚上。

小雨：詹一，我觉得你已经完全融入到学校里了。

詹一：因为我的朋友帮了我好多忙，他们在我刚来的半个月里领我在学校里到处参观。

小雨：你觉得到美国来，最困难的时间有多久？

詹一：我觉得大概会有三周或四周，那是一段比较不开心的时间。只要过了这个时期就好了，而且尽量去想一些开心的事情，不要总想不开心的事情。

小雨：会觉得自己很孤独吗？

詹一：我会给妈妈打电话。

小雨：多长时间打一次呀？

詹一：基本上每周都会打。

小雨：在这里的美国接待家庭会允许吗？

詹一：会。小雨姐姐，你看这里是食堂，这里面卖不同的食品。

小雨：你每天就是在这里买午餐吗？

詹一：是，这里还有中国餐。

（小雨问校长说：您好，这里有中国味道的鸡肉吗？我的朋友喜欢中餐）

校长：哈哈，没有，这是国际中国餐。（Haha. we are international Chinese food.）

詹一：哈哈，美国鸡肉。（Haha . U.S chicken.）

小雨：你觉得不好吃吗？

詹一：这里只有一种中国餐，因为他们把鸡炸完后放上酱油，酱油是小袋子装的那种，然后往上加，加完了特难吃。

小雨：那晚餐呢？

詹一：晚餐是在美国家庭吃，美国妈妈很喜欢做饭。

小雨：你经常帮着做吗？

詹一：我会在周末的时候帮她做。因为她是不太敢接受新鲜事物的人。好像大部分美国人都喜欢吃中国的面条。我就给他们做面条，他们觉得我做得很好吃，他们也喜欢吃我做的炒饭。

小雨：在中国的时候，你自己做饭吗？

詹一：在中国的时候，周末我会自己做，平时是在学校里吃。因为我住校。

小雨：你和这里的同学关系怎么样啊?

詹一：他们知道我是从中国来的，都非常激动。因为这里所有的东西都是中国制造，而我是一个从头到尾的中国制造。我可以告诉他们一些关于中国的新鲜事情，一些中西方的差异。因为我是一个很爱交朋友的人，他们都很愿意和我做朋友，来分享我的经验。

小雨：如果一个非常内向的中国孩子到这来，会不会很困难?

詹一：我觉得会有一定程度上的困难，因为美国人是这样的，如果你不理他，他是不会主动跟你说话的。

小雨：你和到这里来的中国爱优生有联系吗?

詹一：我跟大部分爱优生是有联系的，我们打电话、发邮件、在网上聊天。

小雨：其他同学觉得适应这里吗?

詹一：大部分都非常适应，而且非常享受在这里的生活。他们每个人都会有不同的经验，会有不同的课程。据我所知，有一个好朋友叫刘博森，她的学校在印第安纳州，她在学校开办了一个关于中国的社团，非常受欢迎，非常轰动。

（告别了这所美国高中，我们和詹一一起前往她在美国的家。路上，大家意犹未尽，依然谈论着对这所美国学校的印象。）

丁红宇：这是一所非常现代化的学校，而且多媒体运用得非常广泛。我前一段时间去英国参观，英国学校的上课形式比美国的差很多。从管理、教学这两个方面来讲，现代化的程度比美国差了很多。

任军：这所学校给我的印象很深，它在美国应该说是一所现代化的学校，学校的一些设备也很先进，特别是多媒体教学给我留下了很深刻的印象。刚才校长先生为我们一一作了介绍，包括运动场、教室、食堂，设备都很先进、合理、实用。我希望我们北京的学校也能多吸取一些美国学校好的做法，把我们的学校建设得更好。

丁红宇：这所学校在很多方面都体现了多元文化，校长、老师和学生之间非常平等，大家可以平等的交流，而且他有很强的亲和力。

（话音刚落，我们已经到达了詹一在美国的家。）

小雨：刚来的时候你觉得是一种什么样的心情，还记得吗？

詹一：我记得刚来的时候特别激动，激动得都不会说话了，那天说什么都会错，比如我想说白色却说成黑色。那天也特别累，而且第三天就去旧金山参观了。是美国妈妈开车带我去的，我睡了一路，因为特别累。从那以后，他们认为我是那种只要坐车就会睡觉的人。（走进詹一在美国的家）

（詹一的美国妈妈真是非常开朗的一个人，她无话不说。）

美国妈妈：我们相处得很好，我们已经去过旧金山和洛杉矶了，詹一还帮助我做家务，她是一个很好、很顺从的女孩。我和她说过，如果她想在美国上大学，我们欢迎她还住在我们这个家里。

小雨：您怎么看爱优生这个交换项目？

美国妈妈：我觉得这是一个很好的项目，它显示出中国和美国之间的友谊。它可以把不同的人会聚在一起。

小雨：听说在詹一之前，您就收了一位爱优生？

美国妈妈：在她之前，我家还有一位来自日本的交换生，但后来她走了。

小雨：詹一是你家里最好的孩子吗？

美国妈妈：对啊！她是最好的，而且也很漂亮。

詹一：我在这里经常打碎碗、盘子之类的东西，美国爸妈对我特别好，都会和我说："别担心"。我的美国家庭跟社区主任的关系非常好。我是一个很粗心的人，我来之前，社区主任就告诉我，"在这里丢了什么东西，忘了或不见了什么东西，没有人会提醒你"。我就开始拿记事本记，我觉得这样非常有效，现在我基本上不会忘掉任何作业、任何要带的东西，每天还会做第二天的计划。我觉得我的习惯基本上都培养好了，我还养成了早晨洗澡的习惯。

美国人喜欢吵架，他们觉得越吵感情就会越好，但我认为如果吵架的话，心里会不好受，但他们不这么认为。所以我觉得这是我们的一个差异。他们不相信在我们中国的家庭里不会吵架，但我说这是事实。下个周末我们在健康课上会有个"宝贝工程"。就是把那些电脑的小娃娃带回家，就是模拟小婴儿。他们会哭、会笑，我们还得给他换尿布。他饿了，我们还得喂他，有电子奶瓶。那是学校的一门课程，我们需要照顾婴儿一个周末，然后要写日记、写小论文。我觉得这是一件非常有意思的事，因为以后有一天我们肯定要当爸爸、妈妈的，如果我们可以提前学习一下怎样去照顾孩子，也会知道自己的爸妈照顾我们有多辛苦。

小雨：男同学也会把小婴儿带回家吗？

詹一：只要你选了那门课，男生、女生都会这样做。我们在这里和别的国家的爱优生也有一些联系。有一个越南女孩，我们就是一起去车站上学，大部分学生都非常热心，也会互相帮助。我们这些爱优生会互相打电话、发邮件，非常方便。

小雨：你到美国家庭，既要学习语言，还要做一些家务，这样会不会影响你的学习呢？

詹一：我觉得不会的，我觉得这边的学习还是比较轻松的。在这里如果我学习到十点半，美国妈妈就会觉得我太用功了。而如果在中国，即使学习到十二点半也不会有人觉得你用功。

小雨：你的学习成绩在班里是个什么情况？

詹一：我在这里的成绩都是 A+ 。

小雨：A+ 的学生多吗？

詹一：不算特别多，我选择的都是比较难的课程。我觉得中国应加大力度做文化方面的宣传，而不是产品的宣传，需要一个文化的交流，而不只是经济上的。

小雨：你觉得文化上的交流应该从哪方面入手？

詹一：首先就是像我们这样的交换生，可以起到一定的小范围的作用。然后就是国家之间的访问。比如胡锦涛来耶鲁大学访问，带一些比较有中国特色的东西来到这边，让美国人知道中国已经变了，并不是像中国城那样到处都是很古老的东西。甚至让我很气愤的就是，在旧金山的中国城我发现了很多日本的东西，有和服，有日本那种陶瓷娃娃。所以，我认为应该展示一个我们现代的新的中国。

小雨：你在这个家还有哪些困难呢？

詹一：我要学习如何与另一个室友相处。

小雨：你和你的室友相处得怎么样啊？

詹一：相处得还算比较好，刚开始的时候会有一些冲突，但是后来，我觉得事情还是要摊开说。一开始我是想用一些比较委婉的方式告诉她一些事情应该怎么做，但是她完全没有意识。后来我在美国妈妈的帮助下给她指出问题来。然后我们就好了很多。比方说，做家务的事情。那个女生不爱做家务，我就请美国妈妈帮忙列了一个时间表，大家各有各的分工，她就不会再说什么了。我负责周二和周四的家务，那个女生负责周一和周三的。我们需要做的是把洗衣室的衣服洗好再分送到每个人，还要清扫厨房、卫生间，自己的房间由自己负责，但是客厅的灰尘是需要我们共同打扫的，要用吸尘器吸地毯。

我们中国的孩子是独生子女，不知道怎么和别人相处，因为在别的国家他们会有很多兄弟姐妹，他们的父母没有空的时候会说，你和你们的兄弟姐妹们玩去，不能自己待着。

而在我们国家呢，我们都比较独立，我们不喜欢有别人掺和。开始的时候那个室友总缠着我，我会觉得非常烦，但是现在已经好多了，因为我要试着去改变自己，不能总是以自我为中心，这是所有独生子女的弊端。

小雨：你代表所有的学生，对在北京的爸爸妈妈说一句话吧。

詹一：爸爸妈妈，我想念你们，在这里的日子虽然过的不像想象中的那么完美，但是我真的学到了很多很多东西，这些都是在过去从来没有体验过的。谢谢你们给了我这个机会。

小雨：有没有什么话对其他的同学说？

詹一：我们大家都在不同的地方为自己的未来打拼，大家都要加油，不管你是要换家庭还是在哪个学科上遇到困难，都要振作一些，我们永远都是最棒的。记住我们原来说过的话：我们是最棒的！（We are the best！）到国外学习是个非常好的体验。如果有的学生想抓住这个机会，可以来美国，要自信，要学会张口说话，相信我们会成为非常出色的交换生，会有一个非常不同凡响的一年。

小雨：你觉得这十个月值得吗？

詹一：值得！这是从别的渠道根本无法得到的经验，很好也很难得。可以提升我们在各个方面的能力，比如独立能力、英语能力，还有生活技巧以及为人处世的能力，因为在这里只能靠自己，不能依赖任何人。

小雨：请举个例子。

詹一：有时候我会莫名其妙地想哭，我忍着不哭，我的美国爸妈告诉我，“想哭你就去哭吧，哭完了自己就知道为什么了”。我每哭一次，就会觉得自己成长了一些。我知道我在想家，我是遇到了什么困难。

（短暂的访问就要结束了，詹一陪我们走出了美国家门来到了一个小广场。爱优生项目中国首席代表刘教授语重心长地和詹一聊了起来……）

刘教授：昨天刘博森打电话给我，她在学校主持了一个中国文化俱乐部，哇，居然有二十几个人参加！学校又找了一个老师给他作指导。旁边有一位香港移民家庭的中国小孩子对刘博森说："你来当我的助手，来协助我，在我的学校也成立一个。"你看这就是我们传承会宗旨的传播。为世界传播（Pay-It-For-World），一颗种子种下去，开花结果，产生了三颗种子，三颗种子再影响另外三颗种子，很快，中国文化就会传播到全世界了。就像你们校长讲的，很多美国高中生都只是在小区里生活，他们从来没有想过，中国在哪里？中国还有什么文化？这就靠你们去传播了。

詹一：我会尽量以我最大的努力把我所知道的中国，所了解到的中国文化向我的同学、朋友们介绍，让他们了解更多的中国文化，学习一些我们的东西，不仅仅是我学习他们的。

小雨：你对未来有什么打算吗？

詹一：目前来讲，我想在大学里面学社会学，之后去学法律。

小雨：以后要来美国上大学吗？

詹一：对。因为美国和中国的法系是不一样的。我想了解更多的东西。我的妈妈在一个律师事务所工作，她经常对我讲，"你最好去看一下不同的世界，尽管他们有不同的系统。但核心精神都是一样的"。对于未来职业的选择，我现在还没有明确的想法，但是我觉得这个会慢慢形成的。现在我还有三到四年的时间去想。而且，爱优生的宗旨也是"让孩子们去了解自己能干什么、要干什么、想干什么"。

小雨：在中学，你和其他同学想的都一样吗？他们都在想什么，你了解吗？

詹一：我知道和我要好的同学，他们的想法和我是一样的。首先，他们要好好学习，考到一个比较好的学校，在好的学校氛围的影响下，会努力寻求好的未来。其实美国的学生并不像我们国内人所想的只喜欢玩，不爱学习，他们是很注重教育的。

小雨：你的数学在学校里是很棒的，你认为除了英语，还有哪些课程是你有待提高的？

詹一：我觉得是历史课。其实在国内，我们都不喜欢学历史，更何况在美国呢。首先，学历史课，你需要去记忆他们发生了什么事情，比如他们的独立战争、内战等等。还要去背美国总统的名字，是很枯燥的事情。

小雨：因为你住在这个地方，你就要多了解这个地方的历史。

詹一：我现在觉得学历史确实很有用，它能让你去了解这个国家为什么形成、是怎么形成的，又会发展到哪个阶段。尽管学起来很困难，但我会很努力地去学。

小雨：需要看很多的书吗？

詹一：对，除了上课的课本之外，我们经常还要去上网查一些资料。美国学校用网络的地方比较多。

（大家聊及大学生活）

丁红宇：中国的家长总觉得出来一年会浪费很多时间，其实从人的整个发展来说，慢一年、两年是无所谓的。

詹一：美国相当重视大学的学习，在入学之前，有的学校会给一年的假期，让你自己选择是去旅行学习，还是在学校学习。

小雨：像丁老师说的，孩子上大学，或者以后工作慢了一两年，应该没有问题。

丁红宇：虽然慢了，但却打下了坚实的基础，可以厚积薄发，是别人无法比拟的。但中国的家长和学生不太容易接受这个观点，他们想的是，这样会晚工作一年！

小雨：丁老师，如果您自己有一个适龄孩子的话，您会这样做吗？

丁红宇：毫不犹豫！

爱优生文化营的青春时光[1]

邓思琪

一个性格像个男孩子似的北京女孩，热情开朗的高二学生。爱好体育，喜欢唱歌，虽然唱得不怎么好听，但就是敢唱。

小雨：听说你参加爱优生的考试，居然考了历届的第一名，是吗？

邓思琪：这个我也没想到。当时面试的时候，刘修廉教授一直坚持用英语跟我交流，对我的一些经历给予了极大地肯定，还总时不时地夸奖我，弄得我和父母都有点不好意思了。我当时进行了英语测试，测试的是美国 SLEP 考试，只有听力和阅读。

小雨：你觉得考试难吗？

邓思琪：对于第一部分的听力我是属于做一道甚至可以歇一会的，而第二部分的阅读还真是挺有难度的。我应该是属于做题快的，不到九十分钟我就做完了，交给刘教授的时候我心里直打鼓，不知道成绩如何，因为我很久都没碰英语了。现在想想都是挺恐

1 2009 年 7 月，我随北京的爱优生一起来到洛杉矶美国博雅大学的爱优生文化营，一起体验了爱优生文化营的生活，和他们一起吃饭、一起上课、一起参加活动，在文化营的间隙，我采访了几位爱优生。

怖的。后来，结果出来了，刘教授笑眯眯地说成绩是 59 分。我的第一反应是“完了，没及格”。

小雨：美国 SLEP 考试的总分是 67 分，所以 59 分已经是相当高的分数了，你父母听到女儿考了这么好的成绩后，有什么反应啊？

邓思琪：当刘教授把我的成绩告诉我父母时，他们和我一样也有些惊讶。后来刘教授建议我参加爱优生十个月的项目，我父母也同意，我更是高兴。

小雨：考试通过后，就需要填写很多表格了，进展得如何？

邓思琪：现在想想填表的那个过程还真是痛苦，要写好多好多的短文，而且有时候会担心这里会不会有语法错误，那里会不会单词用得不好，总之自己心里没底，有很多的担心。当填完所有的表格，又会担心会不会因为哪里不合格被退回来，或者哪里会有问题。当确定可以汇款的时候心里才稍微踏实下来。

小雨：那你为了即将到来的十个月做了不少准备吧？

邓思琪：当然了，在等待美国那边的家庭对我进行挑选的这段时间里，我也没有闲着，学习了中国的文化，继续学习了英语，又练了练毛笔字，还学了学中国结的制作。而且这个时候还不能耽误学校里的学习。真是挺难把握的，而且快要出发了，心里也会有一些紧张。

小雨：还有几个月就要去美国了，你爸妈的心情一定和你一样很复杂吧？

邓思琪：没错，虽然离出国还有四个月，但是家里每一个人心里都变得沉甸甸的。有一天吃着吃着饭，我爸突然对我说：“闺女多吃点，不然以后就吃不着这饭了。以后你叫你爸，也没人理你了。”就那一瞬间，我心里特别难受，就哭了。因为我爸一直是不同意我出国的，他总是担心我。我妈说他，“你不能因为你自己而耽误了孩子”。就这样我爸才同意。但是不管怎样从他内心深处还是充满了担心的。

小雨：大多数家长都会有这样的担心，那你爸妈有没有想过劝你放弃？

邓思琪：有啊，那天我哭了之后，我妈就说，“孩子，要不然咱别去了”。我说：“早晚有一天我都得离开你们。”我妈一下就让我说哭了。这段时间家里不能说我要出国的事，只要一说大家心里都会特别特别难受，因为真的是有太多的舍不得了。我爸现在经常会让我一个人去做很多事情，为了更好地锻炼我。我明白，将来当我走出这个家门的时候，几乎所有的事情都要自己一个人去面对。人在一个地方待久了总会有不舍，总会有留恋。何况这里是我的家，何况这里有太多放不下我和我放不下的人呢。一直以来都是我爸管我的一切，我对他总有一种依赖。有一天，这种依赖没了，需要自己去面对一切的时候，真的会有些无处下手。我爸说他对我是那种见不着就想，见着了就烦的情感；我妈是每天都得见着我，无论她工作得多晚，第二天早上都会去送我上学，只想多陪陪我。父母对我的爱，真的是无法用语言来形容。

小雨：我相信，每一位父母都是一样的。

邓思琪：对啊，所以我所能做的就是努力学习，用好的成绩、好的未来来回报他们对我一切的爱。

小雨：如果现在让你用两个字来形容心情，会是哪两个字呢？

邓思琪：我想应该是“纠结”吧，出国本身就是一件很纠结的事情。我知道在高二参加爱优生会意味着什么，意味着我将放弃高考，放弃那曾经的梦想；意味着我要离开生活十七年的地方；意味着要离开生我养我的父母；意味着要离开无话不说的朋友；意味着我将自己面对一切未知的事情；意味着我必须学会独立。但我也知道，一年以后的我，一定与现在截然不同。而这“纠结”是必须经历的。这个词或许并不是一个完全褒义的词。可是，出国前的心情太复杂了。有忐忑，有兴奋，有不舍，有难过。这些感情只有亲身经历才能体会。这种纠结会使自己去思考很多事情，会在这思考之中成长很多。我相信，“纠结”是每个学生出国前必有的经历，我也同样相信，经历过这种“纠结”，我们会更加清楚我们出国的目的，更加努力地学习。

郭东明

17岁的北京男孩，除了学习之外，还喜欢书法、音乐、卡通绘画、武术、网球，喜欢吹小号。

小雨：对于爱优生的一年交换生活，你很期待吧?

郭东明：这次我作为爱优生赴美学习，下定了要学习美国的“以人为本、崇尚民主、先进的科学”的决心，并要虚心地体会在美国学到的每一项技能，争取使自己能够在先进教学模式下尽快提升和进步。

小雨：那对于“文化交流小使者”这个身份，你是怎么理解的?

郭东明：作为两国文化交流的小使者，我认为我有义务要在紧张的学习之余，把中国的传统文化带给美国的同学，尤其是书法艺术，让他们也学习中国汉字的书法，也从中体会中华文化的底蕴与和谐的精髓，让美国的朋友们更好地了解我的祖国。

小雨：你喜欢书法?

郭东明：对，因为我的爸爸非常擅长书法，他在国内是一位较知名的书法家。我很小的时候，爸爸就开始教我学习书法，我便自幼对书法产生了浓厚的兴趣，并能书写一二，同时对汉字讲究底蕴深厚、苍劲有力、间架对称、笔画和谐有粗浅的认识。

小雨：用一句话来表达出国前的心情吧?

郭东明："路漫漫其修远兮，吾将上下而求索"这句出自中国著名诗人屈原的名句，最能代表我出发前的心境，在求学的征途上，我将谨记父亲的教诲——学业固然重，德育须为先，我要力争成为一名对祖国有所贡献的有用之才。

周含章

北京市第十二中学的学生，刚满16岁。

小雨：参加爱优生项目，你家里面是特别同意，还是会有一点争论呢？

周含章：我们一直在等待这个机会，一直想参加这个项目。

小雨：你自己也很愿意吗？

周含章：我是最愿意的，家里面没有人不愿意。

小雨：你到爱优生文化营几天了？

周含章：五天了。

小雨：通过这几天的体验，感觉怎么样？

周含章：特别好！以前从来没体验过这么多不同国家的学生在一起生活、学习、聊天，从没有这么开心地一起玩！

小雨：你感觉最不一样的是什么？

周含章：每个国家的文化、生活习惯都不一样。有时候有点适应不了，但是也还可以去适应！

小雨：你的接待家庭怎么样啊？

周含章：我的接待家庭在代顿（俄亥俄州的一个城市），有一所大房子，家里有美国爸爸妈妈，一个领养的中国小女孩，还有一只大狗。

小雨：美国爸爸妈妈都是做什么的呢？

周含章：妈妈是家庭主妇，爸爸是顾问。

小雨：你来到爱优生文化营，感觉收获最大的是什么？

周含章：我觉得收获最大的就是能跟不同国家的人成为好朋友，能一起进行文化的交流。还有在英语方面，在国内听说美国人是这样那样的，现在发现他们没那么多毛病，都很随便，很自然。比如从他们常说的几句话、几句词就知道了！像"没问题"（"It's ok"）、"开个玩笑"（"Just joking"），等等。

小雨：你们是怎么知道爱优生这个项目的呢？

周含章：是学校通知的，说这个项目可以到美国生活学习十个月，所以我们就选择了爱优生，而且考上了。

小雨：你对即将到来的十个月，有哪些期待呢？

周含章：都很期待，因为这是我第一次来美国待那么长时间。

小雨：小姑娘不害怕吗？

周含章：不害怕，因为太期待了，从小学开始就一直想上美国的学校。

小雨：小姑娘开始闯天下了，是一种什么样的心情呢？

周含章：就是对未知也不恐惧，全都是特别期待、特别新奇的那种心情！

王炎

天津市第二南开中学学生，18岁。

小雨：来这里两周的时间，你觉得你有哪些收获呢？

王炎：首先是体会到了美国的文化和中国的文化有很大的差别。

小雨：有很大的差别啊？请举个例子吧。

王炎：有一些不太好说的事情，比如在国内我们偶尔会有抄作业的事情，属于见怪不怪的，老师心里也都明白，有时候就睁一只眼闭一只眼混过去了。但是在美国，你说谎、作弊、抄袭，都是属于非常严重的错误。这和国内差别太大了。我这次有过一次这样的经历，那天我有一道题没写，马上就要上课了，我去找老师，想图个方便。就因为一道小题，我也没太在意。结果，老师就觉得我是抄作业，就把我说了一顿，说他对我很失望。后来我就跟他解释，中国的文化和美国的文化有很大的不同。后来老师渐渐理解这些东西了。其实这也是我来爱优生文化营的目的之一，就是先适应一下两国文化的不同。

小雨：你是怎么和老师解释的？说“抄作业是我们那的文化”吗？

王炎：不是不是，我就说，如果是在中国，老师不是很严厉的话，这还可以说得过去。但是在美国，你这一学科的成绩直接给我零分，这样的差距太大了。

小雨：美国是坚决不让抄作业的。

王炎：我觉得美国在诚信方面比中国要严格太多了。

小雨：还有其他的例子吗？

王炎：美国人对待身边环境的生活方式也和中国人不一样。比如学校的厕所一般都是最脏的地方，但是在这里，如果你洗脸，把水滴到外面，你都会很不忍心，都要拿纸把池子擦干净，都是发自内心的保护环境。而且这里在环境的布置方面，都非常好。

小雨：你觉得这些都是我们应该向美国人学习的，是吧？

王炎：确实要学，找到差距就是进步的开始。

小雨：你觉得这两个星期，让你改变了什么了？

王炎：我觉得对待他国友人的态度有所改变。这次我发现日本人很开放，韩国人也很和善。当我和世界各国的人民接触之后，会发现各国也有很多自己民族的东西，我渐渐地了解他们，也交了很多外国朋友。

小雨：在这两周里，你觉得学到的最多的是什么？

王炎：学的最多的就是如何适应新的环境。老师讲了很多在美国家庭要注意的事情，防患于未然，讲了很多往届爱优生发生过的冲突，让我们如何避免。比如说，有的时候会发生文化冲突，你在美国的前两个星期会开始适应，但是从在第三个第四个星期以后，全部都是英文的环境会让你感到头痛。但是你可以多交朋友，参加俱乐部，多参加体育运动和课余活动，或者把精力用在学习上，这样慢慢地缓解一下。还有美国人信仰天主教，也有信基督教的，宗教种类比较多，如果你的家庭是一个宗教家庭，或者学校是一个宗教学校的话，经常会发生一些矛盾。比如，你的美国爸妈想要带你去教堂，把你发展成信徒，你怎么办？

老师会教我们处理的方法。要我们善于接受这些东西，可以和美国妈妈沟通，告诉她一起去教堂可以，但是我不相信这些东西，我不信神，不信上帝。美国是一个比较自由的国家。他们不会强迫你一定要信教。

在美国一定要学会沟通，美国人相对比较开朗、开放，所以对中国人来讲，一定要多沟通。沟通的同时，也提高自己的交往能力。比如我走在大街上，陌生人都会跟我打招呼，问我“早上好”，“最近过得好吗”，我刚开始还不理解，我以为他认错人了，但是他就是会跟我打招呼。慢慢地，我也学着这样了。早晨有人向我问好，我当然会有一个好心情了。这也预示着好的一天的开始。

小雨：听说你即将去的美国在一个小镇上，一个中国人都没有？

王炎：对，用刘教授的话说，我是去一个连鸟都不下蛋的地方。350 多人的小镇，有一所 80 多人的学校。你可以想象，这是一个什么样的地方。真是太无趣了。但是刘教授总是告诉我要耐得住寂寞。但凡能耐得住寂寞，英语肯定会有很大提高，美国的教育资源是一样的，只不过外界可以诱惑我的太少了，正好可以让我真正安下心来平静地学习。我觉得这不但不是一个缺点，反而是一个很大的有利条件。

小雨：这种情况不多见吧？

王炎：当然了，您想啊，那里人那么少，我查了历年交换生的资料，每年中国就只选一个人去那个小镇。

小雨：今年就选中你了，所以你很荣幸！

王炎：对啊，相当荣幸啊，因为最重要的是这个地方非常平静、安宁。可以让我好好学习，提升自己的英语水平，说不定十个月以后，你会看到有很大改变的王焱。

小雨：我也相信这一点。据你的观察，爱优生文化营对你来说很重要吗？

王炎：非常重要！因为在这里我了解到很多我不知道的东西。学了多少知识先不说，我在这里学到了要适应美国的环境。提前融入美国的环境，这对我来说非常重要。

小雨：包括怎么吃饭，对吧？

王炎：对。有很多东西都是在网上查不到的，必须要亲身来体会。通过两个星期去体会，心里有一个缓冲的过程。但如果这整个的缓冲发生在美国高中校内，可能对我整个学期都会有影响。俗话说：好的开始是成功的一半嘛。所以，我觉得这个文化营是非常有必要的。

小雨：我记得一开始你不太适应只说英语吧？

王炎：对！因为中国的文化是博大精深的，用简单的英语是说不明白的，也解释不清楚。

小雨：经过两个星期的适应，现在习惯了吧？

王炎：要说真的习惯了，那也不见得，太夸张了，毕竟我说了十八年的中文，让我一下转换到纯美式的环境，我现在就没法跟您说话了。整个思维模式的转化是需要时间的。也许会是几个月，也许会是大半年，这种东西不是两个星期就能转变过来的，更何况这里还有中国的学生，回宿舍以后，还可以说中文。

小雨：在决定你参加“爱优生”的时候，你父母的态度是什么？

王炎：他们都很支持。我爸妈他们那一代人上大学的毕竟还在少数，他们在教育方面还是比较开明的，他们知道对教育的投资是最长远的、最有意义的投资，他们在这方面绝对不会产生争议。他们和我一直是一条战线的。我爸妈向爷爷奶奶、姥姥姥爷解释之后，老辈也能明白这件事对我人生的重大意义，比我在国内考上一个大学还要好得多。所以说，我们家是一致通过，让我参加爱优生这个培训项目。

小雨：你对未来十个月的"爱优生"的生活有哪些期待呢？

王炎：希望该学习的时候好好学习，该玩的时候好好玩。我准备参加一些学校的俱乐部，一些社团组织，因为我们学校篮球比较盛行，正好我还能发展一下。然后就是英语，在纯美式的环境中，如果不利用它来提升英语，那真是太不应该了！

小雨：希望自己的生活和学习都是丰富多彩的？

王炎：也许吧，也有可能很沉闷。毕竟学一门英语是很枯燥的，要靠这一年把英语拿下来，对我来说，还是有一定的挑战性。你想啊，学汉字基本就在小学，到了初中以后就开始学深刻的东西了，当然汉字比较复杂一些。但是用这一年再加上我原来的基础来学英语，这对我来说还是一种挑战。

小雨：你的个子很高，也很壮，都说大块头会有大智慧，你会不会在美国期间长得更高更胖了呢？

王炎：我朋友都说，像我这样的身材最好健身了，只要把这些转换成肌肉，就会有很好的效果。但是我实在难以抵挡好吃的诱惑，好吃是我的一大爱好，就是对美食的追求。我的零花钱基本上都花在吃上了。

小雨：你觉得在文化营吃得怎么样？

王炎：不错，这个食堂还挺周道，服务人员也非常和善。他们准备的食物很全面，连非洲的西餐、墨西哥餐、米饭、面条、包子、饺子，还有三明治之类的都有。

小雨：这些食物合你的胃口吗？

王炎：也许吧，因为我在中国的时候，就特别喜欢吃西餐，在这里不至于会花一二百块钱再排很长的队吃西餐。这边的比萨、三明治、汉堡是很平常的东西。食物也很健康，为了我们的均衡营养，这些厨师也下了很大的工夫。

小雨：在美国已经有两个星期的时间了，你想爸爸妈妈吗？

王炎：说不想那是假的。因为我是河北秦皇岛人，但一直在天津上学，接受好的教育。我妈为了培养我，让我远离家乡，也学着自己在外面生活。我觉得自己独立多了。在天津的时候，一开始平时每天都给爸爸妈妈打一个电话，后来攒几天再跟妈妈爸爸说说，我看也没什么，能自己解决的就自己解决了，没有什么解决不了的事情。到了美国，一般是我爸我妈跟我联系，我不联系他们，不是因为我不想他们，第一我需要语言环境，他们给我来电话的时候，一定是有空闲的时候，他们平时工作很忙。我要是跟他们聊天，作为家长他们肯定是乐意的，但是无形中会影响他们的工作，我也不愿意这样。“爱优生”这种机构，很少出现问题，但凡出现问题了，我自己也能解决。所以，99.7% 的时候都是我自己在处理，那 0.3% 就是一些新鲜的事情。比如奥巴马还在这里上了一年的大学，我还买了一件奥巴马的 T 恤。我爸妈在中国那边肯定不知道这个消息的。我觉得把这个告诉他们还是比较有意义。我是男孩子，长大了，不能像那些女孩子一样每天都要给家里打一个电话。

小雨：你怎么看其他国家的同学？你觉得他们跟我们中国大陆的孩子差别大吗？

王炎：还好吧，毕竟都是生活在地球上，能差多少？只是说，各国的文化内涵都不一样，但大多数还是差不多的，像我们这一代参加交换生项目的，也都是比较开朗的，比较有能力的。“爱优生”挑人，也都是统一标准的，基本上没有很大差别，大家在一起，基本上性格很合，都很好，都是朋友。

小雨：你对以后要参加“爱优生文化营”的学生有哪些建议呢？

王炎：在这边要听老师的，老师会告诉你什么该做，什么不该做，要注意什么，要主动做什么，千万不要做什么，说的内容都很重要，都很实用。

第四章

准备好去美国了吗？

Ready to go to the United States?

·出国前的准备工作·

参加爱优生项目的同学，即将背上书包、前往美国、走进美国接待家庭，开始十个月的美国交换生生活。携带的行囊中，除了亲戚朋友的叮咛，还该有些什么？走出国门的第一步，怎样才能从容自若？对即将来临的留学生活该有什么样的准备呢？

【心理篇】

离开生活了十数载的已经熟悉、习惯的中国，前往一个完全陌生的国家，身处异国他乡，这对于爱优生的生理、心理都是一个巨大的考验。想必到达美国后最开始的几周时间是十分难过的，所以在出国之前如何调整好自己的心态就显得尤为重要了。

一般，爱优生初到美国家庭时会有以下几种心理状态：

◆抵触情绪

这与爱优生的出国目的不明确有关，这种情况经常发生在年纪较小的孩子身上。出现这种情况首先要改变家长的想法，不要强迫孩子做自己没有兴趣的事。可以在决定参加爱优生项目之前帮助他们了解爱优生的生活，在其中找到一个兴趣点。

◆思乡情绪与孤独感

孤独感主要是由语言障碍和生活习惯的差异造成的。没有了自己成长的土壤，没有了原来游刃有余的圈子，语言运用不熟练让自己羞于启齿，生活每迈出一步都感到如此的艰难。这种情况每个人出国以后都会遇到，只不过是程度不同。应该先在国内做一些准备，培养一个爱好是十分必要的，出国以后，这种爱好会吸引你学习以外的注意力，而全身心地投入到学习之中也是冲淡思念与孤独的一个好办法。

◆挫折感和心理压力

对困难的估计和自信心不足的人更容易有这样的问题。刚一到美国，学习跟不上、交流困难的情况很正常，经过一段时间的调整都是可以解决的。另外一种情况，就是一些学生本身心理素质不好，无端地把自己的困难夸大，越想越绝望，在极度的焦虑中走向精神崩溃或是半途而废的情况都是有的。

爱优生在出国前就要把各种可能发生的情况都想一想，有意识地让自己处理遇到的问题，多面对一些挑战，在独立的环境下自己寻找解决问题的方法。在美国要学会自我激励的方法。出国后前半年的不适应期，是因为两个国家的文化、历史、生活方式等种种的差异造成的。所以出发前的心理准备就是做一些预防工作。心理准备最根本的是要尽量详细地了解美国，小到图书馆怎么用、公共汽车怎么坐，大到文化历史背景等等，了解得越清楚，准备得就越充足，心里就越有底，到达美国后的生活也就更顺利。

【材料篇】

基本材料

任何人从自己的国家进入另一个国家，必须持有证明其合法身份的证件。进入美国也不例外。美国政府要求进入美国的外国人持有合法的护照、由美国大使馆或领事馆官员签发并在护照内页加盖印章的签证，以及发给学生和学者的“身份合格证明”。这些证件能够证明你的合法身份。对于每一位爱优生而言，妥善保管这些证件是至关重要的，否则会给你带来麻烦，甚至影响你的学习和生活。

◆**护照** 护照由各国政府签发。我国政府签发的护照，证明你是中华人民共和国的公民，同时表明你出国后可以重新回到中国。凡出国人员均持有护照，以便有关当局检验时出示。拿到护照后，应核查姓名、出生年月、地点是否填写正确，并在签字格上签名。出国前要凭护照去办理所去国家和中途经停国家的签证，凭护照购买国际航班机票和车船票等。在国外要凭护照住旅馆、办理居留手续等。护照必须妥善保管，不得污损、涂改，严防遗失。

◆**签证** 签证是一国官方机构对本国和外国公民出入国境或在本国停留、居住的许可证明。签证均做在护照或其他身份证件上。爱优生在出国前必须办妥必要的签证，也就是办理前往美国的入境或入出境签证和中途经停国家的过境签证。

◆**黄皮书** 黄皮书即预防接种书。为防止国际间某些传染病的流行，各国都对外国人进入本国国境所需接种作出规定。主要有种牛痘、防霍乱和防黄热病的接种等。这些接种的有效期限是：牛痘自初种后八日，复种后当日起三年内有效。预防霍乱自接种后六日起，六个月内有效。预防黄热病自接种后十日起，十年内有效。根据不同时期、不同地区和疫情的分布情况，各国对预防接种的要求也有所不同。所以说，爱优生在办理接种手续前，应作必要的了解。

◆预购机票（车、船票） 出国前，应根据实际情况，选择方便、经济、合理的路线。各国航空公司给长途旅客二十四小时以内转机提供食宿的方便，因此，在选择换乘飞机的时间、地点时要考虑这一因素。购买机票，可通过旅行社代办，也可直接到所乘班机的航空公司、营业处购买。购买机票的同时，要确认机座。拿到机票后，应检查机票填写的飞机班次、日期、途经城市、到达城市是否正确。

爱优生签证材料的准备

◆有效护照 护照上的英文拼音姓名，出生地及出生日期须与爱优生报名表格相同；护照有效期至少要到参加项目返国后六个月，例：今年（2011—2012 学生）将于 2012 年 6 月返国，护照有效期至少要到 2013 年 1 月底。

◆签证照片 1 张 照片尺寸规格为 51mm × 51mm，微笑，彩色，清晰，免冠，面前无遮挡物近照。

◆成绩单 学校签发的最近的成绩单，如初三生，请携带初中及初三上学期的成绩单；高一生，请携带初三及高一上学期的成绩单；高二生请携带高一及高二上学期的成绩单。中文即可，不过最好有相对应的英文，以后去美国读高中的时候要用到。

◆爱优生项目银行汇款单 美国项目汇款收据。

◆得奖证明与才艺证明 如有请提供，包括学习及其他活动等各类奖项，原件或复印件不限。

◆北京教科文报名协议 北京教科文报名的学生，如有协议，请提供（原件、复印件均可）。

家庭材料的准备

◆**户口本** 如子女未与父母在同一户口本上，需提供可以证明父母与子女关系的文件。

◆**存款证明** 由银行开具的存款证明。存款金额要求不少于美金 1 万元或者人民币 8 万元；存期不限，并请附存折或存单复印件，证明平均十八个月期间有自己的家庭存款；如有转账，需附转账凭证或旧的存单；存款证明需直系亲属（父母），外、祖父母（需亲属关系证明）也可。

◆**父母亲在职及收入证明** 包含任职时间、职务及工资（税后），需有单位盖章；父母亲年薪（包括全部福利）相加应达到每年 9 万元人民币以上，如果父母收入未达到，外、祖父母收入也可包含在内。

◆**自创企业者** 提供营业执照及收入证明以证明有经济能力担负申请人在美一年的任何费用。复印件即可。

◆**赴美签证复印件** 如果父母之前有出入美国的记录，可提供美国签证的复印件或者在美期间的照片以证明去过美国。

以上文件都无须进行公证。

其他证件和材料

下面的信息也许有些是爱优生们已经想到却还没“吃透”的，有些也许才第一次考虑到，赶快给自己补补课吧，防患于未然才最重要。

携带一两张比较通用的国际信用卡，尽量少带现金。

在每件行李内外写上名字、地址及电话号码。尽可能使用有外盖的行李卷标，以免暴露身份，并把行李加锁。

出国前弄清楚打电话回国的方式。

把护照、机票、驾照及携带的信用卡各复印二份，一份随身携带，另一份留给国内亲友。随身带着几张护照用的照片，以便护照被窃或遗失时，迅速申请补发。

为避免过关时遭遇麻烦，携带的药物最好放在原装并有标示的瓶罐或盒子里。如因药物较特别或含有麻醉品成分，要携带医生开给的证明。自备惯用的药品要避免携带粉状药物，以免被误为毒品。

向地方检疫部门申请健康证并接受有关的预防接种。各地市都有专门的地方卫生检疫局，最好在出国前两周去检疫局申请检查身体，以免旅途中产生接种反应。一般申请时要交两张两寸相片，接受健康检查同时申请预防接种。

【物品篇】

在爱优生家长眼中，子女像永远不会长大似的，事事都替他们操心，恐怕他们在美国的接待家庭吃不饱、穿不暖，于是大包小包地为爱优生们预备大量“物资”带到美国去。其实，爱优生的行李不宜过多，因为在国内购买的东西，未必在当地合用。反而金钱较实际，最好为留学生准备数百元现款，以便汇票未能立即兑现时亦有钱可用。

◆**要妥善保管的重要文件**（以下文件必须随身携带，切勿放托运行李箱内）

护照与签证、DS-2019（签证文件名称），SEVIS i-901（国土安全部文件名称），美元和医疗卡。

接待家庭和学校信息表 (Host Family profile)，社服人员紧急电话。

国内学校成绩单。

机票（回程前的三个月内要学生确认班机）。

现金 500 美金左右，建议携带旅行支票 500~1000 美元（先签上方，下方留待使用时再签）

◆**电脑和中文软件**　美国笔记本便宜一些，而且售后服务也比较好。但在中国买了电脑可以装上中文系统，在美国中文软件不好找。

◆通讯录 建议把电话号码本和邮件地址备份一个放到自己邮箱中。通讯录上应当有在美国家庭电话、爱优生 24 小时联系电话、中国家里的电话。记住到美国后向国内拨打电话是这样的：先拨 011，然后拨 86，然后拨你所在城市的区号，然后是你要拨打的电话号码。

◆药品 仅限非化学成分草药。如带西药必须注明英文化学成分，否则住宿家庭不会让学生服用。

◆衣物 不建议带太多外套，可在美国购买，因当地添购较为时尚方便，大卖场价格与国内价格相当。准备的服装中除了便装以外，还应当有正式西服一套。

◆箱包

双肩背旅行包作为登机的随身行李，要质量好，可能要放笔记本电脑，在美国出去旅游用得着。

箱子两个（中型尺寸），建议大家买质量好的、塑料帆布面加衬底的那种。

前往美国的旅客只能携带两件托运行李和一件手提行李。托运行李每件最大重量 23 千克，每件最大三边 158 厘米。手提行李最大重量 18 千克，最大三边之和 113 厘米。不要用大箱子，因为学生需要把两个箱子一直带到接待家庭。

◆生活用品

指甲剪、梳子、毛巾、牙刷、针线盒、闹钟、薄被、床单、床罩、卫浴用品等必备物品。

质量上佳、小巧的数码相机、MP3，可以随身携带。

多功能插头（美国的电压是 110 伏特 50 瓦）。

◆学习用品和书籍

字典或电子词典。

英文成绩单备数份。

笔记本电脑、文具用品，包括自动铅笔、圆珠笔、水性笔（签字笔）、彩笔、三角板。

录音笔 + 配套耳机、计算器、文件夹。

介绍中国（个人成长生活）的照片与幻灯片资料。

照片(2 寸彩色照片 8 张)。

中国菜的调味料及菜谱和烹饪常识的书籍。

建议带的礼物

用不着特别名贵，但是要多备，至少几十份。披巾丝巾或者其他中国特色的东西，例如中国结、茶壶、玉镯、玉佩、小宫灯、小茶叶、筷子、仿古字画、书签、自来水毛笔、印章、十二生肖代表物、香包等。

不建议带的

◆棉被，夏天来大可不必从国内买，带上床单及薄被即可，这里棉被 20~35 美元就可以在商场买到，质量绝对上乘。

◆皮衣、皮鞋绝对是在美国购买方便实惠，单皮夹克中国产 35~75 美元，棉皮夹克不过 150 美元。在美国有很多工厂店，都是世界名牌，皮鞋价格 35~80 美元一双。

◆药品，不用带得太多。

◆炒菜锅、蒸锅不过 15 美元，可以在美国的超市买到。

◆洗漱、洗涤用品、化妆品绝对是在美国购买方便且便宜。

物品准备贴心小建议

◆金钱方面，携带 500 美元左右作为前几个月内的花费，之后生活费可在到达当地银行开户后将账户告知家中，日后可用电汇直接入美国账户。

◆冬季便装及便鞋不需带太多，在美国购衣较适合当地气候且实用。

◆医疗费用十分昂贵，同学在出国前可依个人需要作身体健康检查，如牙齿的检修，近视者或佩戴隐形眼镜的同学最好多带一副备用，以免在国外支付相当多的医疗费用。

◆护照、机票、旅行支票等重要文件影印一份留存家中。

AYUSA

• 在机场 •

【行李篇】

航空公司对于携带行李的规定

目前开通中国到美国航线的有中国国际航空公司(CA)、美国西北航空公司(NW)、美联航(UA)、美国大陆航空公司(CO)、美国航空公司（AA 通常简称美航）等。不同的航空公司对携带行李有不同的规定，这里以中国国际航空公司为例：

◆非托运行李（免费随身携带物品） 非托运行李的体积应能置于旅客的前排座椅下或封闭式行李架内。每件随身携带物品的长、宽、高分别不超过 55 厘米（21 英寸）、40 厘米（15 英寸）、20 厘米（7 英寸）。

A. 国际航班随身携带物品：免费随身携带物品的重量，每位头等舱、公务舱旅客以 8 千克为限，每位经济舱旅客以 5 千克为限；持头等舱、公务舱客票的旅客，每人可随身携带两件物品；持经济舱客票的旅客，每人可随身携带一件物品。

B. 国内航班随身携带物品：每位头等舱旅客可随身携带两件行李，每件行李重量不得超过 5 千克；每位公务舱和经济舱旅客可随身携带一件行李，重量不得超过 5 千克。超过上述重量、件数、体积限制的物品，应作为托运行李托运。

◆托运行李 经济舱行李免费托运规定：在执行计件制行李运输的航线上，每名乘客可免费托运两件行李，每件行李重量不得超出 23 千克（50 磅），每件行李的三边之和不得超过 158 厘米（62 英寸），两件行李的三边之和不得超过 273 厘米（107 英寸）。

公务舱与头等舱免费托运行李规定：在执行计件制行李运输的航线上，每名乘客可免费托运两件行李，每件行李重量不得超出 32 千克（70 磅），每件行李的三边之和不得超过 158 厘米（62 英寸）。

托运行李包装：托运行李应进行适当包装和固定，以保证能承受一定的压力，且在正常操作条件下可以安全地被卸载和运输。托运行李的包装还应遵守以下规定：

旅行箱、旅行袋和手提袋应锁好，避免遭窃。

两个或两个以上行李袋不能捆扎成一个。

额外物品不得填塞至托运行李包。

竹制编织筐、网袋、绳子、草袋、塑料袋不得缠绕于行李四周。

乘客姓名、具体地址和电话号码应在行李包内侧和外侧写明。

不允许作为托运行李或夹入行李内托运的物品：现金、有价票证、珠宝、贵重金属及其制品、古玩字画、电脑、个人电子设备、样品等贵重物品、易碎或易损坏物品、易腐物品、锂电池、重要文件和资料、旅行证件等物品以及个人需定时服用的处方药。

国航对托运行李中放置或夹带下述物品的遗失和损坏，按一般托运行李承担责任。

具体来说，三边之和不超过 158 厘米（62 英寸）、可视作行李的物品包括：

睡袋或铺盖卷；

帆布背包、背囊等 ；

滑雪板 / 滑雪设施——包含一对滑雪橇 / 一副滑雪板和滑雪杆的滑雪背包。包含一双滑雪靴的足袋；

高尔夫用具——包含高尔夫球棒和一双高尔夫球鞋的高尔夫袋；

桶形袋或 22 型袋；

自行车——单座旅行自行车或赛车，非机动型，包装符合规定，手把旋向两边，脚踏板卸下；

标准滑水板，尾波板或一对标准滑水橇；

钓鱼用具——经过适当的包装，其数量不超过两副钓竿、一幅卷轴、一副抄网、一双钓鱼靴和一个工具盒 ；

运动枪支——一个步枪盒，内装步枪不超过两支、火药不超过 5 千克（11 磅）、一个射击垫、一个消音器和一件小型步枪工具，或两支散弹猎枪和两个散弹猎枪盒， 或一只手枪盒，包含 5 把以内手枪 、5 千克（11 磅）火药、消音器、一部手枪望远镜和一件小型手枪工具。此类火器的可接受性视携带者的具体情况而定；

长度不超过 100 厘米（39 英寸）的乐器。

托运行李步骤

◆**托运行李：**托运行李时，机场服务人员会在每个标有你姓名、航班号及所有沿线城市的行李上贴上一个标签。如果你的旅程在购买机票后发生变化，请在托运行李前通知机场人员。每份托运行李都会配上一个带编号的行李领取牌，作为托运行李的证明。在旅程结束并领回自己的行李前，请务必保存好行李领取牌。请检查您领取的行李领取牌的数量是否与行李数量相一致。

◆**行李运输：**从售票柜台起，行李会被放置在一系列传送带上。随后，根据航班号和目的地，行李被装载到货车上送上飞机。大型机场内的自动扫描仪会读取标签上的编码，然后将行李定向到正确的装载区。在经过一系列传送带、滑运道和其他机械装置的运输，行李会被装入货车，最终取出送上飞机。托运前，请从行李上卸下任何绳索，挂钩和突出物体。这些物品可能卡在行李系统中，对行李造成损坏。膨胀的行李或不足以支撑内部重量的行李可能在传送系统中开裂。行李一般用另一条传送带装载到客机的货舱。限于货舱体积，行李可能需要平放并互相堆叠。尽管行李舱受到网或绳索等保护，飞机起飞时，包裹也可能由于飞行角度而移动。由于这是行李运输的标准或一般方法，易碎物品破损或损坏可能是难以避免的。不要将易碎物品放在托运行李中。

◆**行李损坏：**尽管可能性不大，但是如果你的行李受到损坏，你需要在离开机场前，或者，最迟在收到行李后 24 小时内（对于国际航线，在七日内），亲自告知美国航空的当地行李服务代表。请注意：美国航空不对联邦运输安全局会（TSA）检查所造成的任何行李损坏负责。如果 TSA 检查了你的行李，行李内会附上书面通知，或者，行李外部会盖上印章。如果你确信行李损坏是由 TSA 检查引起的，你可以拨打 1-866-289-9673 联系 TSA。

行李问题小贴士

◆起飞日之前不能托运行李。

◆不要托运没有完全密封的包裹。不要托运手提包裹。不要过多地超装行李。

◆所有托运行李都将接受联邦运输安全局（TSA）的检查。姓名和地址必须写在行李上，名牌可从机场的行李寄舱处获得。稳妥起见最好在行李内外层都标上姓名、地址和电话号码。

◆不要锁上行李，因为联邦运输安全局会扫描每份托运行李。

◆登机时，电子设备、照相机、胶卷、现金、珠宝等贵重物品，以及药物、处方和钥匙等必要物品，应随身携带。

◆到达目的地后，立即取回行李。离开机场前，在行李领取区仔细检查行李。

【转机篇】

目前中国到美国的直航飞机数目仍比较有限，不少爱优生为了到达美国接待家庭，中途需要换乘飞机，因此，很多爱优生面临转机的问题。同时，不少需要转机的飞机票价格往往比直航便宜，所以一些本来可以直航的爱优生也会出于经济方面的考虑而选择转机的方式。

在转机之前，爱优生们可预先掌握转机机场的平面图，对于转机所需时间、机场概况有所了解，尽早到要转换的航空公司机场柜台报到，确认入境后转机时行李是需要重新检查。如果机场大，此时机场平面图便彰显其重要性，可帮助爱优生节约时间。

转飞机本身很方便。很多大机场都有专门的服务人员，可以帮助爱优生转机，所以，如果一定要转机，爱优生在心理上不必有所顾虑。但是，必须承认，和直航比起来，转机需要做更多的准备：

首先，需要自己带一点食品。一次国际航班一般会提供一次正餐和一次点心，在转飞机的时候，我们一般需要在机场停留一段时间，以等待下一个航班，这样一来，两个航班提供饮食的时间间隔可能会相当长。一些转机的中国爱优生常常因不清楚这一点，而使自己在第二班飞机上感到饥肠辘辘，却无计可施。其实，只要在出发时在随身的包中带一个面包或别的主食就可以。

其次，对转机存在的风险要有所准备：如果第一个航班延误了，就有可能使自己不能按时赶上第二个航班。实际上，这样的情况常有发生。如果出现误机，航空公司会负责安排你改乘下一个航班，并且安排你在机场所需要的食宿。在过去几年中，很多爱优生都遇到过这样的事情。所以，爱优生最好在出发前，把牙刷、拖鞋和隐形眼镜的药水（装小瓶）带在身上，万一需要住在机场，也会方便些。要知道从环保与卫生的角度讲，美国很多旅馆是不提供拖鞋和牙刷等一次性生活用品的。当然，最好准备一张国际电话卡，可以把自己的新行程通知中国家长及美国的接待家庭。

转机时不仅要注意登机门号，还要注意目的地与登记卡是否吻合，出了问题先找当地所乘航班的航空公司，一般都能得到妥善解决；遇到问题先通知爱优生组织，因为有些家长用英语与对方沟通不会比你自己强多少，而且还多绕一道弯；遇到问题找警察是没错的，找机场穿制服的保安人员和服务人员也可以。

转机过程中，有时会遇到行李损坏或者丢失的情况。此时，请爱优生们不要惊慌。如果发现行李在货舱内损坏，你需要在行李转盘处或是航空公司设有的专设柜台处理。处理行李损坏事项，旅客必须填写行李破损报告，航空公司会安排专人修理行李，或由旅客自行送修，再将收据寄回航空公司，继而获得理赔。

转机是不需要重新提行李的，机场工作人员会把行李直接运到要转的飞机上。在取到行李后，很多学子需要和美国接待家庭通过电话取得联系。此时换好备用零钱，尤其是硬币会大派用场。如果没有硬币，也可以在国内买卡或者使用对方付费电话。

【美国海关篇】

从 2004 年 1 月 5 日，美国航空入境移民局要求提供学生“两个指纹与照相”（A scan of two index fingerprints and a digital photograph）。

入境表格

学生在飞机上要向空服人员索要入境表格两种：

◆ I–94

◆ 6059B Form (Customs Declaration)

额外的审议（Additional scrutiny）

移民官会叫学生到小办公室，问进出、停留时间，或其他安全问题，学生要配合回答清楚，有翻译员在旁边，大约要 1 小时左右。

DS–2019 表

此表格与护照在进入美国移民局关口时，移民官会打开看此表，并问下列有关问题：交换学生信息、项目长度等其他问题。I–94 表下联会在通过移民官时，订在护照内，此联离境时，移民官收回。

重要文件

入美国移民关段，重要文件放在随身包内。

◆护照（内有 DS–2019 函，夹有 I–94 小卡）

◆来回国际机票 （回程机票要保管好）

◆美国境内电子机票资料或机票

◆私人零用钱与电话卡

◆ HF 资料

移民官要看的文件

◆护照和 DS–2019

◆生活经济证明（携带旅行支票，现金或财力证明函）

◆住家信息

◆成绩单（如怀疑学生英文程度不足时，学生可证明是好学生）

! 切记：不要把检查文件放在托运行李内！

AYUSA

· 在美国 ·

【美国的概况】

基本概况

美国的正式名称是美利坚合众国。美国的领土由其本土、位于北美洲西北部的阿拉斯加半岛和位于太平洋中部的夏威夷群岛等三个部分所组成。美国本土位于北美洲的中部，它北部与加拿大交界，南部与墨西哥和墨西哥湾相接，西部面临太平洋，东部则濒临大西洋。美国的全国总面积为 937.26 万平方公里，海岸线约长 22680 公里。

美国的行政区划，是将全国划分为 50 个州，1 个特区。美国的首都是华盛顿哥伦比亚特区，它是以美国首任总统华盛顿的姓氏命名的，是世界上少有的仅以行使行政职能为主的首都。

美国的全国总人口，目前约 2.96 亿。在美国全国居民之中，白人约占 75%，黑人约占 12.3%，此外还有少量的土著居民以及亚洲人、南美人。在美国生活的华人，时下大约有 250 万人。

美国的主要宗教是基督教和天主教。在美国，目前约有 56% 的居民信仰基督教新教，约 28% 的居民信仰天主教。在美国，还存在着多种其他的宗教信仰，如犹太教、东正教等等。美国没有法定的国教。

美国的官方语言是英语。货币为美元。

美国现在实行的是总统制共和政体。

美国的国庆日是 7 月 4 日。

1979 年 1 月 1 日，美国与中国正式建立了大使级外交关系。

国家标志

美国的现用国旗启用于 1960 年 7 月 4 日，长宽比例为 19:10。国旗被称为“星条旗”，由十三道红白相间的平行宽条组成，左上角蓝色长方形内整齐排列着五十颗白色五角星。

红色象征强大和勇气，白色象征纯洁和清白，蓝色象征警惕、坚韧不拔和正义；十三道宽条象征美国独立时创立合众国的十三个州，五十颗星代表美国现在的五十个州。

美国的现用国徽图案为一只展开双翅的白头鹰，胸前有一个国旗图案和颜色的盾牌，盾面下部的十三道红白条纹代表十三个创始州；上部为一个代表美国国会的蓝色长方形。白头鹰的两爪分别握着绿色橄榄枝和十三支箭簇，象征战争与和平的力量；鹰的头部望向橄榄枝一侧，表示美国对和平的追求；白头鹰上方蓝色背景中排列着十三颗白色五角星，象征诞生了一个新的独立国家；鹰嘴叼着的绶带上用拉丁文写着“合众为一”。

美国的现用国歌是《星条旗永不落》，启用于 1931 年。

美国的国花一说是山楂花，一说是玫瑰花。另外还流行一种折中的说法，以玫瑰为国花，以山楂为国树。美国人对山楂花与玫瑰花非常偏爱。

美国的国石是蓝宝石。

美国的国鸟是白头雕。白头雕，亦名白头鹰或秃鹰，是美国人最珍爱的飞禽。它是美国国徽上的主体图案。

【时差篇】

爱优生初到美国，如何适应时差反应呢?

中国与美国的时差相差很大。美国使用夏令时，夏天比冬天早一小时，所以美国西部与中国的时差是夏天 16 个小时，冬天 17 个小时。以夏季为例，中国北京时间是上午十点，那么美国西部就是头一天下午六点；美国东部与中国的时差是夏天 12 个小时，冬天 13 个小时，如：中国北京时间是上午十点，那么美国东部时间就是头一天晚间九点。

在人体穿越多个时区时，生物钟受到影响所产生的生理反应被称为时差反应。当人的身体在适应这种新的日常节奏时，依据每个人的自身情况可能会出现或多或少不适应的症状。这些症状多表现为疲劳、方向感减弱和失眠，有时可能还会伴有头痛、头晕、困倦等症状。尽管不会对身体产生大的危害，但是许多人发现，每四个钟头的时差需要一天的时间才能完全恢复过来。所以，最初几天的生活可能会受到一定的影响，那么对这个问题事先有所准备还是有必要的。

适应时差反应的方法：

身体生物钟一般受到四个因素的影响：光线、睡眠、运动和食物，其中光线是比较重要的因素。因此，爱优生可以根据这些原因做几件事情来帮助自己度过适应期：

尽可能尝试按新时区的时间正常吃饭和睡觉。尽量不要白天小睡，因为这样晚上就更难睡觉，只能使你的时差反应拖得更长。当然，要让睡眠马上做大的调节肯定是很痛苦的，所以最好是要循序渐进地进行调整。也就是说除了上述说明外，可以在睡觉的时间上做好规划，平均每天向后延迟几个小时，尽量减少调节生理时间所需要的跨度。

做好睡眠时间安排后，在感到困倦而不能睡觉的时候去散散步、运动一下，或者和朋友一起做些其他的事情。

需要光线的时候，日光是最好的选择，所以白天的时候出去晒晒太阳。

试着运用改变光线的方法进行重新调节，如果想完全避免光线照射，可以戴上眼罩，或者想其他的方法将眼睛蒙起来。

考虑到时差反应，最好能在上课前至少提前几天到达美国，以便身体适应新的时区。

【天气篇】

总体上说，美国的气温适宜、降水丰富。美国共有 50 个州，除夏威夷和阿拉斯加两州外，本土 48 州依地理位置可分为 6 个区域、东西 5 个时区，所以各区的气候、温度也都不尽相同。

新英格兰地区（New England）

康涅狄格 Connecticut(CT)、马萨诸塞 Massachusetts(MA)、北部的缅因 Maine(ME)、新罕布什尔 New Hampshire(NH)、罗德岛 Rhode Island(RI)、佛蒙特 Vermont(VT)。

全年平均气温春季是 2℃ ~11℃、夏季 16℃ ~24℃、秋季 7℃ ~22℃、冬季 –18℃ ~–1℃。新英格兰地区的气候复杂多变，难以预测。在新英格兰的不同地区，气候也不尽相同。北部的缅因、新罕布什尔、佛蒙特三州夏季短促凉爽而冬季漫长寒冷。康涅狄格、马萨诸塞、罗德岛三个南部州则是夏季炎热而冬季寒冷。

美国中部地区（The Middle Atlantic）

华盛顿特区 Washington，District of Columbia(DC)、特拉华州 Delaware(De)、马里兰州 Maryland(MD)、新泽西州 New Jersey(NJ)、纽约州 New York(NY)、宾夕法尼亚州 Pennsylvania(PA)。

春季 4℃ ~16℃、夏季 18℃ ~27℃、秋季 11℃ ~24℃、冬季 –9℃ ~–1℃。气候特征是冬寒夏凉。

中西部地区（The Midwest）

爱荷华州 Iowa(IA)、伊利诺伊州 Illinois(IL)、印第安纳州 Indiana(IN)、堪萨斯州 Kansas(KS)、密西根州 Michigan(MI)、明尼苏达州 Minnesota(MN)、密苏里州 Missouri(MO)、北达科他州 North Dakota(ND)、内布拉斯加州 Nebraska(NE)、俄亥俄 Ohio(OH)、南达科他州 South Dakota(SD)、威斯康星州 Wisconsin(WI)。

春季 4℃ ~14℃、夏季 16℃ ~32℃、秋季 4℃ ~16℃、冬季 –12℃ ~–1℃；属于半干旱与干旱气候，冬季寒冷，夏季炎热。

西部地区（The West）

加利福尼亚州 California(CA)、科罗拉多州 Colorado(CO)、爱达荷州 Idaho(ID)、蒙大拿州 Montana(MT)、内华达 Nevada(NV)、俄勒冈州 Oregon(OR)、犹他州 Utah(UT)、华盛顿州 Washington(WA)、怀俄明州 Wyoming(WY)。

春季 4℃ ~24℃、夏季 16℃ ~32℃、秋季 7℃ ~24℃、冬季 –9℃ ~18℃。气候冬季干燥寒冷，夏季干燥炎热。

南部地区 (The South)
阿拉巴马州 Alabama(AL)、阿肯萨斯州 Arkansas(AR)、弗罗里达州 Florida(FL)、乔治亚州 Georgia(GA)、肯塔基州 Kentucky(KY)、路易斯安那州 Louisiana(LA)、密西西比州 Mississippi(MS)、北卡罗莱纳州 North Carolina(NC)、南卡罗莱纳州 South Carolina(SC)、田纳西州 Tennessee(TN)、弗吉尼亚州 Virginia(VA)、西弗吉尼亚 West Virginia(WV)。
春季 16℃ ~24℃、夏季 24℃ ~32℃、秋季 11℃ ~24℃、冬季 -1℃ ~16℃。美国南部是一片广大、多元的地区，有各式各样的气候形态，包括了温带、亚热带、热带和干旱带气候。
西南部地区 (Southwest)
亚利桑那州 Arizona(AZ)、新墨西哥州 New Mexico(NM)、俄克拉荷马州 Oklahoma(OK)、得克萨斯州 Texas(TX)。
春季 4℃ ~22℃、夏季 16℃ ~32℃、秋季 7℃ ~24℃、冬季 -6℃ ~16℃。该地区比北部温暖，但比东部干燥。
阿拉斯加地区
春季 -6℃ ~14℃、夏季 7℃ ~16℃、秋季 2℃ ~11℃、冬季 -26℃ ~-9℃；气候特征是终年气温低，降水少。
夏威夷地区
春季 22℃ ~27℃、夏季 24℃ ~32℃、秋季 22℃ ~27℃、冬季 16℃ ~24℃。全年气候温暖湿润。

当然，美国的地域很广，气候特征不能一概而论。所以，根据上述的信息，对美国的气温以及学校所在地的气候有了初步的概念后，爱优生还是应该要上网或通过其他途径了解一下当地的情况，如人们的穿着习惯、飓风和暴雪灾害性天气等等。如果要到的地方与自己已习惯的气候差别很大，更应该了解需要注意的事项。向自己的国际辅导员或是认识的老生进一步地了解一下当地的气候情况，也有利于自己很好地适应。

【货币篇】

美元（United States Dollar）是美国的官方货币。目前流通的美元纸币是自1929年以来发行的各版钞票。它同时也作为储备货币在美国以外的国家广泛使用。美元的发行主管部门是国会，具体发行业务由联邦储备银行负责办理。美元是外汇交换中的基础货币，也是国际支付和外汇交易中的主要货币，在国际外汇市场中占有非常重要的地位。具体信息如下：

【单位】美元（dollar，$），美分（cent，¢）进位：$1=100¢

【钞票】$1、$2、$5、$10、$20、$50、$100、$500

【硬币】1¢、5¢、10¢、25¢、50¢、$1

【保险及医疗信息】

◆**保险**　爱优生的保险包含学生在接待国整个项目期间的疾病及意外保险。保险范围不包括：原来已存在的状况、由于驾驶摩托机动车辆造成的伤害、特定类别的运动损伤、由于犯罪造成的损伤、自残及参加高风险（极度危险）的体育运动带来的伤害。参加者同意且有义务熟悉其保险条款的赔付范围、拒绝赔付的范围及限制条件，对于赔付范围之外的行为，应事先向其爱优生组织和保险代表咨询。

◆**医疗**　一般而言，爱优生会在授权任何医疗服务之前，与学生家长协商。但在需要采取紧急措施的情况下，参加者同意并授权爱优生或成年接待家庭成员，不须承担义务地依据其判断力，授权并提供医疗机构任何必要医药的、牙科的、外科的、心理的、精神的或住院治疗，以便学生实时得到治疗。家长授权医疗机构提供给学生适当的医疗服务，并将学生相关的医疗记录提供给爱优生或成年接待家庭成员。

◆看病 在美国看病与国内不同，一般要提前预约，时间的安排往往是根据医生的时间表设置，只有在医生较空的时候，预约时间才会比较灵活。届时需准时到达。看病预约时须将病情向医生助理简略叙述。一般情况下，看病前要先通知主管医师，当有急症重症发生时，可去急诊中心，去急诊中心前最好给主管医师打电话，主管医师若有时间则能酌情处理。如果在去急诊中心之前，实在无法通知主管医师，则需在 24 小时之内通知主管医师。一般情况下如不适病况不是主治医生擅长的，主治医生可以将你介绍给专科医生。这比自己预约专科医生要简便得多。而且这样你的主治医生将和你共同承担专科医生的门诊费用。在美国，皮肤科医生往往要提前几个月才可以约到。

看病小贴士：

美国一部分学校提供的医疗保险覆盖每年一次的例行体检及女性的妇科检查，大家应充分享受这一待遇，做到有病早治、无病早防。

如果你害怕自己听不懂那些医学专业名词，上医院时你不妨带本字典！

在美国医、药分开，医院一般不提供任何药品，除了一般感冒药、胃药、止痛药、创可贴及维他命外，均须持有医生处方才能购买处方药。

若回国或有亲友从大陆来访，可多带些常备药。一般的小病症自己吃药可以解决，但最好还是上医院，看医生来得更可靠！

【手机通讯】

尽快办理手机对能够方便地开始美国生活有很重要的意义。有了手机，爱优生们或多或少就能找到一点国内生活的感觉了——除了需要适应没人发短信聊天的事实以外。

◆**手机供应商**[1] 美国主要的电信公司包括 AT&T (Cingular)、Verizon、T-Mobile、Sprint 等。各家的网络侧重点不同，网络信号和服务也不尽相同。AT&T 是最大的通信运营商，Verizon 位居第二。它们网络覆盖面积大、用户群大，但服务资费比较贵；T-Mobile 的资费较便宜，但信号相对差；Sprint 覆盖面有限，但在宾州也有较多用户。Verizon 和 Sprint 大多使用 CDMA 的网络，它们的手机没有 SIM 卡；AT&T（Cingular）和 T-Mobile 多数使用 GSM, 国内的 3 频以上手机可以直接使用。

◆**买手机和选择套餐** 在美国手机一般不单独出售，而是和手机供应商的话费套餐捆绑出售。就是说买了这个手机就必须买某些服务套餐。大多套餐需要签一年或者两年的使用合同，在合同期内更改合同需交纳 $150~ 200 违约金，请谨慎选择。新生初到美国，由于还没有信用记录，一般还需交纳几百元不等的押金，一年之后退还。

选择好套餐以后，电信公司会提供手机让你选择。有些是免费的，有些则只需付几十美金。一般签的服务合同越长，手机就越便宜。手机开通也要收取一定费用，一般称为手机激活费用。这部分费用会出现在你第一个月的手机账单上。拿到手机后，马上就可以使用。

◆**手机打国际长途** 若要用手机打国际长途电话，最佳的选择是购买预付费电话卡来打。其优点一是便宜（打往中国大陆 2~10 美分），二是方便。在美国打国际长途须先拨 011，然后是国家代码、城市代码及用户号码。例如，拨打北京 (010) 的电话 61234567，应为 011-86-10-61234567。注意在城市区号前不加零。

◆**手机缴费** 完全在网上进行，每月会有账单。登陆手机网站用银行账户或者信用卡付费即可。

---

1 随着无线上网的普及，多数学生选择使用电脑免费视频软件打电话，如 skype、MSN、QQ 等。

【紧急电话】

911 紧急电话是给那些处于危急情况下的人做呼叫紧急的服务，打这电话号码的人应该事先了解。当你打 911 传述紧急状况时，你的电话号码（包括非公共性的号码）将自动显现在公共安全控制中心的屏幕上。呼叫者号码的显现可以使急救单位迅速找出发生紧急情况的地点，即使是当呼叫者受制于危急情况下也依然可以准确定位。

以下各种紧急情况请直拨 911：

火警 援救（Fire and Rescue）

警察 警官 高速公路巡察 （Police or Sheriff Highway Patrol）

救护 紧急医疗和空降救护（Ambulance Emergency Medical or Paramedics）

紧急援救电话（Emergency Call）

美国其他应急电话

◆中国驻美国使馆文化处

电话：001-202-3282579、7457371

传真：001-202-2343715

地址：美国华盛顿特区康涅狄格大街 2300 号

2300 CONNECTICUT AVENUE,N.W. WASHINGTON, D.C.20008, U.S.A.

◆中国驻纽约总领馆文化组

电话：001-212-5020273

传真：001-212-337405、5020258

地址：美国纽约州纽约市第十二大道 520 号

520 12TH AVENUE, NEW YORK, NY 10036 U.S.A.

◆中国驻旧金山总领馆文化组

中国驻旧金山总领馆网址：www.chinaconsulatesf.org

电话：001-415-6742959

传真：001-415-6742960

地址：美国加州旧金山拉古娜街 1450 号

1450 LAGUNA STREET SAN FRANCISCO, CA 94115 U.S.A.

◆中国驻休斯顿总领馆文化组

电话：001-713-5242297

传真：001-713-5247656

地址：美国得州休斯顿蒙特罗斯大道 3417 号

3417 MONTROSE BIVD. HOUSTON, TEXAS 77006 U.S.A.

◆中国驻洛杉矶总领馆文化组

电话：001-213-8078014

传真：001-213-3801961、3833131

地址：美国加州洛杉矶沙托 443 号

443 SHATTO PLACE LOSANGELES CA 90020 U.S.A.

◆中国驻芝加哥总领馆文化组

电话：001-312-8030112

传真：001-312-8030110、8030105

地址：美国伊利诺伊州芝加哥韦斯特里街 100 号

100 WESTERIE STREET CHICAGO, IL 60610 U.S.A.

美国社会机构电话一览

美国红十字会（American Red Cross）	（213）739-5200
安全驾车热线（Auto Safety Hotline）	（800）424-9393
加州高速公路管理局（C.A. Highway Patrol Nonemergency）	（626）338-1164
消费者投诉电话（Reviews Consumer Complaints）	（800）952-5225
加州消费者咨询中心（Consumer Information Center）	（800）952-5210
艾滋病服务中心（AIDS Service Center）	（888）448-9242
儿童和家庭服务（Child and Family Services）	（213）427-2700
洛杉矶教育办公室（Los Angeles County Office of Education）	（562）922-6111
南加亚太法律中心（Asian Pacific American Legal Center of S.CA）	（213）977-7500
美国移民局 U.S.（Immigration and Naturalization Service）	（800）375-5283
法律协助基金会（Legal Aid Foundation of Los Angeles）	（213）487-3320
医疗咨询（Medi-Cal Information）	（800）339-6993
中国驻洛杉矶总领事馆（Onsulate Gople's Republic Of China）	（213）807-8018
气象台（Weather Information）	（213）554-1212
中文黄页广告刊登服务（Chinese Yellow Pages Advertising Service）	（626）441-6985
巴士服务华语服务专线（Foothill Transit Information Line)	（888）629-5992
洛杉矶观光资料中心（Los Angeles Vistors Information Center）	（213）689-8822
废物处理（Waste Management）	（800）732-9253
家庭废物处理（Waste Management）	（800）238-0172
联邦急难管理局（Federal Emergency Management Agency）	（202）566-1600
美国国际商务会员（America Member Service Center）	（213）255-2066

【融入美国家庭生活】

美国的家庭生活，是围绕着自成一个家的紧密单元展开的。一到“家”，你就是家中的一分子，要“完全融入家庭生活”。你要试着开诚布公地和人交往交流，和家庭交流。有了一个温暖而舒适的美国家庭，你将随时随地地去用细微与敏锐的观察力，去了解生活上、习惯上和修养上的差异，进而能够充分了解。只要是长期对你有益的事情，都要全身心地参与，用享受和欣赏的心去学习相处之道与人际关系的沟通。当然，你的生活英语与使用表达，大部分是在初到美国三个月的时间内，在以家庭为中心的影响下建立基础的。因为美国家庭是义务与志愿的，所以他们不需要为了什么去爱你，去照顾你，去指导你，去关心你。他们是纯粹为了分享，去实践西方精神的“博爱”，或其他的信仰精神。

美国人爱自己，不受拘束，但从小被教育要自律，要有团队精神，要考虑别人。对家庭的观念与关系非常重视。孩子们在家庭中受到爸妈照顾，作为家庭成员之一，要分担家务劳动，譬如：男孩子剪草、整理庭院，女孩子帮助妈咪做家务、烹饪、清洁或者洗碗。

美国人的家庭生活中心在家庭起居间（family living room），生活从厨房（kitchen）的设计上也可以体现出来，厨房在中心位置，便于全家在厨房做事，可以边做事、边沟通。

◆行为上主动沟通的差异 到了一个新的家庭，必须要滔滔不绝地和人交流、和家庭交流，一定要主动地去讲，使你的新家庭多了解你。在交谈中，你也要多了解对方，你将会感觉到、享受到家庭的亲子关系，感受到家庭的温暖。

◆饮食差异 美国家庭的主食不是米饭，而是土豆：土豆、烤土豆、土豆泥、炸土豆……初到美国心理上要调整，敞开自己的心扉，克服先入为主的心理。尝试着为自己的营养和健康，扩大食物的范围。

◆晚餐 晚餐是美国一家人相聚的重要的时光，有些家庭对于用餐的气氛与装饰很讲究，布置得非常舒适：长方形的餐桌，父母坐在首座，如果家里有聚会时，需要两个桌子的话，父母各坐一个桌子，使客人不被冷落，以便照顾。

◆**坐姿** 身体挺直，微靠椅背，吃东西的时候胳膊不压在桌子上，口中有食物的时候不要交谈。

◆**餐前祈祷** 有些家庭在入座后，会由主人或者一位成员祈祷，用餐者应该低下头，不碰餐具，直到祈祷完毕，方可开始用餐。

◆**餐巾纸** 美国家庭大多数使用餐巾纸，较中国浪费一些。

◆**准备和清洁** 开饭前主动向美国妈妈提出去帮助准备开饭，饭后负责清洁工作。

◆**用餐语言** 举例来说，如果需要盐罐，不可以站起来经过别人面前去拿，而要说请将盐递给我（please pass me the salt）。

◆**饭店用餐的礼仪** 餐厅有人带位入座，服务人员过来打招呼，安排点菜、进餐。餐具要从离盘子最远的地方用起，吃完主菜后，刀叉要斜摆，放在盘子上。喝汤的时候，调羹要外舀内喝。

◆**甜食** 美国家庭用餐完毕后会吃一些甜食，甜食食用过多会发胖，请注意选择。

◆**睡眠时间** 美国家庭到了晚上 9:30 或者 10:00 就准备入睡，早上一大早就起床，个人起居时间上面一定要配合美国家庭。

◆**读书方法上的差异** 美国很多家庭用完晚餐后，小孩子就在餐桌上读书，旁边老爸老妈还在看电视，中国小孩子可能会不适应。美国的卧室很少放书桌。

◆**语言表达的差异与交谈的语言** 家庭中，一早见面打招呼“早上好”。上床睡觉时道“晚安，希望你睡个好觉”。总之，要把这些问候的语言经常挂在口边。离开家、返回家时，要说“我要去上学了”，“再见，我回来了”。总之，要想到开口，想到与人沟通，想到美国式的语法与客套话，边生活，边学习。

◆**爸妈对孩子的文化差异** “可怜天下父母心”，美国父母对小孩子的爱绝对不比中国父母对独生子女的爱逊色。中国的父母亲以中国特色的爱，期望孩子的发展，但是交换学生到了美国家庭以后，会发现美国的爸妈对小孩子的期望断然不同，交换生必须要了解这种区别，因为社会、生长环境以及将来孩子的就业环境和资源，美国和中国都不相同。在中美家长期望的差异上，交流生应该以天下父母亲的观点来看待，以更开阔的心界来看，你会发觉美国的爸妈对你很尊敬，平等地对待你，在细节上照顾入微。在你的生活安排上，对你的要求是希望你在快乐中发挥你的才能。有时候，你会感觉到美国的爸爸妈妈比较好，有时候你会感觉到中国的爸爸妈妈比较好。从父母对子女的爱护来看，中美的父母对于子女的爱都是一样的，只是表现的方式不同而已。

◆**使用浴室** 一般家庭均有两个以上的浴室，有许多交流生要与家人共享浴室。一般美国人早上要淋浴，淋浴时注意不把水溅到浴缸外面，浴室地板上不可有水滴。不要热水时要关上，美国家庭中都有自己的瓦斯热水小炉，有 20~30 加仑的热水，一般连续开十多分钟才会达到热的程度。用过浴室，要保持整齐、清洁、漂亮，而且美国人把浴室装饰的十分舒适、美观，许多美国人早晚均淋浴。你知道吗？美国的抽水马桶干净得可以洗尿布。不是开玩笑的哦！

◆**礼品与馈赠** 美国人最喜欢送小礼品，在生日的时候、毕业典礼的时候、圣诞节的时候，在家庭有人结婚的时候，都会把礼品包装得非常精美，收礼的人也会当面打开礼品，这时候是送礼的人最愉快的时刻。无论什么礼品，都要用精美的包装纸或者精美的丝带包装，让收礼人渴望打开，中国的学生可以带一打小礼品，比如精美的中国结或者中国名字的印章等等。

◆**星期日礼拜** 星期日上午，有些家庭会到教堂，虽然目前对教堂穿着放宽许多，但是整齐合宜的衣着仍然是需要的。美国的婚礼或者葬礼有许多都是在教堂举行。

◆**葬礼** 美国人的葬礼，亲人不会放声大哭，他们衣着黑色、庄严静默，思念失去的亲人，表达对逝者的尊敬。

【礼仪篇】

美国人待人接物的特点

◆**随和友善，容易接近** 美国人为人诚挚，乐观大方，天性浪漫，好交朋友。用中国人的话来讲，美国人大概属于那种“自来熟”的类型。在交际场合，他们喜欢主动跟别人打招呼，并且乐于主动找人攀谈。如果愿意，美国人是可以跟任何人交上朋友的。在美国人看来，人缘好、善于结交朋友，是取得个人成功的基本条件之一。不愿扩大自己的交际圈，甚至拒绝与他人接近的人，不仅个人心理上存在问题，而且对于交往对象以及接触的其他人，也是不够友好和尊重的。

◆热情开朗，不拘小节 在日常生活中，美国人主张凡事讲究实效，不搞形式主义。他们不是不讲究礼仪，而是反对过于拘泥于礼仪，过分地矫揉造作。美国人的见面礼节，大约是世界上最简单的。在一般情况下，同外人见面时，美国人往往以点头、微笑为礼，或者只是向对方“嗨”上一声作罢。若非特别正式的场合，美国人甚至连国际上最为通行的握手礼也略去不用。若非亲朋好友，美国人一般不会主动与对方亲吻、拥抱。在商务往来中，他们尤其不会这么做。在称呼别人时，美国人极少使用全称。他们更喜欢交往对象之间直呼其名，以示双方关系密切。若非官方的正式交往，美国人一般不喜欢称呼官衔，或是以“阁下”相称。对于能反映其成就与地位的学衔、职称，如“博士”、“教授”、“律师”、“法官”、“医生”等等，他们却是乐于在人际交往中用作称呼的。

◆减少含蓄，喜欢幽默 普通的美国人，大都比较朴实、直率。在待人接物中，他们喜欢在符合礼仪的前提下直来直去。对于“听话听声，锣鼓听音”之类的做法，他们不仅不习惯，而且往往难以接受。与美国人打交道时，表现得过于委婉、含蓄，或是有话不明讲，而代之以旁敲侧击、巧妙地暗示，效果未必能够尽如人意。美国人的处世风格，总体上是潇洒浪漫。他们主张充分地享受生活，凡事都要尽可能地去尝试一下。许多美国人所信奉的格言，就是“去尝试一下吧！”（To try）在平时，他们喜欢笑面人生，爱开玩笑。跟美国人相处时，若是不明白这一点，而一味地恪守“喜怒不形于色”的中国古训，无形之中就会使对方与自己拉开距离，甚至会让对方对自己敬而远之。

◆自尊心强，好胜心重 美国人一般而论都有很强的好胜心。他们喜欢见异思迁，崇尚开拓，在人际交往中大都显得雄心勃勃，做起事情来也会一往无前。受这一风气影响，美国的孩子一旦长大成人，就要自立门户，自己去闯天下，与父母算清经济账。青年人如果听凭父母为自己做主，处处依赖父母，会被人们瞧不起。在美国，即使是父子、朋友，外出用餐时，往往也会各付各的账。在人际交往中，美国人是不时兴向别人借钱的。他们认为，借钱应该上银行，找个人借钱就是索要的意思。在一个美国人的一生中，不搬上几次家，不换上几回工作，往往是不可思议的。凡此种种，均与美国人的好胜心强存在着因果关系。

行为礼仪小贴士

◆**打招呼**　美国的礼仪与中国的有差异，通常是年轻的、地位低的被介绍给年长的、地位高的。

◆**握手**　通常是女士伸手，男士才伸手，如果女士不伸手，男士不应该主动去与女士握手。但握手通常不用力，握手通常只持续一秒到一秒半钟。

◆**拥抱**　通常是家庭式的、亲人的拥抱，通常拥抱时双方双脚的距离有半步（情人的拥抱距离才比较近），双方上身微微前倾。

◆**走路步行**　通常在行走的时候会考虑到附近的行人，如果在快速道路上，不可慢行。

◆**电梯上的礼仪**　通常是让女士先下去，姿态合乎礼仪。

◆**声音**　不可以高声交谈。

服饰礼仪小贴士

◆**整洁**　美国人非常注意服装的整洁。在一般情况下，他们的衬衣、袜子、领带必然每天一换。穿肮脏、褶皱、有异味的衣服的人，美国人是看不起的。

◆**脱下帽子和外套**　拜访美国人时，进了门一定要脱下帽子和外套。

◆**着装的细节**　在美国人看来，穿深色西装套装时穿白色袜子，穿凉鞋时穿袜子或是让袜口露出自己的裙摆之外，都是缺乏基本的着装常识。

◆**女士不要随便脱鞋** 在美国，一位女士要是随随便便地在男士面前脱下自己的鞋子或者撩动自己裙子的下摆，往往会令人产生成心引诱对方之嫌。

◆**不要穿着睡衣、拖鞋会客** 以这身打扮外出，都会被美国人视为失礼。

◆**出入公共场合时不要化艳妆** 在大庭广众之前当众化妆、补妆，不但会被人视为缺乏教养，而且还有可能令人感到“身份可疑”。

◆**在室内不要戴墨镜** 往往会被美国人视作“见不得阳光的人”。

餐饮礼仪小贴士

◆**喜食“生”、“冷”、“淡”的食物** 不刻意讲究形式与排场而强调营养搭配。在一般情况下，美国人以食用肉类为主，牛肉是他们的最爱，鸡肉、鱼肉、火鸡肉亦受其欢迎。若非穆斯林或犹太教徒，美国人通常不禁食猪肉。然而，在美国人之中，爱吃羊肉者却极为罕见。

◆**美国人不吃的食物** 主要有狗肉、猫肉、蛇肉、鸽肉、淡水鱼与无鳞无鳍的鱼，动物的头、爪及其内脏，生蒜、韭菜、皮蛋等等。

◆**在宴会上祝酒时** 他们习惯于高举自己的酒杯，并不讲究非要使自己的酒杯低于他人。

◆**被邀请上家里共进晚餐** 美国人有时会请亲朋好友们上自己家里共进晚餐。美国人看重的是这一形式本身，而在实际内容上却不甚讲究。美国人请客之时只准备两三道菜，是极为正常的。

◆**用餐的时候一般以刀叉取用** 在切割菜肴时，美国人习惯于先是左手执叉，右手执刀，自左至右将其切割完毕，然后，放下餐刀，将餐叉换至右手，右手执叉而食。

◆**用餐七戒条** 其一，不允许进餐时发出声响；其二，不允许替他人取菜；其三，不允许吸烟；其四，不允许向他人劝酒；其五，不允许当众宽衣解带；其六，不允许议论令人作呕之事；其七，入口之物不宜再吐出来。

习俗禁忌小贴士

◆厌恶吃狗肉 在动物之中，美国人普遍爱狗。美国人认为：狗是人类最忠实的朋友。对于那些自称爱吃狗肉或者虐待狗的人，美国人是非常厌恶的。

◆反感蝙蝠 蝙蝠被视为吸血鬼与凶神，令美国人最为反感。

◆忌讳黑色 黑色在美国主要用于丧葬活动，因此美国人对它比较忌讳。美国人最喜爱的色彩是白色。

◆忌用体态 其一，盯视他人；其二，冲着别人伸舌头；其三，用食指指点交往对象；其四，用食指横在喉头之前；其五，竖起拇指并以之指向身后；其六，竖起中指。美国人认为，这些体态语都具有侮辱他人之意。

在公共场合和他人面前绝对不会蹲在地上，或是双腿叉开而坐。这两个动作，均被视为失仪之举。

◆保持适当的距离 美国人认为个人空间神圣而不容冒犯，因此在美国碰了别人要及时道歉，坐在他人身边先要征得对方认可，谈话时距对方过近则是失敬于人的。一般而论，与美国人交往时，与之保持 50~150 厘米之间的距离，才是比较适当的。

◆切忌打探其个人隐私 在美国，询问他人收入、年龄、婚恋、健康、籍贯、学历、住址、种族、血型、星座等等，都是不礼貌的。即使招工时，美国人也极少询问此类问题。

◆不要说"长胖了" 美国人大都认定"胖人穷，瘦人富"，所以他听不得别人说自己"长胖了"。

◆不要称呼黑人为"Negro" Negro 是英语"黑人"的意思，尤指从非洲贩卖到美国为奴的黑人。所以在美国千万不要把黑人称作 Negro，跟白人交谈如此，跟黑人交谈更如此。否则，黑人会感到你对他的蔑视。说到黑人，最好用 Black 一词，黑人对这个称呼会坦然接受。

◆不宜随意搭便车 在美国，勿随意搭便车，这是由于美国不甚好的社会治安情况造成的。搭便车而被抢去钱财或遭到侮辱之类的案件在美国屡见不鲜。有些歹徒看到路边步行的女性，就主动停车，殷勤要求送上一程。如果误以为他是好意，无异于羊送虎口。碰到这种情况，最好还是冷言拒绝。不仅如此，遇到要求搭便车的人也不要轻易答应。因为有些歹徒、包括年轻姑娘，专门等候搭乘便车，上车后以威胁等手段诈取钱财。

◆**不能随便说“I am sorry”**　“I am sorry”和“Excuse me”都是“抱歉”、“对不起”的意思，但“I am sorry”语气较重，表示承认自己有过失或错误。如果为了客气而轻易出口，常会被对方抓住把柄，追究实际不属于你的责任。

◆**谦虚并非美德**　中国人视谦虚为美德，但是美国人却把过谦视为虚伪的代名词。如果一个能操流利英语的人自谦说英语讲得不好，接着又说出一口流畅的英语，美国人便会认为他撒了谎，是个口是心非、装腔作势的人。所以，同美国人交往，应该大胆说出自己的能力，有一是一，有十是十。不必谦虚客气，否则反而事与愿违。

◆**切莫只谈自己最关心最拿手的话题**　参加美国人的聚会时，谈论只有自己熟悉的话题，会使其他人难堪，产生反感。谈论个人业务上的事，加以卖弄，也会使其他人感到你视野狭窄，除了本行之外一窍不通。若是谈及政党之争、投票意向与计划生育，肯定容易导致双方“话不投机半句多”。在谈话间，应该寻找众人都感兴趣的话题。医生可以大谈文学，科学家畅谈音乐，教育家讲述旅行见闻，使整个聚会充满轻松气氛。应该注意的是，基督徒视自杀为罪恶，在美国，“自杀”这个话题不受欢迎，不论何时何地少谈为妙。

◆**别忘了问候孩子**　美国人讲究大人、孩子一律平等。到美国人家中做客，他们的孩子也一定出来见客。这时，千万不要只顾大人冷落了孩子。那样会使他们的父母不愉快。跟小孩子打招呼，可以握握手或亲亲脸，如果小孩子亲了你的脸，你也一定要亲亲他的脸。

◆**同性不能一起跳舞**　同性不能双双起舞，这是美国公认的社交礼仪之一。同性一起跳舞，旁人必定投以责备的目光，或者认为他们是同性恋者。因此，即使找不到异性舞伴，也绝不能与同性跳舞，也不要在公共场合携手而行或是勾肩搭背。

【美国主要公休节日】

每个州的情况会有所不同，总的来说：

新年 New Year's Day	1 月 1 日
华盛顿生日 Washington's Birthday	1 月 21 日
林肯生日 Lincoln's Birthday	2 月 12 日
耶稣受难日 Good Friday	复活节前一周的星期五
阵亡将士纪念日 Memorial Day	5 月 30 日
独立日 Independence Day	7 月 4 日
劳动节 Labor Day	9 月 5 日
哥伦布日 Columbus Day	10 月 10 日
停战日 Armistice Day/Veterans Day	11 月 11 日
感恩节 Thanksgiving Day	11 月 24 日
圣诞节 Christmas Day	12 月 25 日
圣烛节 Groundhog Day	2 月 2 日
情人节 St. Valentine's Day	2 月 14 日
复活节 Easter/Easter Sunday	过春分月圆后的第一个星期日
植树节 Arbor day	4 月第 4 个星期五
五一劳动节 May Day	5 月 1 日
母亲节 Mother's Day	5 月第二个星期日
旗日 Flag Day	6 月 14 日
父亲节 Father's Day	6 月第三个星期日
祖父母节 Grandparents' Day	9 月劳动节后的第一个星期日
万圣节前夕 Halloween	10 月 31 日，此夜儿童可以尽情玩耍

! 特别提示：中国农历春节在纽约也被当作节日放假一天。

·后记·

在我日常采访的时候，经常会发现一些家长在如何培养孩子的问题上产生困惑，尤其是如何规划和选择孩子的学业以及就业发展等问题显得越来越突出，同时我身边的同事和朋友也经常会与我探讨如何加强孩子的外语学习？孩子多大的时候送到国外读书合适？到哪里留学，留学后做什么等等，这些问题让我越来越意识到规划对子女培养是家庭生活中一个重要的问题。为此我在北京文艺广播《爱星满天》节目中制作了大量关注青少年出国留学问题，特别是高中生参加国际交换生项目的专题节目，节目播出后得到了社会良好的反响。

2006 年 6 月我约访了时任北京市教育委员会国际合作与交流处处长丁红宇先生和国际合作与交流学生交换生项目官员任军先生，就国际高中生互换项目的开展情况进行了专访。同年 9 月，我应邀随北京市教委组织的“爱优生项目”考察团一行四人赴美国旧金山访问，到访了爱优生总部（全球文教机构），双方就北京联合国教科文组织协会开展的该项目执行情况进行了坦诚、友好的交流，对年度爱优生的规模、录取标准、对美国接待家庭的接待要求和高中学校学业安排以及中国学生赴美后各项工作的落实，进行了充分的协商。此行，使我以一名记者的身份较为系统地接触到了国际交换生项目的执行情况和开展情况，以及合作双方的诚意。

2009 年我又随同当年的爱优生赴美参加了为期三周的“预备爱优生体验营”。营地设在了美国总统奥巴马的第一所就读的大学校园，来自非英语国家的包括日本、韩国、泰国、法国、意大利、德国、中国、中国台湾地区等不同民族、不同文化的爱优生一百余名师生相聚在一起，体验着美国校园的学习生活，在专业老师的指导下进行着心理、文化、礼仪、生活、语言（要求本国的学生之间也只能用英语交谈）等方方面面的培训。

我有幸在六年的时间里往返中国和美国两地采访了大量的中国高中交换生参加了每年的“爱优生项目的传承会”，都使我感受很深。这些 15 岁至 18 岁的被称为花季、雨季的孩子们，他们远离祖国，远离父母和亲人，到美国去尝试一种完全不同的生活和学习体验，甚至要把所寄宿家庭的男女主人当做“爸爸”、“妈妈”。面对各种中西方的文化差异、文化冲突、生活的压力以及离开父母和同学的寂寞，独立地、理智地处理各种复杂问题，其中有些困难是我们常人很难接触到的，也是难以想象的。这种文化差异的亲身经历和体验，使得孩子们学到了他们从书本上永远也不能学到的东西，这包括美国中学教学理念、教学方法和教学模式的不同。但是更多的让我们以及他们的家长们看到了一张张成熟的、自信的笑脸和他们坚定的人生足迹。可以看出他们所付出的东西都得到了满意的收获。

其一，增强了意志，提升了品质，改变了思维方式。美国的教育首先是“Good citizen”，教你学会做人，具有“友爱及助人的品质”，鼓励积极参与社区活动，帮助他人，培养高尚品质，才会成为一个杰出的人才。在此原则之下，美国教育提倡独立思考，重视动手、动嘴，强调个人想象力和创新能力。这与中国教学重视知识的积累和记忆，强调统一结构和通用能力形成鲜明对比。中国学生应考能力强，然而动手能力差，创新精神弱。美国家庭教育强调个人责任感，独立生活能力和与人合作的团队精神，对中国的“独生子”一代也将是一个挑战性经历和磨炼，我想，参加一年的交换生项目对于弥补中国中学教育不足的一面将会带来长远的，积极的，终生受益的影响。

其二，培养了社会责任感，提高了交往能力。生活在美国家庭一年，使孩子更加珍惜自己的中国独有的“全家保子女教育”特殊环境，认识到自己不应该“滥用独生子”地位，因而也变得更加成熟，有责任心，并在与美国孩子特别是不同价值观念的同龄人交往中学会如何友好相处，尊重不同，接纳多样化。十几岁正是孩子成长过程中最赋有可塑性的一个时期，因而也是他们的适应、创新和改变能力最强的时期，更是青春发育期最关键的一个时期。在这个时期广泛阅历，特别是在两种完全不同文化冲突中体验生活，历练性格，为培养他们未来成为最赋有适应力，应对挑战，全面塑造坚强而成熟的性格，都将是非常宝贵而难得的经历。

其三，重新认识自我，激发爱国热情。同学们身处美国，听到不同的声音，看到不同的事情，接触多元文化后，才深刻感到国家概念的重要，祖国在心中的地位，才有了中国强盛的自豪。为此，我们很多同学自觉的担当起中华文化的传播者，作为文化小大使，以自己经历和对中国文化的了解为美国学生开设中国文化讲座。

我在整理几年间的采访录音和孩子们的记述时，常常被孩子们心灵感受和属于他们的难忘记忆深深地打动着，甚至流下了泪水，让我对这些孩子有了一个全新的认识。我看到了这些十几岁的孩子们身上所特有的坚强、自信、智慧、责任感和强烈的爱国心，让我有理由相信他们是有理想、有抱负、有希望的一代，是对国家和家庭负责任、有担当精神的一代。所以我非常愿意把这样一些有代表性的高中生介绍给大家，把他们推到大家的面前，也为准备参加体验各种交换生项目的学生和家长，以及正在国外体验项目的同学们给予一些借鉴和帮助，我期待着有更多的同学成为他们群体中的佼佼者和成功者。

当今，接受国际化教育已经成为当代青少年必须选择和面对的课题，课程教育和教学实践中融入国际化教育理念和内容已经成为一种趋势，无论是中小学生参加冬、夏令营、高中生体验国际交换生项目，还是大学生参加在学期间的互换生项目，具有国际教育背景和体验，是完善个人全制教育不可或缺的学习实践。通过我对交换生项目的多年跟踪采访，我个人认为“爱优生项目”等交换生形式是一种有组织、有规划、有管理、有明确培养目标的交流项目。对于学生们语言组织能力、英语交流能力、课程学习能力、生活自理能力等均为体验国际教育最佳选择。

当然选择参加交换生项目时也应该注意一些问题：

首先要选择可靠的、有社会诚信的组织和机构，家长要对孩子接受教育的路径有一个很好的规划，不要过分期望孩子去完成家长自己年轻时未能实现的梦想，要了解孩子的学习能力，独立生活自理能力，以及性格特征和交往能力等。

在我看来，无论是通过冬夏令营修学的方式，或者在高中阶段参加交换生项目，或者在大学期间去美国、欧洲参加互换生项目，对于现在的孩子们来说都是非常必要的。这些体验可以培养孩子们具有国际视野，了解多元文化，培养他们与人交往的能力，建立责任意识、国家意识，以适应当今社会对培养人才的需求。

一旦孩子选择了交换生项目，家长除了全力支持孩子以外，还应该严格按照项目的规定，不要过多地干预孩子在国外的学习和生活，尤其是国外接待家庭对孩子的管理，以及项目人员的管理工作。

大多数的交换生在完成项目之后，都会选择继续在美学习，因此家长也要有一定的经济储备和生活保障的准备。

当然，由于每个人的教育背景、家庭情况、个性特征不同，并不是每一位交换生都能成功地完成一年的交换生活，所以选择适合自己的路径是非常重要的。

在本书的完成过程中，我要感谢著名教育家、联合国教科文组织协会世界联合会副主席陶西平老师和中国联合国教科文组织协会全国联合会副主席兰宏生老师为我欣然作序；感谢北京人民广播电台的各级领导给予我的大力支持；感谢三联书店的刘扬、黄新萍两位编辑的爱心、耐心和精益求精的高水平工作。在完成整个书稿的过程中，我也得到了很多历届爱优生及其家长的支持，提供了大量的照片资料，特别要感谢陈红杰、刘修廉、任军、崔香顺、李旭、刘楠、姜音音等的帮助，可以说没有他们的无私奉献就不可能如此顺利地完成此书稿的撰写。我已决定将此书稿费全部捐赠给爱优生同学会，以支持所有怀揣梦想的孩子们，愿大家都能成功、快乐！

小雨姐姐

2011 年 7 月

AYUSA

·附录·

【北京市联合国教科文组织协会简介】

北京市联合国教科文组织协会，经中国联合国教科文组织全国委员会批准，于1986年正式成立，是由基层联合国教科文组织俱乐部组成的社会群众团体，上级业务主管部门是北京市教育委员会。

协会的宗旨是支持、宣传和实现联合国教科文组织对和平的伟大理想。

协会围绕联合国教科文组织确定的“主题年”、“主题日”，组织丰富多彩的活动；

协会本着“多一个角度”，“多一块阵地”，“多一条渠道”，“多一份效益”，“多一份参与”，“多一份影响”的原则，围绕各会员俱乐部的中心工作开展活动；

协会多次派代表参加联合国教科文组织的国际会议和论坛；

协会多次承办联合国教科文组织的地区性会议及活动；

“战争起源于人之思想，故务须于人之思想中筑起保卫和平之屏障”。协会在联合国教科文的旗帜下，为建设和平文化，为世界的和平与发展不懈努力。

从2003年开始，北京市联合国教科文组织协会与美国全球文教机构合作开展爱优生项目。来自30余所学校上千名学生报名，经过严格的笔试和面试，数百名学生已成功赴美。他们在美国高中插班就读，入住当地爱心家庭，进行为期一学年的文化交流活动，肩负着中美文化小大使的使命。开展至今，效果良好，得到广大学校、师生和家长的认可与赞誉。

【爱优生项目简介】

“二战”后，美国国会有鉴欧洲重建，希望国际学生到美国公立高中学习、体验优质生活，以此增进相互了解与沟通，并把美国的教育优点与社区观念的价值带给国际学生，特别通过国会立法 501.c.3，提供交换学生方案。1980 年太平洋美国国际学生服务中心在旧金山发起成立，之后在美国西部与欧洲开展了第一个项目。1983 年经前美国新闻署（USIA）拨款扩充到美国中部各州开展项目，同年名称改为 AYUSA(Academic Year in the U.S.A.)。由美国政府监督 AYUSA 交换学生计划，允许交换学生持 J–1 交换学生签证，赴美就学一年或半年。甄选的交换学生（15~17 岁），安排自愿亲善家庭接待，学生肩负重任，被视为文化小大使，有极高的荣誉。1985 年经前美国新闻署批准，AYUSA 在日本设立地区中心，开始在亚洲推广。1995 年至今，已有几百名资优中国学生通过爱优生项目获得了到美国高中学习的机会。

2003 年初，爱优生中国首席代表刘修廉先生常驻北京，负责爱优生中国与美国的沟通联络，提供正确资讯，确保每个学生得到周全照顾。

2003 年共甄选 16 名中国学生参加爱优生，其中 13 人顺利通过美国 J–1 签证赴美，签证合格率为 87%；2004 年共甄选 27 名杰出学生参加爱优生，并且 27 名学生皆顺利获得 J–1 签证赴美，签证合格率达到 100%。至今，几乎每年都有 45~55 名中国中学生经过选拔和培训成为爱优生的一员。

全美 50 州有两千多个经过严格筛选的接待家庭与国际学生家庭。在美国适当高中就读，辅导员安排入学与全程监督。专业的教育地域总监（RM）、地区主任（RD）和社区辅导员（CR）三层辅导员提供一学年全程指导、支持和服务，每季度报告学生在美成绩与进展。总部有教育专家、学生医保和 24 小时紧急电话援助。

地域总监 (RM, Regional Manager)：是地域的领导。在本地域办公全职服务，同时监管与协助其他地区主任与社区辅导员对学生的服务；定期向旧金山总部汇报学生及接待家庭的情况，同时也与中国服务处保持紧密联系。

地区主任 (RD, Regional Director)：是中层的地区辅导人员。他们在指定区域内负责招收、培训和监管社区辅导员。他们会密切配合社区辅导员去安排和挑选合适的接待家庭，办理学校入学，并为学生和其接待家庭在交流期间提供支持和帮助。地区主任会直接向其地域总监汇报。

社区辅导员 (CR, Community Representative)：是学生在当地最基层的辅导人员。社区辅导员与接待家庭共同安排学生的接机并与学生最先联络。社区辅导员必须住在离他所监管的接待家庭约两小时车程的距离内，更多的社区辅导员是和接待家庭住在同一社区内的。距离的限定为他们能够亲自与学生和其接待家庭进行接触提供了有利条件。

申请的学生要求年龄在 15~17 周岁之间。品学兼优，生活习惯正常，健康良好，性格开朗，具有良好的适应能力。学习成绩优异，有才艺，英语沟通能力良好。英语能力测试 SLEP 考试成绩在 50 分以上。通过面试。

爱优生们将进入一个全日制的课程，参加所有的课程并通过各科的测试。除此之外，学生们必须和美国学生一样遵守所在学校规章和制度，而且还必须自己去调整心态，结交朋友，尽快适应学校生活。

美国高中学校开学时间一般在 8 月或 9 月初，结束时间一般到第二年 5 月末或 6 月之间。上课时间通常是每周一到周五早八点到下午三点半。期间有节假日，4 月中旬还会有春假，重要的节日比如圣诞节也会放假。在假日期间，学生通常在接待家庭中度过。

【美国高中课程设置及活动】

美国高中所提供的课程根据每个州、地区，以至于学区都有稍许不同。大体可分类为：

美国高中课程

美国高中提供丰富多彩的课程，除了与中国相似的基本课程外，每一所高中会根据当地资源和学生需求为学生提供大量实用有趣的选修课程。

◆**基本课程：**英文、英文文学类，数学类，科学类（如物理、化学、生物、计算机等），社会科学类（如历史、政府、社会学等），人文科学类（如逻辑学、哲学、历史、地理等），第二语言类（西班牙语、法语、德语、拉丁语、日语、汉语等），体育类等等。

◆**其他特色课程还有：**摄影，画画，音乐，戏剧，烹饪，驾驶，陶艺，婴儿教育及照料，团队合作，新闻时事，乐队，毕业年刊 (year book)，网页制作，交谊舞 (ballroom dancing)，彩色玻璃制作 (stained glass making)，放松技巧（relaxation techniques），百老汇歌剧 (Broadway musicals)，针线课 (needlework)，法国文化及美食 (French culture and cuisine)，得克萨斯诗章及诗人 (Texas poets and authors) 等很多有助学生兴趣发展方面的课程。

大学预修课程

美国高中生可以选修这些课程，在完成课业后参加 AP 考试，得到一定的成绩后可以获得大学学分。一般在大学修一门课程要花费数千美元，而参加 AP 考试只需要 82 美元，因此选修 AP 课程不仅可以展现学生的能力，它还是一种省钱的措施，同时对于一些有志申请优质大学者，AP 课程也可作为学校评鉴学生学习能力的方式之一。

课程提供范围，根据学校不同有所差别，大致包含：英文、数学、物理、化学、经济、语言类等等。

课堂之外的学习也是非常重要的，美国对社会服务以及学校活动的参与极为重视。对于有志申请大学的学生，这些都是必要的要素。

社区服务

美国对公民意识非常重视，很多高中要求学生要有一定的社会活动经验才可毕业，范围在 20~40 小时不等。

学校活动

学校活动很多时候并不是学校老师主办，而是由不同的社团承办。美国学生社团非常活跃，学校鼓励学生参加，举办不同的社团。

在体育活动方面，学校在不同季度提供不同的体育活动，大致如下：

秋季：橄榄球（男生）、足球（男女）、排球（女生）等；

冬季：篮球（男女）、游泳（男女）等；

春季：田径（男女）、棒球（男生）、垒球（女生）等；

拉拉队在秋、冬季都有。

中美学制对照表

年级	美国	中国
G-9	Freshman	初三
G-10	Sophomore	高一
G-11	Junior	高二
G-12	Senior	高三

【美国高中毕业要求】

通常学生毕业需要23~24个学分。大部分学生每年修7个学分。数学2分、社会学3分、自然科学2分、英语4分、体育1分、健康科学1分、选修课程10分，总共23个学分。

选修课程一般包括：艺术、商学、职业教育、戏剧、音乐、计算机、外语、圣经等。

JOHN DEERE

Ocean Spray
Whole Berry
CRANBERRY
SAUCE

WESTFIELD
SOCCER
15
13
3
20
8

BILLINGS
55
12
23
BILLINGS
21
20
BILLINGS
5
32

KNIGHTS
49
10
KNIGHTS
40

77

COLLEGE

图书在版编目（CIP）数据

青春闪耀美利坚——我在美国上高中/小雨姐姐主编.--北京：生活・读书・新知三联书店，2012.3
ISBN 978-7-108-03832-6
Ⅰ.①青… Ⅱ.①小… Ⅲ.①高中生－学生生活 Ⅳ.①G635.5
中国版本图书馆CIP数据核字(2011)第217464号

青春闪耀美利坚——我在美国上高中

责任编辑：黄新萍 刘扬
装帧设计：鲍敦蓉
责任印制：郝德华
责任校对：何敏
出版发行：生活・讀書・新知 三联书店
（北京市东城区美术馆东街22号）
邮 编：100010
经 销：新华书店
印 刷：北京图文天地制版印刷有限公司
版 次：2012年3月北京第1版
2012年3月北京第1次印刷
开 本：720毫米×965毫米 1/16 印张19.75
字 数：170千字 图172幅
印 数：00,001-10,000册
定 价：49.00元

The Shining high school time in the USA